링, 워–게임, 시스 ... 기관과 국내외 대기업, 비영리 단체 그리고 개인을 대상으로 미래와 관련된 예측, 자문, 교육 활동을 하고 있다.

총 50여 권이 넘는 책을 출간할 정도로 왕성한 연구 및 저술 활동도 병행하고 있다. 대표적 미래 예측서인 《2030 대담한 미래 1, 2》《제4의 물결이 온다》《앞으로 5년 미중전쟁 시나리오》《앞으로 5년 한국의 미래 시나리오》《부자의 시간》《2020 한국경제》 등은 경영자와 각 분야의 리더를 비롯한 다양한 독자층에 큰 사랑을 받아 널리 읽히고 있다. 《2030년 부의 미래지도》《2020 부의 전쟁 in Asia》 등은 중국과 일본에서도 출판되었으며, 특히 《2030년 부의 미래지도》는 출간 직후 일본 아마존 종합 베스트셀러 1위를 차지했다.

그는 아들 쌍둥이를 포함한 네 아들의 아빠다. 다섯 남자와 한 여자가 함께 만들어갈 가슴 뛰는 미래를 상상하는 즐거움은 그가 가진 또 다른 삶의 원동력이다.

'미래통찰 보고서' 구독 및 강연 문의:
duacnszz@naver.com / 010-3444-0910
유튜브: 최윤식TV

바이든 시대 4년
세계 경제 시나리오

바이든 시대 4년
세계 경제 시나리오

1판 1쇄 인쇄 2021. 8. 24
1판 1쇄 발행 2021. 9. 1

지은이 최윤식

발행인 고세규
편집 박완희·심성미 디자인 조은아 마케팅 백미숙 홍보 이한솔
발행처 김영사
등록 1979년 5월 17일 (제406-2003-036호)
주소 경기도 파주시 문발로 197(문발동) 우편번호 10881
전화 마케팅부 031)955-3100, 편집부 031)955-3200 팩스 031)955-3111

값은 뒤표지에 있습니다.
ISBN 978-89-349-8517-4 03320

좋은 독자가 좋은 책을 만듭니다.
김영사는 독자 여러분의 의견에 항상 귀 기울이고 있습니다.

홈페이지 www.gimmyoung.com   블로그 blog.naver.com/gybook
인스타그램 instagram.com/gimmyoung   이메일 bestbook@gimmyoung.com

바이든 시대 4년 세계 경제 시나리오

BIDENOMICS

최윤식

신자유주의를 버리고 새로운 뉴딜 정책을 꺼내든 미국,
바이드노믹스가 불러올 세계 경제 대변동에 대비하라

김영사

차례

BID ★ NOMICS

⋮ 머리말 ⋮

미래를 예측하는 일은 100%의 확률로 미래를 맞히는 것이 아니다. 세상의 변화를 다양한 방법과 시각으로 미리 생각해보는 것이다. 우리는 불완전하게나마 세상의 미래를 미리 생각해봄으로써 만약의 상황들에 대비하고 자기 삶의 방향을 계획할 수 있다. 이 책은 바이든 시대 4년간 미국과 세계 경제의 미래를 전문 미래학자의 시선으로 예측해본 결과물이다.

비전문가가 혼자 힘으로 세상의 미래를 미리 생각해보기란 쉽지 않다. 크게 3가지 이유 때문이다.

첫째, 시간이 많이 든다.

둘째, 의미 있는 미래 예측을 위해서는 상당한 수준의 정보와 기초 지식이 필요하다. 지금은 정보가 넘쳐나는 시대이고 마음만 먹으면 당신 주변에서 일어나는 일과 나라 안팎에서 일어나는 일들을 실시간으로 전해 들을 수 있지만, 비판적 사고 없이 뉴스를 접하다 보면 소음noise에 휩쓸릴 위험성도 커진다. 정보량이 방대해진 만큼 알짜 정보보다 소음의 비중이 높아진 것이다. 이런 시대에는 비판적 사고로 객관적 사실fact과 주관적 견해opinion를 구별하고, 미래 신호futures signals와 소음을 구별하는 능력이 매우 중요하다.

셋째, 미래 신호를 구별하는 일부터 미래를 논리적이고 확률적으로 다양하게 예상해보는 일까지, 미래 예측 전 과정에 필요한 통찰의 기술을 갈고닦기가 쉽지 않다.

전문 미래학자는 위와 같은 3가지 장벽을 넘어 세상의 변화를 예보하는 사람이다. 하지만 3가지 장벽을 넘는다고 해도, 미래를 족집게처럼 모두 맞힐 수는 없다. 예측에는 어디까지나 한계가 존재하기 때문이다. 그렇기 때문에 필자의 미래 시나리오를 무조건적으로 받아들이지 말기를 당부하고 싶다.

필자가 바이든 시대 4년의 미국과 세계 경제에 대해서 다양한 가능성을 열어두고 시나리오로 전개할 때 중요하게 여긴 것은 하나의 사실에만 치우치지 않고 다양한 사실들 사이에서 균형을 잡는 것이었다. 단순한 사실 나열에 빠지면 모든 사실이 중요하게 여겨지면서 '진짜 중요한 것'을 놓치고 헛발질할 가능성이 커진다. 그러나 중요한 것은 사실이 아닌, 사실의 시스템적 연결이다. 미국을 비롯해 전 세계 경제는 서로 연결되어 움직인다는 점을 염두에 두고 미래를 내다보고자 노력했다.

우리 앞의 4년은 어느 때보다 예측 불확실성이 높은 시기다. 불확실성이 높을 때는 레버리지 역할을 하는 나라에 집중해야 한다.

바로 미국이다. 새 대통령 바이든이 이끄는 미국은 현재 백신 보급으로 코로나19 위기 탈출의 마지막 고비를 넘는 중이다.

이 책에서 필자는 '앞으로 세계 경제의 미래를 좌우할 나라는 중국이 아닌 미국'이라는 분석과 예측을 전개할 것이다. 이는 미국과 중국의 패권전쟁이 종결된다는 의미가 아니다. 바이든 정부는 트럼프 정부 때보다 견고하게 중국을 견제할 것이다. 미중 패권전쟁은 바이든 정부의 신뉴딜New New Deal 정책과 더불어 코로나19 이후 전 세계 경제를 움직이는 주요 변수로 작용할 것이다.

필자의 눈에 바이든 정부와 중국의 위험천만한 충돌은 '정해진 미래'다. 바이든 시대에 양국의 갈등이 최고조에 달하는 미중 패권전쟁 '제3차 국면'이 펼쳐지리라 예상한다. 그리고 제3차 국면의 대세는 코로나19 이후 경제 리바운드 수준, GDP 성장률, 기준 금리, 인플레이션율, 인프라 투자 규모, 미래 산업 발전 속도 등 경제적 요인이 결정할 것이다.

세계에서 가장 크고 강한 두 나라, 미국과 중국이 정면으로 충돌하면 전 세계는 바짝 긴장할 수밖에 없다. 기업부터 개인까지 경제활동에 참여하는 주체 모두가 영향을 받기 때문이다. 미국과 중국의 충돌은 누군가에게 새로운 기회를 만들어줄 수도 있지만, 또 다른 누군가를 예상치 못한 위기와 고통 속으로 떨어뜨릴 수도 있다.

특히 한국은 미국과 중국 모두에 압박을 받기 쉬운 나라다. 가령 한국이 중국보다 미국에 더 우호적인 태도를 보이면, 중국은 사드 배치에 대한 보복 때처럼 한국에 비열한 경제 보복을 가할 수도 있다. 단언컨대 한국 경제는 더는 한국 내부의 역량만으로 움직이지 못한다. 미국, 중국, 유럽 등 국외에서 일어나는 경제, 정치, 산업 및 기술 변화에 직간접적으로 영향을 받는다. 앞으로 4년 동안에는 이런 양상이 더욱 심화될 전망이다.

한국은행의 기준 금리 정책만 봐도 그렇다. 당분간은 미국의 중앙은행인 연방준비제도가 어떤 정책을 사용하느냐를 가장 우선으로 고려해야 할 형국이다. 중국 금융 당국의 정책도 참고해야 한다. 한국 내부의 경제 정책, 기업과 가계 역량, 부채 규모 등만 고려하여 기준 금리 정책을 구사할 수 없다. 뒤집어 이야기하면, 미국과 중국 경제의 미래 시나리오가 곧 한국 경제의 미래 시나리오와 연결된다는 의미다.

미래학자가 세상의 변화를 예측할 때는 이치와 이론에서부터 시작한다. 이 책도 마찬가지다. 하지만 이론(이론적 세상)을 사용할 때는 이를 실제(실제 세상)와 구분해야 한다.

이론은 그 이론 자체가 무너지지 않는 한 틀리지 않는 것으로 가정된다. 하지만 실제 세상은 이론대로만 돌아가지 않는 것처럼 보인다. 이것은 왜일까? 실제가 이론대로 맞아떨어지기까지 일정한 시간이 필요하기 때문이다. 시차가 존재한다는 말이다. 시차는 특정 사건이나 수치의 발생 시점을 예측하는 데 가장 큰 장애물이다. 그러므로 이 책에서 거론하는 특정 사건이나 수치의 발생 시점은 어림셈 정도로만 받아들여졌으면 한다.

그렇다고 해서 발생 가능한 사건 자체에 대한 신뢰도마저 깎아내릴 필요는 없다. 실제 세상에서는 수많은 변수가 서로 영향을 주고받으므로 단기적으로는 실제 세상이 이론적 세상(혹은 이치)을 벗어나서 예측 불가능한 무작위 분포로 작동하는 것처럼 보일 수 있다. 하지만 실제 세상도 궁극적으로 이론적 세상, 즉 정해진 이치에 수렴하기를 반복한다. 그렇기 때문에 우리는 이론 혹은 법칙, 이치 등을 신뢰한다.

이치는 이미 정해져 있는 것이다. 변하지 않는 것이다. 변하지 않는 것을 알면, 미래의 절반은 알게 된 셈이다. 이치는 동형반복이다. 이치를 한 번 깨달으면 그다음부터는 세상의 변화를 통찰하는 안목이 일취월장한다.

이론은 이치와 법칙을 논리적으로 설명하는 것이다. 이치(이미 정해져 있는 것)로부터 법칙과 규칙이 나온다. 법칙은 적용되는 범위가 넓고, 규칙은 적용되는 범위가 좁거나 법칙의 하위에 있다. 이치에 따라 법칙과 규칙을 쌓아 올리면 세상의 구조가 드러난다. 세상을 움직이는 동력은 정해진 이치 안에서 변함없이 항상 존재한다. 시간과 공간에 따라 작동하며 패턴을 이루고 역사를 발전시킨다.

변화(발전)의 그래프는 일직선으로 올라가거나 내려가지 않는다. 변동하면서 우상향하거나, 변동하면서 박스권에 머물거나, 변동하면서 우하향한다. 변화하는 속도도 일정하지 않다. 서서히, 혹은 급하게 움직인다. 진폭도 일정하지 않다. 작게 혹은 크게 움직인다. 하지만 아무 이유 없이 움직이지는 않는다. 모든 것은 결국 이미 정해진 이치를 따르고 변화의 방향, 속도, 크기에는 이유가 있다. 필자도 이런 이치를 고려해 의미 있는 미래 시나리오를 작성했다.

미래 시나리오는 이렇듯 복잡하고 지난한 과정을 거쳐 최종적으로 탄생하는 내일에 대한 이미지다. 미래 시나리오나 트렌드를 예측할 능력을 갖추면 변화에 대응할 힘을 갖게 된다. 소음으로 가득 찬 현상에 휘둘리지 않고 더 나은 미래, 더 나은 기회를 향해 꿋꿋이 나아갈 수 있다. 남들보다 한 발 정도는 빨리 변화의 신호를 포착할 수 있다. 필자가 즐겨 하는 말이 있다.

"미래는 갑자기 오지 않는다. 미래는 반드시 미래 신호를 보내고서 온다!"

위기를 피하고 기회를 잡아 더 나은 미래로 나아가려면 나침반(이치와 이론)을 들고, 변화의 신호(미래 징후)와 흐름(유행과 트렌드)을 따라야 한다. 인류가 과거와 미래를 마음대로 오갈 수 있는 타임머신을 발명하기 전까지는 미래 신호를 더듬으면서 발견한 것들을 정리하는 작업을 반복하며 미래를 향해 걸어 나가야 한다. 누구도 완벽한 시나리오를 만들 수 없으므로 중간중간 반성과 재조율로 미래 통찰을 최적화하며 나아가야 한다. 정확한 예측이 아니라 의미 있는 예측, 혹은 좀 더 뛰어난 예측, 평균보다 좀 더 나은 예측을 해나가면서 내일을 준비해야 한다.

'좀 더 나은 것'을 과소평가해서는 안 된다. 생존과 성공은 '좀 더 나음'에서 나온다. '재조정'을 과소평가해서는 안 된다. 생존과 성공은 '한발 빠른 속도'에서 비롯된다. 이 책의 내용도 이 같은 마음가짐으로 활용해주기 바란다.

이 책이 세상에 나오기까지 필자에게 도움을 주신 분이 많다. 먼저 김영사의 고세규 대표님과 심성미 팀장님, 박완희 님, 아시아미래

인재연구소의 연구원들, 사랑하는 부모님과 가족들에게 고마움을 표하고 싶다. 이들의 지원과 응원 덕분에 무사히 집필을 마무리할 수 있었다.

그리고 무엇보다도 이 책을 손에 집어 들고 필자의 생각을 들어 주는 독자들에게 진심으로 감사드린다. 부디 이 책에 담긴 내용이 코로나19 이후 거대한 변화 속에서 세계와 한국 경제의 미래를 통찰하는 힘을 기르는 데 도움이 되었으면 하는 바람이다.

'더 나은 미래'를 위해
전문 미래학자 최윤식 박사

BIDEN

1부

바이든 시대 4년, 미국 경제의 미래

OMICS

앞으로 4년이
중요한 이유

2021~2024년. 바이든 시대가 중요한 이유가 있다. 2020~2021년, 코로나19가 전 세계를 충격에 빠뜨렸다. 역사상 가장 빠른 속도로 백신 개발에 성공해 주요 선진국에서 대규모 접종이 신속하게 진행되면서 깊고 무서운 공포의 터널을 빠져나올 희망이 생겼지만, 코로나19 팬데믹의 완전 종식은 2022년 말 혹은 2023년에나 가능할 듯하다. 후유증 기간까지 포함하면, 바이든 시대 4년 내내 코로나19 정국은 지속될 것이다.

코로나19는 인류 역사에 기록될 만한 대재앙으로, 100년 전 스페인독감(1918~1920) 이후 최악의 인플루엔자 대유행이다. 인류 역사상 가장 막대한 인적 피해를 초래한 스페인독감의 원인체는 H1N1 A형에 속한 바이러스로, 조류 인플루엔자 바이러스가 사람에게 감염될 수 있도록 돌연변이된 것이다. 스페인독감으로 인류가 겪은 고통은 재앙 그 자체였다. 1918년 최초 발병부터 1920년까지 5억 명이 감염되고 2500~5천만 명이 사망했을 것으로 추정된다.

2021년 7월 29일 기준, 코로나19는 전 세계에서 1억 9천만 명을 감염시키고, 417만 명의 사망자를 냈다. 겉으로 보기에는 코로나19에 감염된 사람과 사망자 수가 스페인독감 피해에 못 미친다. 하지만 100년 전에는 지금처럼 생활환경, 개인 보건과 의료 수준이 높지 않았다. 백신 개발은 꿈도 못 꾸었다. 인플루엔자 대유행을 막는 유일한 길은 전체 인구의 50~60% 이상이 감염되어 자연적으로 집단면역Herd Immunity을 형성하는 것이었다. 당시에는 제1차 세계대전이라는 최악의 상황도 겹쳤다.

현재는 그런 악조건 상황이 아니다. 그럼에도 불구하고 감염자 1억 9천만 명, 사망자 417만 명이 발생했다. 선진국을 중심으로 엄청난 속도로 백신 접종이 진행되고 있지만, 전 세계 90% 국가에서 백신 접종이 늦어지면서 추가 확진자와 사망자가 계속 증가하고 있다.

2021년 4월 27일, CNN은 코로나19에 감염된 사람의 실제 수가 인도에서만 5억 명(인도 정부 공식 발표의 30배)을 넘었을 것이라고 추정했다.[1] 이런 추세라면, 세계보건기구WHO가 2022년 말 혹은 2023년경에 팬데믹 종식을 선언하는 시점에 공식적 최종 누적 사망자는 400~500만 명에 이르고, 비공식적 누적 사망자(집계에서 제외된 수 포함)는 1천만 명을 넘을 가능성도 다분하다.

참고로 2021년 5월 21일 WHO는 화상 언론브리핑을 통해 코로나19로 인한 공식 사망자 통계가 다양한 요인으로 '과소' 집계됐다고 발표했다. 사망자 보고에 지연이 많았을 뿐 아니라 진단검사를 받지 않은 상태에서 코로나19로 사망한 경우, 팬데믹으로 인한 생활환경 악화로 사망한 경우, 만성이나 급성 질환자들이 각종 이동 및 의료 제한 조치 때문에 치료를 받지 못해서 사망한 경우, 오랜 봉쇄 조치에 따른 우울증으로 자살한 경우가 누락됐다는 분석이다. 이런 사례들까지 포함한다면, 코로나19 사망자는 공식적으로 보고된 수치보다 적어도 2~3배는 많을 수 있다.[2]

스페인독감 이후에도 세 차례의 인플루엔자 대유행 사태가 있었다. 첫 번째는 1957년 2월 말 중국 구이저우성에서 최초 발병해 2년 동안 미국에서 발생한 7만 명의 사망자를 포함해 전 세계에서 100~200만 명 정도 사망자를 낸 것으로 추정된 아시아독감이다. 아시아독감의 원인체는 A형 인플루엔자 바이러스 중 H2N2였다.

두 번째는 10년 후인 1968년 홍콩에서 최초 발병해 2년 동안 75~100만 명 정도 사망자를 낸 것으로 추정된 홍콩독감이다. 홍콩독감의 원인체는 A형 인플루엔자 바이러스 중 H3N2였다.

마지막 세 번째는 2009년 전 세계적으로 대유행한 신종 인플루엔자다. 신종 인플루엔자의 원인체는 A형 인플루엔자 바이러스가 변이를 일으켜 만들어진 A(H1N1) pdm09라는 새로운 바이러스였다. 한국에서도 263명 정도 사망자가 나왔고, 전 세계 214개국 이상에서 18,500명의 사망자가 발생했다. 신종 인플루엔자 사태가 팬데믹 상황임에도 불구하고 사망자 수가 적었던 것은 WHO가 중간에 공식 집계를 포기했기 때문이고, 실제로는 최소 수십만 명 이상이 사망한 것으로 추정된다.

코로나19를 위 세 차례의 팬데믹 사태와 비교해보자. 한눈에도 앞선 전염병 사태는 코로나19에 비하면 인적 피해 규모가 크지 않다. WHO가 2019년 3월 11일 팬데믹을 선언한 후 거침없는 속도로 중국 우한을 넘어 아시아, 유럽, 미국, 아프리카 등으로 확산되면서 글로벌 대재앙이 되어버린 코로나19가 야기한 인적 피해의 강도와 충격은 (시대와 환경의 차이를 반영하면) 스페인독감 피해 수준에 근접한다.

경제적 충격은 어떨까? 위 세 차례의 팬데믹 사태 때는 전 세계 국경 봉쇄나 전면적 경제 마비가 초래되지 않았다. 따라서 경제 손실 규모는 비교 불가다. 필자의 개인적 견해로는 코로나19가 불러온 경제적 충격의 규모는 스페인독감을 넘어 인류 역사상 최고 수준일 것으로 추정된다. 스페인독감 때도 전 세계 경제가 셧다운 상태에 빠지면서 경제적 피해가 막심했다. 하지만 100년 전과 현재는 세계 시장의 규모가 완전히 다르다.

2020년 5월 19일, 아시아개발은행ADB은 코로나19 팬데믹으로 발생한 세계 경제 손실 규모가 최대 8조 8천억 달러(1경 818조 원)에 이를 것이라고 전망했다. 전 세계 국내총생산GDP의 6.4~9.7%에 해당하는 규모다. 코로나19 기간 동안 줄어든 일자리 수도 1억 5800만~2억 4200만 개로 전망됐다.[3] 하지만 2021년까지 코로나19가 3~4차 유행기를 반복하면서 피해는 눈덩이처럼 불어났다.

〈그림 1〉은 코로나19로 인해 미국이 감당해야 할 경제적 손해 비용의 추정치다. 총합 16조 2천억 달러로, 9·11 테러 사건으로 미국

| 그림 1. 코로나19로 인한 미국의 경제 손실(단위: 1조 달러) |

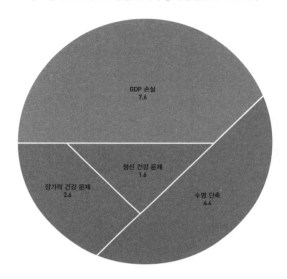

| 그림 2. 9·11 테러 사건으로 인한 미국의 경제 손실(단위: 1조 달러) |

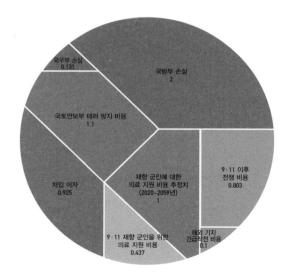

이 입은 경제적 손해 비용 6조 4천억 달러(그림 2)보다 2.5배 많다.

미국과 유럽 등 주요 선진국은 2021년 말에서 2022년 초 무렵이면 코로나19 위기에서 벗어날 가능성이 높다. 하지만 전 세계가 코로나19 정국에서 완전히 벗어나 이전 경제 상태로 완전하게 복귀하려면 시간이 더 필요하다. 특히 인적 피해를 입은 사람들의 후유증 기간은 예상보다 길어질 것이다.

이 모든 인적·물적 후유증 기간까지 포함하면, 바이든 시대 4년 내내 코로나19 정국이 지속된다 해도 과언이 아니다. 우리는 세계 경제는 물론이고 각국 경제가 어떤 경로로 회복되고 얼마나 빨리 코로나19 이전으로 복귀할지를 따져가면서 국가 정책, 기업 경영, 투자 전략을 짜야 한다.

코로나19 정국이 다가 아니다. 앞으로 4년, 바이든 정부 시기 내내 미중 패권전쟁에도 촉각을 곤두세워야 한다. 전 세계는 미국과 중국이 국제 정치판에서 경제력과 군사력으로 자국의 세력과 다른 나라에 대한 영향력을 넓히려고 벌이는 패권전쟁의 향배에 주목하고 있다. 바이든 시대에는 양국 간의 경쟁과 갈등이 더욱 고조되는 패권전쟁 제3차 국면이 펼쳐질 것이다.

미국과 중국의 패권전쟁 제1차 국면은 오바마 정부 시절에 시작됐다. 2008년 서브프라임 모기지 사태로 미국 경제가 붕괴하고 달러 신뢰도가 흔들리자 중국은 G1 야심을 드러냈다. 오바마 정부는 중국의 도전과 무너진 내수 경제를 회생시켜야 했다. 절체절명의 순간이었다. 오바마 정부는 '차이메리카Chimerica' 관계를 깨고, 미국의 산업과 일자리 회복을 위해 은근한 보호무역주의로 태도를 전환했다. 자연스럽게 중국을 향한 패권전쟁 선포 상황이 되고 말았다.

이렇게 시작된 미국과 중국의 패권전쟁은 2016년 트럼프가 대통령에 당선되면서 제2차 국면으로 접어들었다. 트럼프 정부는 중국과 말 폭탄을 주고받으며 전 세계를 긴장 속으로 몰아넣었다. 신냉전 시대가 시작됐다는 평가가 줄을 이었다. 하지만 실리에 민감했던 트럼프는, 표면적으로는 강렬하게 치고받는 모습을 연출했지만, 중국이 민감하게 반응할 만한 약점은 건드리지 않았다. 중국도 실리를 추구하는 트럼프의 비위를 맞춰주면서 미국 상품 수입 물량을 늘렸다. 한마디로 온건한 패권전쟁 국면이었다.

2020년 대선에서 바이든이 승리하고 민주당이 상하원을 모두 장악하는 격변이 일어났다. 자연스럽게 미중 패권전쟁도 제3차 국면으로 전환됐다. 앞으로 바이든 정부 시기 4년 동안 미중 간 패권전쟁은 어떤 양상으로 전개될까? 필자의 예측으로는 트럼프 정부 시절과 정반대 상황이 될 가능성이 높다. 겉으로는 신사적이고 합리적으로 중국에 대응하는 것처럼 보이지만, 실제로는 가장 격렬한 패권전쟁 국면이 될 가능성이다.

바이든 정부와 상하원을 장악한 민주당이 가장 중요하게 여기는 가치가 인권과 환경이다. 특히 인권 문제는 중국이 가장 민감하게 여기고 금기시하는 이슈다. 중국공산당 체제의 생존과 연결되어 있기 때문이다. 중국이 신장위구르족의 인권이나 홍콩의 민주화 시위를 탄압할 때, 트럼프는 겉으로는 경고하고 엄포를 놓았지만, 실제적 행동은 취하지 않았다. 바이든 정부는 다르다. 임기 내내 실제적 행동을 취할 가능성이 높다.

지금까지 중국은 다른 나라들이 자국의 인권 문제를 거론하면 반드시 보복했다. 군사적 위협도 불사하면서 일사항전 의지를 천명했다. 인권을 최우선 가치와 정부의 정체성으로 자부하는 바이든 정부와 중국의 위험천만한 충돌은 '정해진 미래'다. 따라서 전 세계 국가, 기업, 투자자 모두 바이든 정부 4년 내내 트럼프 정부 시절보다 더 긴장해야 한다. 미중 간의 격렬한 충돌과 기싸움의 불똥이 어디로 튈지 아무도 모른다.

세계는 지금 코로나19 위기 국면에서 먼저 빠져나오기 위해 백신 확보와 접종 속도 경쟁을 벌이고 있다. 하지만 백신 접종은 경제 활동의 재개만 가능하게 해준다. 코로나19로 인한 경제적 피해 복구는 백신이 해결하지 못한다. 2020~2021년 각국 정부가 쏟아부은 엄청난 규모의 구제금융도 마찬가지다. 말 그대로 구제금융은 최악의 붕괴를 막기 위한 궁여지책에 불과했다.

코로나19라는 위기의 늪에서 빠져나왔다면, 빠른 속도로 경제 복구를 마치고 미래 성장이라는 다음 고지를 향해 뛰어야 한다. 미국과 중국의 패권전쟁 승패도 여기에 달려 있다. 미래 산업과 미래 시장은 이미 우리 곁에 와 있다. 코로나19 대재앙은 큰 인적·물적 피해를 남겼지만 새로운 산업과 시장의 도래를 최소 3~4년, 최대 10년 정도 앞당겼다. 미국과 중국 입장에서 백신 접종 속도보다 미래 산업, 미래 시장, 미래 경제 패권국의 깃발을 누가 먼저 꽂느냐가 더 중요하다.

근본적으로 미래 산업이나 미래 시장 경쟁의 주체는 기업이다.

하지만 긴급하고 치열한 경쟁의 순간에 진입하면 정부의 역할이 결정적이다. 특히 코로나19처럼 대재앙이라는 뜻하지 않은 충격을 받아 경제 전반이 심하게 흔들리는 상황이라면 더욱 그렇다. 미래 산업, 미래 시장처럼 새로운 물결이 도래할 때 첫 번째 싸움의 핵심은 글로벌 표준을 누가 주도하느냐다. 즉, 인공지능, 미래 자동차, 바이오 및 나노 기술 등 제4차 산업혁명으로 불리는 미래 기술, 미래 산업, 미래 시장의 패권을 거머쥐는 전쟁의 제1차 승부처는 글로벌 표준 전쟁이다.

이런 싸움에서 정부의 역할은 매우 중요하다. 새로운 시장이기 때문에 민간에서 자생한 시장 규모가 크지 않다. 정부가 신제품과 서비스 구매의 주체가 되어주어야 한다. 기업이 더욱 빨리 기술을 발전시키고 시장을 만들어가도록 인프라 투자도 해주어야 한다. 자국 기업이 개발한 기술이 글로벌 표준이 되게 하려면 정부의 입김과 정치력도 중요하다.

이 승부의 향방이 바이든 시대 4년 안에 결정될 가능성이 높다. 바이든 정부가 (막대한 정부 부채 증가 위험에도 불구하고) 천문학적 규모의 인프라 투자안을 발표하고 추진하는 이유다. 인프라 투자 전쟁으로 미래 산업 장악력과 속도를 높여서 미국의 잠재 성장률을 끌어올리려는 속내다.

미국 의회도 초당적으로 바이든 정부의 글로벌 표준 전쟁을 후방 지원한다. 2021년 4월 30일, 민주당 상원의원 캐서린 코테즈 매스토와 공화당 상원의원 랍 포트먼이 공동으로 백악관 과학기술정책실에 정계, 학계, 산업계 전문가가 모두 참여하는 태스크포스를 만들어 인공지능, 5G, 미래 자동차 등의 신기술 표준 설정 과정에서 중국을 견제하고 미국 기술 산업의 글로벌 경쟁력을 높이며 일자리를 보호하는 장기 계획을 마련하게 하는 법안을 발의했다.[4]

미국의 이런 행보를 중국 정부가 그저 바라만 보고 있지는 않을 것이다. 코로나19 탈출 이후 중국 정부도 막대한 규모의 인프라 투자와 미래 산업 지원 정책을 쏟아낼 것이다. 미국과 경쟁하기 위해 탄생한 유럽연합EU도 머뭇거릴 수 없다. 미국, 중국, EU가 앞다퉈 정부 주도로 인프라 투자와 미래 산업 지원책을 쏟아내면 한국과 일본도 가세할 수밖에 없다. 투자가 늦는 만큼 미래 경쟁력이 약화되기 때문이다. 이렇게 바이든 정부 4년간 전 세계 주요 선진국과 신흥국에서 미래를 향한 숨 가쁜 투자 전쟁이 벌어질 것이다.

이런 것들 말고도, 바이든 시대 4년이 중요한 다른 이유들이 있다. 코로나19로 붕괴된 글로벌 공급망을 재건하는 과정에서 탈중국과 자국우선주의 기치가 기승을 부릴 것이고, 제조업을 중심으로 리쇼어링reshoring(외국으로 나간 기업이 국내로 되돌아오는 것) 경쟁도 치열하게 벌어질 것이다. 앞으로 4년은 다음 자산시장 버블 대붕괴까지 버블이 큰 규모로 확대되는 시기가 될 것이다. 투자자에게 매우 중요한 4년이다.

바이든 시대 4년은 어떤 모양새로든 환경에 대한 국제사회의 움직임과 소비자의 감시가 극대화되는 시기이기도 할 것이다. 인권만큼 환경을 중요한 가치로 내건 바이든 정부의 행보와 코로나19 충격으로 환경 규제 가치가 최고조기에 이르렀다. 벌써부터 ESG(기업의 비재무적 요소인 환경Environment, 사회Social, 지배구조

Governance를 뜻하는 말)에 글로벌 자금이 모이기 시작했다. 세계 최대의 자산운용사 블랙록BlackRock의 CEO 래리 핑크는 ESG를 자산 운용 기준으로 적극 반영하고, 이를 무시하는 기업에는 투자를 철회하겠다고 선언했다. 이런 움직임은 글로벌 '큰손'을 비롯해서 대형 투자은행들로 빠르게 확산되고 있다.[5]

이 외에도 바이든 시대 4년은 가상과 현실 경계 완전 파괴로 넘어가는 분기점, 글로벌 K자형 비동기화 극대화 시기, 선진국에서 사회적 취약점이 더욱 드러나는 시기가 될 것이다. (코로나19 경제 충격 후유증으로) 정권이 바뀌고, 제3국에서는 내전이 격화되고, 이런 와중에 새로운 독재자가 정권을 장악하는 일도 일어날 가능성이 높다.

살아남으려면
미래 지도를 만들어라

바이든 시대 4년, 숨 가쁜 시간이 될 것이다. 극도의 긴장감이 계속 짓누를 것이다. 어지러운 순간이 이어질 것이다. 길을 잃지 않고 살아남으려면 미래 지도를 만들어야 한다. 물론 미래는 그 누구도 세세하게 예측하고 통찰할 수 없다. 그렇다고 눈을 감은 채 미래를 향해 나아갈 수는 없다. 정확하지 않아도, 불완전해도, 희미해도 미래 지도가 필요하다.

위대한 탐험가 콜럼버스를 생각해보라. 거대한 바다 한가운데서 갑자기 휘몰아치는 폭풍우, 곳곳에 숨어 있는 암초 등 갖가지 위험을 뚫고 미지의 땅, 한 번도 가보지 않은 신대륙을 발견하기 위해 탐험선에 오를 때 나침반과 지도는 필수다. 나침반은 동서남북만 알려준다. 미래 방향이다. 콜럼버스가 손에 쥔 지도는 생각만큼 정교하지 않았다. 불완전한 정보와 지식, 풍문으로 엉성하게 만들어진 지도였다. 정확히 말해줄 이가 아무도 없다면 엉성한 지도라도 있는 것이 없는 것보다 백배 낫다.

미래 예측 정보도 마찬가지다. 아무도 미래를 정확하게 맞힐 수 없다. 하지만 누구나 미래로 나아가야 한다. 눈을 감고 마구잡이로 발걸음을 내딛는 것보다, 희미하게나마 보이는 것에 의존해서 더 듬거리며 나아가는 것이 더 낫지 않을까. 콜럼버스는 방향만 알려주는 나침반과 불완전한 정보, 단순한 지식을 잘 조합해서 신대륙 발견에 성공했다. 긴장이 극대화되고, 경쟁이 치열해지고, 경제적 불확실성이 증폭되는 바이든 시대 4년을 헤쳐나가야 하는 정부와 기업, 그리고 투자자도 마찬가지다. 살아남으려면, 미래 지도를 만들어야 한다.

방대하고 끝이 없는 미래를 한 권의 책에 다 그려볼 수는 없다. 이 책에서는 바이든 시대 4년 동안 뜨거운 화두가 될 다양한 이슈들을 '세계 경제의 미래'라는 주제를 중심으로 엮어 미래 지도를 그려나가려고 한다. 코로나19 이후 세계 경제의 회복, 재건, 또 다른 침체라는 거대한 방향과 순환 과정 속에서 미국, 중국, EU, 한국과 신흥국들의 경제 움직임을 이치, 논리, 확률에 따라 생각해보면서 '한눈에 담을 수 있는 미래 경제 지도 만들기'를 시도해볼 예정이다. 자, 이제 그 여정을 시작해보자.

세계 경제 회복은
순리를 따른다

세계 경제 회복은 무작위로 일어나지 않는다. 순리를 따른다. 순리順理, natural는 '순조로운 이치'다. 고대 헬라어로 순리는 퓌시케Psyché다. '자연'을 뜻하는 퓌시스Phusis에서 파생된 단어로, 자연계에 본래 존재하는 '거스를 수 없는 질서' 혹은 '순조로운 이치'를 가리킨다. 봄·여름·가을·겨울이 차례대로 바뀌는 것, 인생의 생로병사처럼 거스를 수 없는 것 등이 순리다.[6]

경제도 이치에 따른 질서정연한 순서를 따르는 영역이다. 전 세계 경제는 연결되어 있다. 시간이 갈수록 연결은 복잡하고 거대해진다. 코로나19로 전 세계가 국경을 봉쇄하자 공급망이 무너지면서 각국의 산업도 치명타를 입었다. 그 어느 때보다 세계가 단단하게 연결되어 있다는 방증이다. 아무리 연결이 복잡하더라도 작동은 이치를 따른다. 수출국은 수입국의 경제가 살아나야 이득을 본다. 그러므로 수출국의 경제 회복은 수입국에 후행한다. 거스를 수 없는 순서이자 수요와 공급의 이치를 따르는 간단한 질서다.

미국은 세계에서 가장 큰 수입국이다. 미국이 수입을 늘려야 수출국들의 경제가 살아난다. 제1기축통화 국가인 미국이 화폐 유동성(화폐량)을 늘리고 줄이는 것은 글로벌 금융투자시장과 실물시장에서 연쇄효과를 일으킨다. 미국이 방향을 정하면 나머지 국가들이 뒤따르는 패턴이다. 혹은 미국이 주요 국가와 통화 정책 협의를 주도하는 모양새다.

바이든 시대 4년, 세계 경제의 미래를 읽어내기 위해서는 미국에서 시작되어 중국과 유럽을 거쳐 신흥국까지 경제 회복의 순리를 생각해야 한다. 〈그림 3〉은 미국, 중국, 유럽, 신흥국 경제가 하나의 시스템처럼 단단하게 연결된 상태를 그린 시스템 지도system map다. 회색 화살표는 두 변수의 증감이 같은 방향으로 움직이는 것을, 붉은색 화살표는 두 변수의 증감이 반대 방향으로 움직이는 것을 나타낸다.

일부에서는 최근 전 세계 경제가 미국보다는 중국에 대한 의존도가 더 높아졌다고 말한다. 〈그림 4〉는 코로나19 발발 직전인 2019년 주요 국가와 지역이 전 세계 경제 성장에 기여한 영향력을 보여준다. 단일 국가로는 중국이 전 세계 GDP 성장의 33%를 담당했다. 미국은 11%로 줄어들었고, EU는 4%에 불과하다. 명실상부, 중국은 전 세계 경제 성장 기여도 1위 국가다.

중국은 2019년 기준 전 세계 총 GDP의 16.34%를 차지해 미국 다음으로 2위 국가다. 〈그림 5〉를 보면, 2019년 기준 전 세계

| 그림 3. 시스템 지도 – 미국 · 중국 · 유럽 · 신흥국 경제의 연관 관계 |

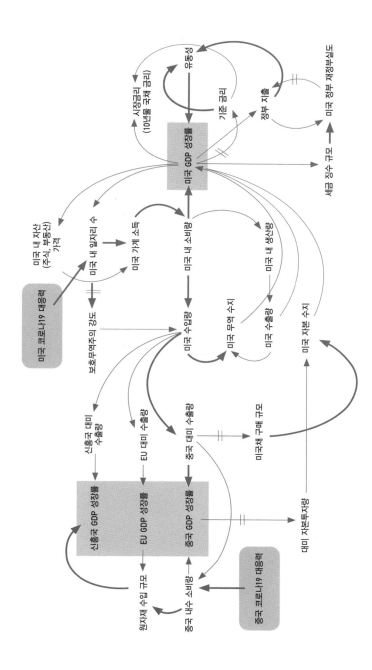

| 그림 4. 2019년 주요 국가·지역의 전 세계 GDP 성장 기여율(%) |

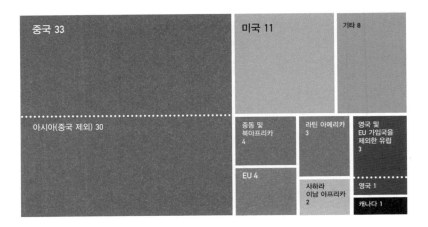

| 그림 5. 2019년 전 세계 GDP(단위: 1조 달러) |

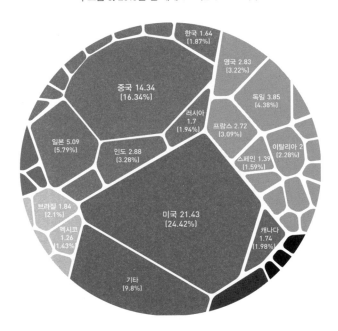

GDP 88조 달러 중에서 미국은 21조 4300억 달러를 차지하면서 24.42%로 불안한 1위를 유지하고 있다. 반면 중국은 14조 3400억 달러를 기록해 전 세계에서 차지하는 비중이 16.34%로 늘어나면서 미국을 바짝 추격하고 있다. 참고로 2000년 중국 GDP가 전 세계에서 차지하는 비중은 3.6%에 불과했고, 미국은 30.5%였다.

중국 경제의 위상과 역량이 대단하다는 것을 보여주는 증거가 더 있다. 2016~2017년 기준으로 중국은 전 세계 시멘트의 59%를 소비했다. 그 외에도 알루미늄 47%, 니켈 56%, 석탄 50%, 구리 50%, 철 50%, 금 27%, 석유 14%, 쌀 31%, 돼지고기 47%, 옥수수 23%, 목화 33%를 소비했다. 전 세계 인구에서 중국의 비율은 19%지만, 주요 광물의 50%, 육류를 포함해서 식품의 30~40%를 중국이 소비한다.

코로나19 대재앙이 시작될 때도 중국은 국가 전체 역량을 총동원해서 강력 대응해 국가 전역으로 바이러스가 창궐하는 최악의 상황을 피했다. 그 결과 내수 시장 침몰을 막았다. 경제 반등도 가장 빨랐다.

〈그림 6〉은 코로나19 대재앙 시기에 중국, 미국, EU의 연간 GDP 성장률을 비교한 것이다. 중국은 2020년 1사분기에만 마이너스를 기록했다. 미국은 2021년 1사분기에나 플러스로 전환되었고, EU는 2021년 1사분기에도 마이너스를 기록했다.

이런 자료들을 보면, 중국 경제는 과거와 달리 미국이나 유럽 의존도가 낮아지고, 미국이나 유럽 경제와 별개로 움직이는 것처럼 보인다. 오히려 이제는 중국이 세계 경제를 이끌어가는 제1국가라

| 그림 6. 코로나19 시기 중국·미국·EU의 연간 GDP 성장률(%) |

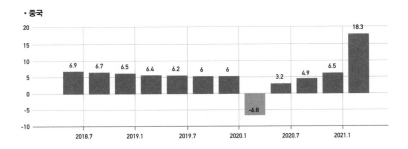

• 중국

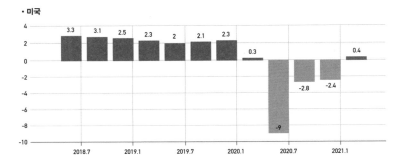

• 미국

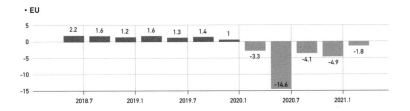

• EU

는 생각마저 든다. 그래서 이번 코로나19 충격 국면에서도 미국이 아닌 중국 경제가 세계 경제 회복을 견인하는 핵심 국가라는 생각이 들 정도도. 과연 그럴까?

거시경제 자료를 제공하는 CEICGlobal Economic Data, Indicators, Charts & Forecasts의 분석에 따르면, 매년 중국 GDP 성장 기여율에서 수입이 차지하는 비중은 1980년 65.4%에서 2010년 49.3%까지 낮아졌지만 2018년에는 55.3%로 증가했다. 반면 수출은 1980년 6%에서 2006년 35.3%까지 증가했다가 2018년에는 17.9%까지 하락했다.[7]

최근 10년만 본다면, 중국 경제가 수출 의존도를 줄이고 내수 소비를 기반으로 한 경제 성장을 했다는 것을 알 수 있다. 하지만 이 자료는 매년 GDP 증가분에 대한 기여도다. GDP 전체에 대한 비중을 살펴보면 달라진다. 2018년 기준 세계은행World Bank의 분석에 따르면, 미국의 민간 소비 규모는 14조 6천억 달러로 GDP에서 민간 소비가 차지하는 비중이 68.2%다. 반면 중국의 민간 소비는 5조 4천억 달러로 전체 GDP에서 38.5%를 차지한다. 중국 경제에서 민간 소비가 차지하는 비율은 미국의 절반 수준이다.

참고로 수출 주도형 국가인 한국의 2018년 민간 소비 비중은 48%다. 중국보다 10%p가 높다. 중국의 수출 의존도는 미국과는 비교가 되지 않을 정도로 높다. 심지어 수출 지향국으로 소문난 한국보다 높다. 〈그림 7〉은 2018년 기준 국가별 수출 규모를 보여준다. 중국의 수출 규모가 가장 크다.

〈그림 8〉은 2017년 기준 전 세계 수입 물량 분포도로, 전 세계가 어느 나라에서 수입 물량을 얼마나 받았는지 보여준다. 거꾸로

| 그림 7. 2018년 국가별 수출액 (단위: 10억 달러) |

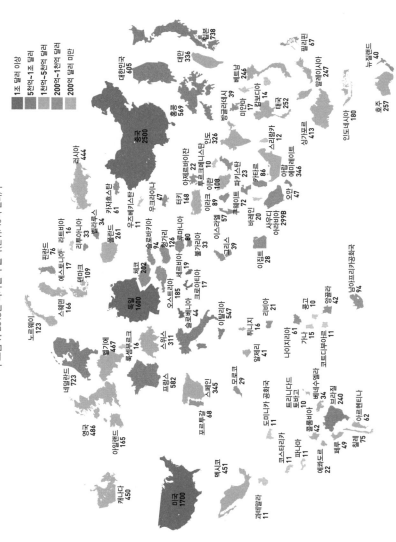

범례:
- 1조 달러 이상
- 5천억~1조 달러
- 1천억~5천억 달러
- 200억~1천억 달러
- 200억 달러 미만

일본 738
대만 336
대한민국 605
홍콩 569
러시아 444
카자흐스탄 34
우즈베키스탄 11
우크라이나 47
방글라데시 39
미얀마 17
캄보디아 14
베트남 246
말레이시아 247
태국 252
스리랑카 12
싱가포르 413
필리핀 67
뉴질랜드 40
호주 257
인도네시아 180
인도 326
중국 2500
핀란드 76
에스토니아 17
라트비아 16
리투아니아 33
벨라루스 33
덴마크 109
폴란드 261
슬로바키아 94
헝가리 126
루마니아 80
불가리아 33
아제르바이잔 22
투르크메니스탄 10
파키스탄 108
이란 89
이라크 89
쿠웨이트 72
바레인 20
카타르 86
아랍에미레이트 346
오만 47
스웨덴 166
노르웨이 123
체코 202
오스트리아 185
세르비아 17
크로아티아 17
슬로베니아 44
그리스 39
터키 168
이스라엘 57
이집트 28
사우디아라비아 299B
독일 1600
이탈리아 547
튀니지 16
리비아 21
콩고 10
앙골라 42
남아프리카공화국 94
네덜란드 723
벨기에 467
룩셈부르크 16
스위스 311
프랑스 582
알제리 41
나이지리아 61
가나 15
코트디부아르 11
영국 486
아일랜드 165
포르투갈 68
스페인 345
모로코 29
도미니카 공화국 11
트리니다드토바고 10
콜롬비아 42
베네수엘라 34
브라질 240
아르헨티나 62
코스타리카 11
파나마 11
에콰도르 22
페루 49
칠레 75
캐나다 450
멕시코 451
미국 1700
과테말라 11

| 그림 8. 2017년 주요 수출국의 수출 비중(%) |

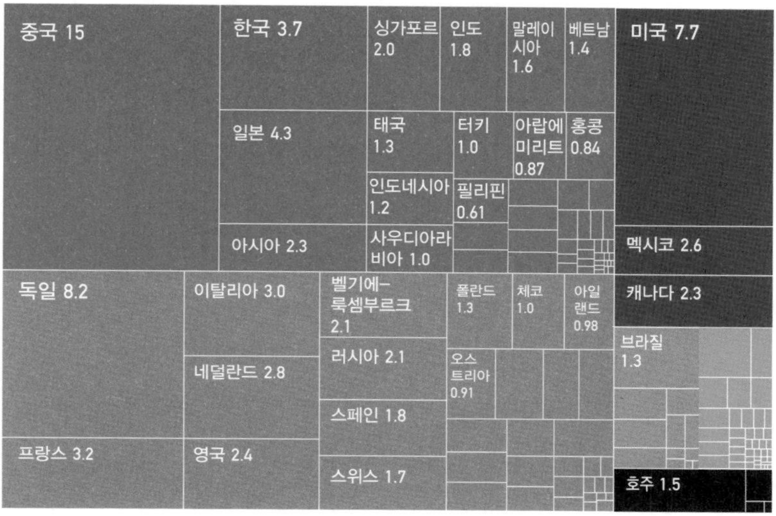

중국 15
한국 3.7
싱가포르 2.0
인도 1.8
말레이시아 1.6
베트남 1.4
미국 7.7
일본 4.3
태국 1.3
터키 1.0
아랍에미리트 0.87
홍콩 0.84
인도네시아 1.2
필리핀 0.61
아시아 2.3
사우디아라비아 1.0
멕시코 2.6
독일 8.2
이탈리아 3.0
벨기에-룩셈부르크 2.1
폴란드 1.3
체코 1.0
아일랜드 0.98
캐나다 2.3
네덜란드 2.8
러시아 2.1
오스트리아 0.91
브라질 1.3
스페인 1.8
프랑스 3.2
영국 2.4
스위스 1.7
호주 1.5

말하면, 어떤 나라가 전 세계를 대상으로 얼마나 수출했는가를 의미한다. 전 세계 수입 물량에서 중국에서 나오는(중국이 수출하는) 규모가 15%로 1위다. 그다음은 8.2%를 기록한 독일이다. 한국도 3.7%를 담당해서 일본 다음으로 5위다.

〈그림 8〉을 보더라도 중국은 여전히 전 세계 1위 수출국이다. 지난 10년 동안 중국 GDP 성장률 기여도에서 수출 비중이 줄어든 건 중국의 기존 산업들이 성장의 한계에 부딪혔고, 중국 내 인건비가 높아져서 수출 경쟁력이 하락한 것이 결정적 요인이다.

수출 경쟁력 하락에 따른 GDP 성장률 하락을 소비 중심 성장 정책으로 대응하려 했다. 하지만 이마저도 부동산 버블을 통한 민간 소비 증가가 컸고, 정부 지출 비중을 더 높여서 버텼다는 의미다. 〈그림 9〉를 보라. 지난 10년간 정부 예산의 마이너스 집행 규모, GDP 대비 정부 부채 비율, 정부 지출 규모가 계속 증가해왔다.

지난 10년 동안 중국 정부가 내수 중심 성장 전략으로 대전환을 꾀했지만, 여전히 중국이 지속 가능한 성장에서 결정적 요인이다. 중국은 미국의 최대 수입 상대국이다. 중국 경제가 코로나19 이전으로 완전한 복귀에 성공하려면 미국 시장 회복이 필수다.

〈그림 10〉은 중국이 어느 나라들로 수출하는가를 보여준다. 단일 국가로는 미국이 가장 크다. 그다음은 홍콩인데, 홍콩으로 수출되는 품목의 상당량은 다시 미국으로 수출된다. 중국 입장에서는 홍콩이 미국 수출의 우회 통로인 셈이다. 미국으로 직접 수출하는 물량과 홍콩을 통해 우회 수출하는 물량을 합치면 중국의 대미 수출 총 물량은 훨씬 커진다.

〈그림 11〉을 보면, 중국이 유럽에서 수입하는 물량은 미국에서 수입하는 것(6.54%)보다 3배 이상 많다. 앞에서 본 중국의 수출국 분포를 함께 고려하면, 중국은 미국과는 수입보다 수출 비중이 높다. 유럽과는 수입과 수출 비중이 비슷하게 높다. 중국 경제가 유럽과 밀접하게 연관되어 있다는 의미다.

지금까지 살펴본 모든 자료를 종합하면 이렇다. 중국 경제는 지난 10년 동안 내수 중심 경제 성장 정책으로 전환을 시도했다. 그 정책은 약간의 성과를 냈다. 하지만 여전히 중국 경제는 수출 의존도가 한국보다 높고, 아직도 미국이나 유럽과의 교역에 큰 영향을 받는다.

중국만 미국 소비에 대한 의존도가 높은 것이 아니다. 유럽과 신

| 그림 9. 1995년 이후 중국 정부 재정 상태 |

- **GDP 대비 정부 예산 비율(%)**

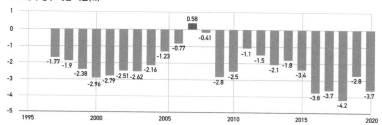

- **GDP 대비 정부 지출 비율(%)**

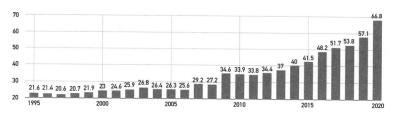

- **정부 지출액(1조 위안)**

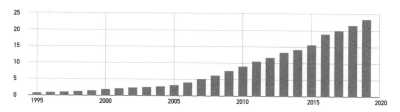

| 그림 10. 2017년 중국의 주요 수출 상대국의 수출 비중(%) |

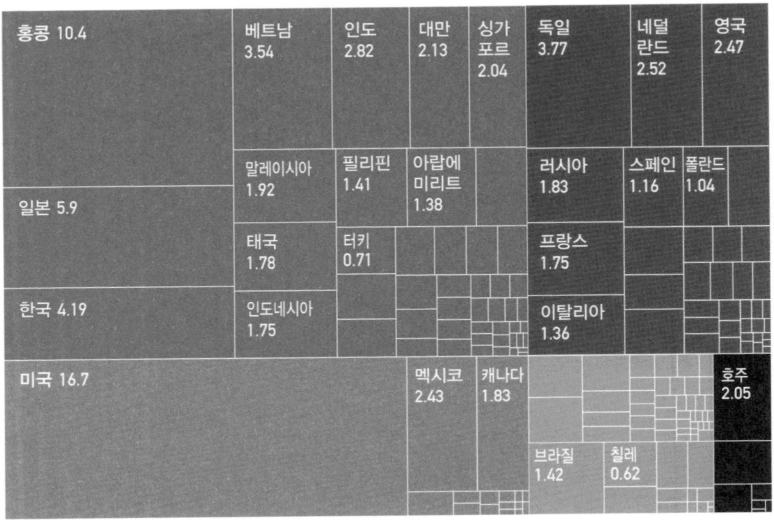

홍콩 10.4		베트남 3.54	인도 2.82	대만 2.13	싱가 포르 2.04	독일 3.77	네덜 란드 2.52	영국 2.47
일본 5.9		말레이시아 1.92	필리핀 1.41	아랍에 미리트 1.38		러시아 1.83	스페인 1.16	폴란드 1.04
		태국 1.78	터키 0.71			프랑스 1.75		
한국 4.19		인도네시아 1.75				이탈리아 1.36		
미국 16.7				멕시코 2.43	캐나다 1.83			호주 2.05
				브라질 1.42	칠레 0.62			

| 그림 11. 2017년 중국의 주요 수입 상대국의 수입 비중(%) |

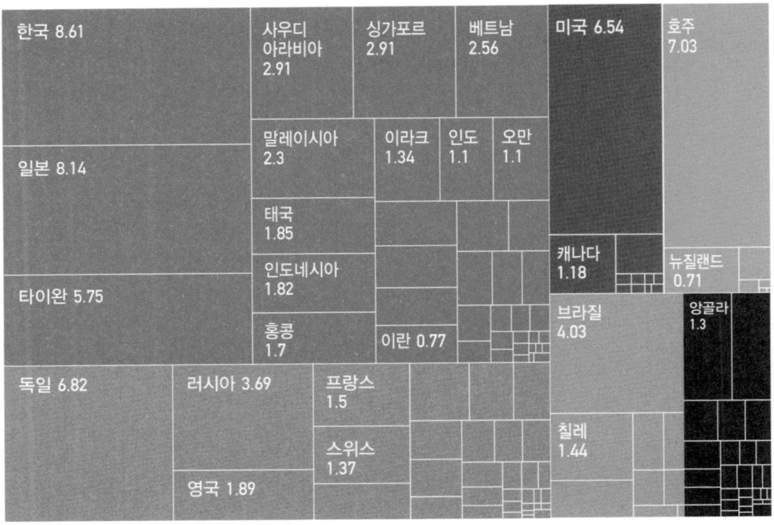

한국 8.61		사우디 아라비아 2.91	싱가포르 2.91	베트남 2.56	미국 6.54	호주 7.03
일본 8.14		말레이시아 2.3	이라크 1.34	인도 1.1	오만 1.1	
		태국 1.85				
		인도네시아 1.82		캐나다 1.18	뉴질랜드 0.71	
타이완 5.75		홍콩 1.7	이란 0.77	브라질 4.03	앙골라 1.3	
독일 6.82	러시아 3.69	프랑스 1.5				
		스위스 1.37		칠레 1.44		
	영국 1.89					

홍국들도 미국 소비 시장에 대한 의존도가 높다. 다음 그림들을 몇 개 더 보자.

〈그림 12〉는 2018년 기준 주요 국가들의 수입 규모다. 단연 미국이 1위다(2조 6천억 달러). 〈그림 13〉은 금융 위기 이전인 2006년과 2018년 사이 전 세계 GDP 성장률과 미국 무역적자의 관계를 비교한 것이다. 2018년의 전 세계 GDP 성장률(3.6%)은 2006년(5.2%)보다 1.6%p 감소했다. 2018년 미국 무역적자는 621억 달러로 전 세계 GDP(85조 8천억 달러)의 0.8%, 미국 GDP(20조 5천억 달러)의 3%에 해당했다. 하지만 2006년에는 미국 무역적자가 최대 680억 달러를 기록했다.

겉보기에는 2006년과 2018년의 미국 무역적자 규모가 별 차이가 없었던 듯하다. 하지만 상대적 비율을 분석하면 말이 달라진다. 2006년의 무역적자 680억 달러는 전 세계 GDP(44조 달러)의 1.5%, 미국 GDP(13조 9천억 달러)의 4.9%에 해당한다. 즉, 2018년 미국의 무역적자 규모는 2006년과 비슷했지만, 전 세계 GDP 대비로는 절반이 준 셈이고 미국 GDP 대비로도 40% 정도 감소했다. (참고로, GDP 성장률은 2006년 3.2%에서 2018년 2.9%로 약 10% 감소했다.)

미국이 무역적자를 줄이는 방법은 간단명료하다. 수입을 줄이는 것이다. 미국이 수입을 줄이면 다른 나라들의 수출이 그만큼 준다. 당연히 세계 GDP 성장률도 낮아진다.

〈그림 14〉는 미국이 어떤 나라들에서 수입을 얼마나 하는가를 보여준다. 단일 국가로는 중국, 멕시코, 캐나다의 비중이 높다. 그 다음으로는 일본, 독일, 한국, 베트남, 영국, 대만, 프랑스, 이탈리아,

| 그림 12. 2018년 국가별 수입액(단위: 10억 달러) |

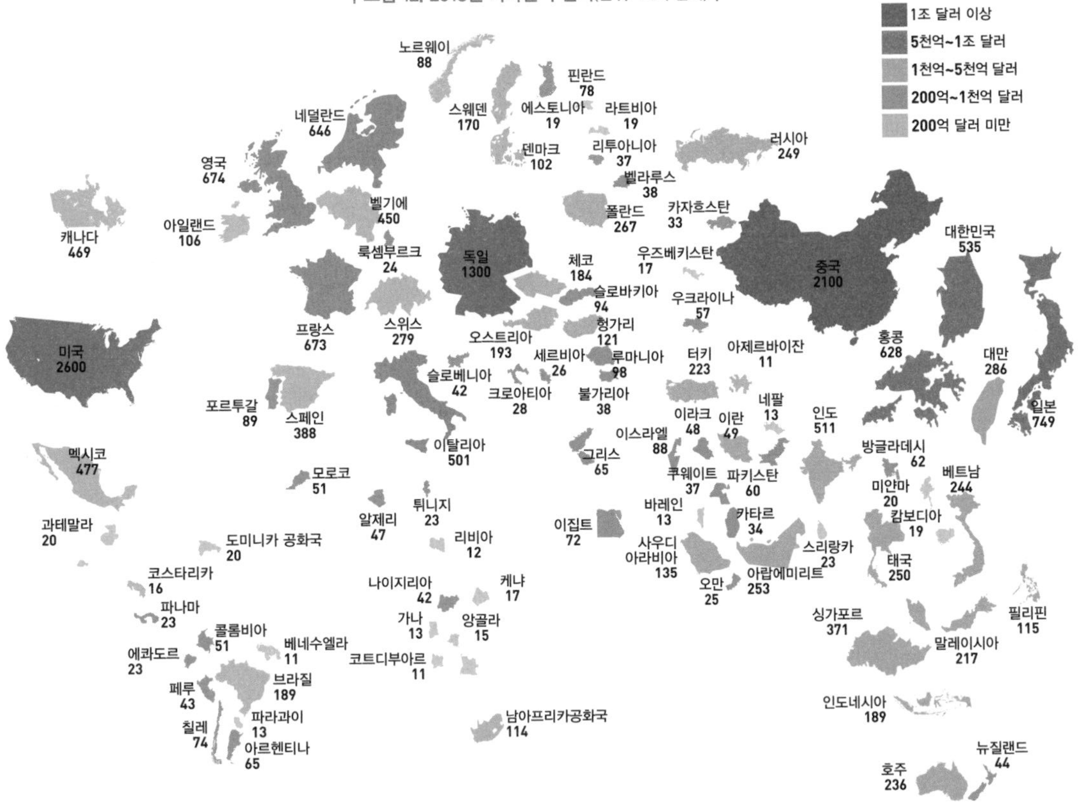

범례
- 1조 달러 이상
- 5천억~1조 달러
- 1천억~5천억 달러
- 200억~1천억 달러
- 200억 달러 미만

일본 749
대만 286
베트남 244
방글라데시 62
미얀마 20
캄보디아 19
필리핀 115
대한민국 535
홍콩 628
타이 250
뉴질랜드 44
인도 511
스리랑카 23
싱가포르 371
인도네시아 189
호주 236
중국 2100
러시아 249
네팔 13
아제르바이잔 11
이란 49
파키스탄 60
카타르 23
아랍에미리트 253
오만 25
카자흐스탄 33
우즈베키스탄 17
우크라이나 57
터키 223
이라크 48
쿠웨이트 37
바레인 13
사우디아라비아 135
핀란드 78
리투아니아 19
리트비아 19
벨라루스 38
폴란드 267
헝가리 121
루마니아 98
그리스 65
이집트 72
에스토니아 19
덴마크 102
체코 184
슬로바키아 94
세르비아 26
불가리아 38
이스라엘 88
스웨덴 170
오스트리아 193
크로아티아 28
남아프리카공화국 114
노르웨이 88
독일 1300
슬로베니아 42
이탈리아 501
튀니지 23
리비아 12
케냐 17
앙골라 15
코트디부아르 11
벨기에 450
룩셈부르크 24
스위스 279
알제리 47
나이지리아 42
가나 13
네덜란드 646
프랑스 673
모로코 51
영국 674
아일랜드 106
스페인 388
포르투갈 89
도미니카 공화국 20
콜롬비아 51
베네수엘라 11
브라질 189
파라과이 13
아르헨티나 65
코스타리카 16
파나마 23
에콰도르 23
페루 43
칠레 74
캐나다 469
미국 2600
멕시코 477
과테말라 20

| 그림 13. 2006년과 2018년 전 세계 GDP 성장률과 미국 무역적자(단위: 1백억 달러) |

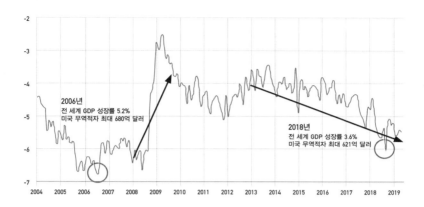

2006년
전 세계 GDP 성장률 5.2%
미국 무역적자 최대 680억 달러

2018년
전 세계 GDP 성장률 3.6%
미국 무역적자 최대 621억 달러

| 그림 14. 2019년 미국의 수입 상대국의 수입 비중(%) |

중국 17.9

일본 5.95

대만
2.18

말레이시아
1.69

독일 4.94

아일랜드
2.5

인도
1.48

태국
1.29

싱가포르
1.03

한국 3.26

영국
2.34

프랑스
1.89

이탈리아
1.76

인도네시아
0.76

베트남 2.79

스위스
1.17

벨기에
0.72

멕시코 16.7

캐나다 14.6

뉴질랜드
1.12

러시아
0.85

브라질
1.31

브라질 순이다. 거꾸로 말하면, 미국이 수입을 줄이면 타격을 가장 많이 보는 순서다.

〈그림 15〉는 트럼프가 중국, 유럽, 아시아 등을 향해 무역전쟁을 벌였을 때 산업 생산과 글로벌 교역량이 크게 줄어들었다는 것을 보여준다.

〈그림 16〉은 전 세계 수출 물량이 어느 나라로 향하는가를 보여준다. 전 세계 수출 물량에서 미국으로 향하는(미국이 수입하는) 규모는 13%로 독보적 1위다. 중국으로 향하는(중국이 수입하는) 규모는 9.4%로 2위다. 독일이 6.6%로 3위를 차지한다.

참고로 EU 국가들도 교역이 경제에서 차지하는 비중이 높다. 미국의 대외 의존도가 19.9%, 일본이 26.0%인 반면, 독일이 72.0%, 프랑스는 47.3%, 이탈리아는 55.0%, 스페인은 56.5%에 달한다. EU 국가들의 교역 중 상당량이 EU 안에서 일어나지만 미국, 중국, 신흥국들과 주고받는 규모도 만만치 않다.

예를 들어, 2019년 기준 영국의 대미국 수출은 15.6%를 차지한다. 영국이 독일(9.85%)과 프랑스(6.64%)로 수출하는 비중을 합친 분량이고, 대중국 수출(6.41%)의 2.5배다. 독일의 대미국 수출도 9%로 대중국 수출 7.3%보다 높다. 프랑스도 대미국 수출이 8.48%로 대중국 수출(4.22%)의 2배다. 유럽 주요 국가들이 수출을 가장 많이 하는 나라는 중국이 아니다. 미국이다.

마지막으로 〈그림 17〉은 국가별 관광객 소비 규모다. 관광 의존도가 매우 높은 유럽 입장에서는 미국인이 유럽을 관광하며 돈을 써야 유럽 경제에 이득이다. 여러모로 유럽 경제 회복도 중국보다

| 그림 15. 2015년 이후 미국의 무역 지표(%) |

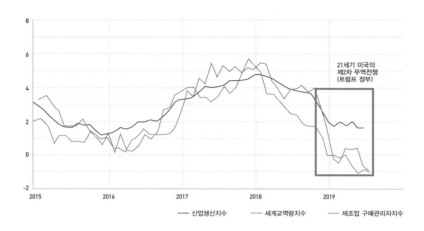

21세기 미국의
제2차 무역전쟁
(트럼프 정부)

2015   2016   2017   2018   2019

── 산업생산지수   ── 세계교역량지수   ── 제조업 구매관리자지수

| 그림 16. 2017년 전 세계 주요 수입국의 수입 비중(%) |

| 독일 6.6 | 프랑스 3.7 | 벨기에-룩셈부르크 2.5 | 러시아 1.4 | 오스트리아 1.0 | 체코 0.98 | 미국 13 |

| 네덜란드 3.0 | 스페인 2.0 | 스웨덴 0.87 |

| 영국 3.8 | 이탈리아 2.7 | 스위스 1.7 |
| 폴란드 1.4 |

| 중국 9.4 | 홍콩 3.7 | 싱가폴 1.8 | 터키 1.3 | 싱가폴 1.3 | 말레이시아 1.2 | 멕시코 2.2 | 캐나다 2.0 |

| 한국 2.9 | 기타 아시아 1.1 | 인도네시아 0.94 | 남아프리카공화국 0.5 | 호주 1.2 |
| 아랍에미리트 1.1 |

| 일본 3.9 | 인도 2.6 | 태국 0.98 | 브라질 0.86 |

| 그림 17. 국가별 관광객 소비액(단위: 1억 달러) |

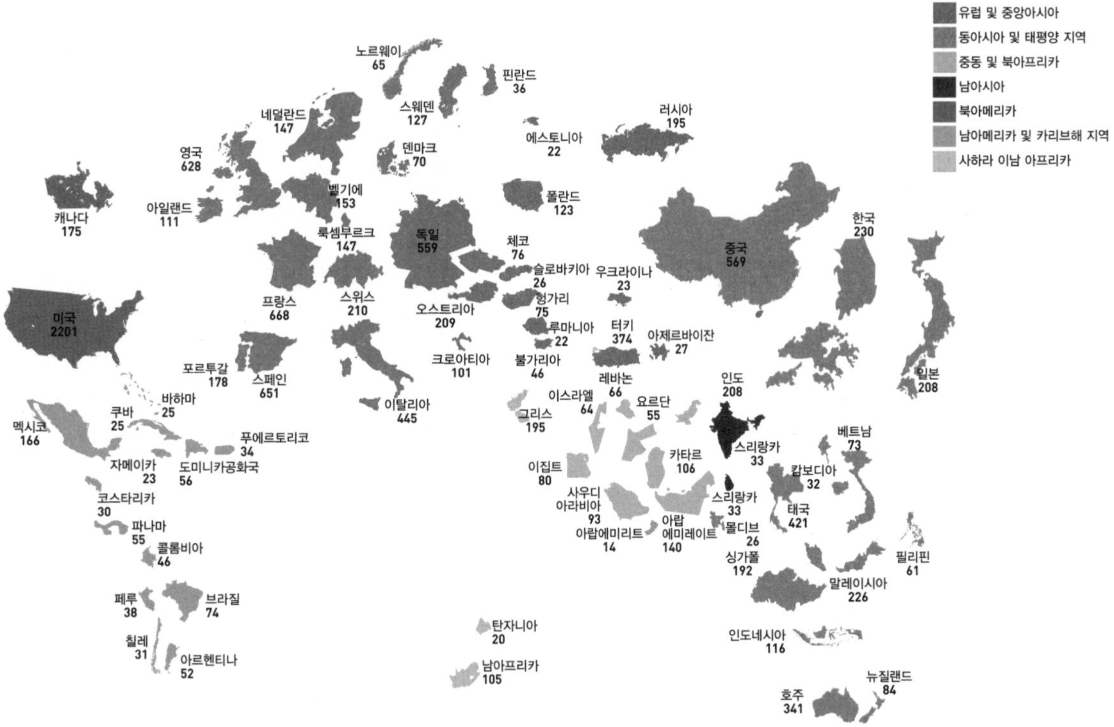

유럽 및 중앙아시아
동아시아 및 태평양 지역
중동 및 북아프리카
남아시아
북아메리카
남아메리카 및 카리브해 지역
사하라 이남 아프리카

일본
208

한국
230

중국
569

러시아
195

인도
208

스리랑카
33

아제르바이잔
27

우크라이나
23

에스토니아
22

핀란드
36

스웨덴
127

노르웨이
65

덴마크
70

폴란드
123

독일
559

체코
76

슬로바키아
26

루마니아
75

헝가리
22

불가리아
46

오스트리아
209

크로아티아
101

이탈리아
445

스위스
210

벨기에
153

룩셈부르크
147

프랑스
668

스페인
651

포르투갈
178

네덜란드
147

영국
628

아일랜드
111

캐나다
175

미국
2201

멕시코
166

바하마
25

쿠바
25

자메이카
23

코스타리카
30

푸에르토리코
34

도미니카공화국
56

파나마
55

콜롬비아
46

페루
38

칠레
31

브라질
74

아르헨티나
52

베트남
73

캄보디아
32

태국
421

말레이시아
226

필리핀
61

인도네시아
116

싱가포르
192

스리랑카
33

몰디브
26

방글라데시
14

인도
208

아랍에미리트
140

카타르
106

요르단
55

이란
66

레바논
64

이스라엘
195

이집트
80

사우디아라비아
93

터키
374

그리스
195

탄자니아
20

남아프리카
105

호주
341

뉴질랜드
84

미국에 영향을 더 받는다.

앞으로 4년의 세계 경제 회복은 순리를 따른다는 이치 외에도, 코로나19 백신 분배와 접종 속도의 영향도 받는다. 예를 들어, 2021년 EU 예상 GDP 성장률은 4.2%로 미국보다 낮다. 경제 회복의 강도가 아닌 코로나19 국면 탈출과 회복 시점의 차이 때문이다. 국제통화기금IMF의 전망치에 따르면, 분기별로 본 미국 GDP 성장률의 정점은 2021년 4분기로 예상되는 반면, EU의 경우 2022년 1분기로 전망된다.

2021년 4월 23일, EU는 화이자에서만 18억 회분 코로나19 백신 확보에 성공했다. EU의 4억 5천만 명 모두 네 번씩 접종할 수 있는 엄청난 분량이다. 단일 회사와 계약 규모도 역사상 최대 물량이다.[8] 화이자는 2021~2022년에 9억 회분을 공급하고, 2023년에 나머지 9억 회분을 추가 공급한다. 하지만 코로나19 백신 접종 속도가 미국보다 늦다. 화이자와 초대형 계약을 체결한 당일, EU는 1회 이상 백신 접종 비율이 22%에 불과해서 이스라엘 62%, 영국 50%, 미국 42%에 훨씬 못 미쳤다.

중국과 러시아처럼 자국에서 코로나19 백신 개발에 성공하지 못한 신흥국들과 제3세계 빈국들은 코로나19 국면 탈출과 회복 시점이 더 늦어지면서 경제 회복 순서에서도 크게 밀린다. 코로나19 백신의 분배 추세가 지금처럼 계속된다면, 세계에서 가난한 92개국은 2023년까지 백신 접종률이 인구의 60%에도 미치지 못할 수 있다. 올해 92개 빈곤국의 코로나19 접종률은 약 25%에 그칠 것으로 예상된다.

미국 경제는
독보적 행보를 보일 것이다

앞으로 4년, 세계 경제 반등의 규모와 속도를 좌우할 키를 쥐고 있는 나라는 중국이 아니다. 미국이다. 다행히 바이든 정부 4년 동안 미국 경제는 상당한 활력을 보여줄 가능성이 높다. 특히 2021~2022년은 강력하고 독보적인 회복세를 보일 가능성이 매우 높다. (2021년 중국의 GDP 성장률이 8%대를 기록하면서 미국보다 높겠지만) 2021년 미국의 GDP 성장률은 최소 6%에서 최대 8% 사이를 기록하면서, 지난 10년 평균 성장률 2~3%의 2~3배 이상을 기록할 가능성이 높다. 최근 30년 내에도 가장 높은 성적이다.[9]

2021년 바이든이 취임 100일 만에 1억 명 백신 접종 속도를 기록할 정도로 코로나19에 대한 강력한 대응, 빠른 경제 활동 제한 완화, 1조 9천억 달러에 달하는 추가 부양책이 불을 지핀 보복 소비와 기저효과, 시장 기대보다 빠른 일자리 시장 회복, 연방준비제도Federal Reserve System(연준)의 양적 완화 유지 등이 맞물리면서 일어난 상황이다.

코로나19가 팬데믹으로 확산되기 전인 2020년 1월, IMF는 2021년 선진국 GDP 성장률은 1.6%, 신흥 개발도상국은 4.6%로 전망했다. 선진국과 신흥 개발도상국의 차이는 3%p였다. 당연한 상식 수준의 차이였다. 선진국은 성장이 정체되거나 멈췄고, 개발도상국은 고속 성장하는 추세를 보이는 것이 정상이다.

2021년 이런 상식이 뒤집혔다. 2021년 4월, IMF는 2021년 선진국 GDP 성장률이 5.1%로 치솟을 것이라는 전망을 내놓았다. 선진국이 백신을 독점하다시피 했고, 신흥 개발도상국과는 비교되지 않을 정도로 중앙은행의 양적 완화와 정부 구제책이 쏟아졌기 때문이다.

2020~2021년 연준의 총자산은 5조 달러대에서 8조 9천억 달러까지 급증했다. 유럽중앙은행ECB도 4조 달러대에서 7조 6천억 달러까지 증가했고, 일본은행BOJ도 1조 달러 이상 증가했다. 반면 신흥국 중에서 경제 규모가 가장 큰 중국은 8~9천억 달러 정도만 증가한 것으로 분석된다.

IMF의 분석에 따르면, 선진국은 GDP의 24%를 재정 정책에 사용했다. 2021년 미국은 1조 9천억 달러(2123조 원) 규모의 추가 부양책을 단행했다. 반면 신흥국은 5%, 기타 저소득 국가는 2% 미만에 불과했다. 코로나19 대침체 이후 기저효과로 신흥 개발도상국의 성장률도 6.7%로 높아졌지만, 선진국과의 격차가 당초 전망치 3%보다 좁혀진 1.6%가 됐다. 만약 신흥국 전망치에서 중국을 제외하면 선진국 평균보다 낮아지는 초유의 상황이다.

개별 국가 차원에서 비교하면 이런 변화를 더 명확하게 볼 수 있다. 선진국이 신흥 개발도상국의 GDP 성장률을 추월하는 상황이 벌어졌다. 미국과 영국, 특히 미국의 약진이 눈부시다. 2021년 미국의 GDP 성장률은 최소 6%에서 최대 8% 사이일 것이라는 전망이 쏟아졌다. 미국보다 백신 접종 속도가 빨랐던 영국도 2021년 GDP 성장률이 5.3%로 급등했다. 코로나19 이전 영국의 평균 GDP 성장률은 1%대에 불과했다.

반면 주요 신흥 개발도상국인 아세안 5국(인도네시아, 태국, 말레이시아, 베트남, 필리핀)은 4.9%, 브라질은 3.7%, 남아프리카공화국은 3.1%에 그쳐 미국과 상당한 격차가 난다.[10]

일부에서는 코로나19 위기에서 벗어난 기저효과에 불과하기 때문에 미국 경제 호황 분위기가 금세 끝날 것이라고 전망하기도 한다. 그러나 필자의 예측은 다르다. 미국 경제의 호황 분위기는 1~2년에 그치지 않고 바이든 정부 4년 내내 지속될 가능성이 더 높다. 코로나19 기간 동안 가계가 어쩔 수 없이 축적해놓은 소비 여력, 바이든 정부의 인프라 투자 정책, 코로나19가 앞당긴 미래 시장 형성 시점 등이 절묘하게 맞아떨어지면서 미국 경제의 호황기가 생각보다 길어질 가능성이 높기 때문이다.

국제 신용평가사 무디스Moody's는 2020년 한 해 동안 경제 봉쇄 기간에 전 세계 가계가 추가로 축적해둔 소비력(초과 저축액)이 전 세계 GDP의 약 6%인 5조 4천억 달러(6035조 원)에 달할 것으로 추정했다.[11] 코로나19 기간에 경제 봉쇄와 강력한 사회적 거리두기로 외부 활동이 줄어 돈 씀씀이가 줄고 불확실성이 커지면서 가계가 지출을 줄이고 돈을 쌓아두었기 때문이다.

특히 미국의 초과 저축액 규모가 가장 크다. 무디스는 전 세계 초과 저축액 5조 4천억 달러 중 37%에 해당하는 2조 달러를 미국 가계가 보유한 것으로 분석했다.

미국은 2021년 3월에 1인당 1400달러의 현금(총 4100억 달러)을 지원했고, 18세 미만 자녀 세액공제를 1인당 3000~3600달러로 늘렸다. 4월 28일에는 미래 경쟁력을 키우기 위해 1조 8천억 달러(1990조 원) 규모의 '미국 가족 계획American Families Plan'도 발표했다. 여기에는 자녀 세액공제를 최소 2025년까지 연장, 500만 명의 아이들에게 혜택이 돌아가는 2천억 달러(222조 3천억 원) 규모의 유치원 무상교육, 자녀 1명당 매월 최소 250달러를 지원하는 방안 등 저소득층과 중산층에 대한 여러 재정 혜택이 추가됐다. 이런 모든 정책 혜택을 합하면 미국 가계의 축적된 소비력은 더 커진다.[12]

〈그림 18〉은 미국, 영국, EU, 한국의 개인 저축률 변화다. 코로나19 기간에 미국, 영국, EU는 개인 저축률이 최소 2배에서 최대 5배 증가했지만, 한국은 1~2%p 증가에 그쳤다.

2년간 누적된 소비 여력이 상대적으로 빠른 경기 회복과 만나면 미래 성장에도 영향을 미친다. IMF는 (늦은 백신 접종 속도, 경제 봉쇄 기간 연장, 높은 실업률과 소득 하락 등으로) 2022~2024년에도 신흥국에서는 코로나19로 인한 경제 손실이 지속될 것이라고 전망했다.[13] 2023~2024년에 신흥국은 미국을 비롯한 선진국에서 경제 정책이 긴축으로 전환되면 투자금 이탈을 비롯해서 높은 금리 부담, 물가

| 그림 18. 미국·영국·EU·한국의 개인 저축률(%) |

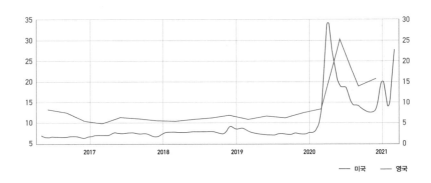

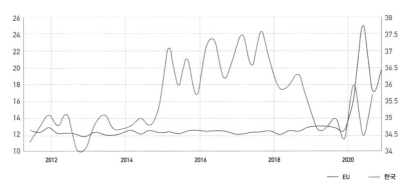

상승, 주식시장 폭락 등 추가적인 경제 위기를 겪어야 한다. 그만큼 미국 경제 회복과 성장이 돋보일 가능성이 크다.

물론 바이든 정부 4년 동안 곳곳에 위험이 도사리고 있다. 인플레이션 위협에 대응하는 연준의 긴축 정책이나 미중 무역전쟁 등이다. 당장 연준의 긴축 정책 전환을 우려하는 목소리가 크다. 필자의 예측으로는 빠르면 2021년 말 혹은 2022년 초부터 연준이 긴축 1단계인 양적 완화 축소를 실시할 수 있다. 연준이 긴축을 시작하면 시장 과열이 누그러들 수 있겠지만, 미국 경제 호황이라는 전체 흐름과 분위기에 찬물을 끼얹는 수준은 아닐 것이다. 오히려 연준의 적절한 긴축 시점과 행위가 미국 경제가 안정적으로 호황기를 유지하는 원동력 중 하나로 작용할 가능성이 높다.

미래 기술 주도권을 둘러싼 미중 무역전쟁 위협이 재고조되는 것은 큰 부담이다. 하지만 그만큼 미래 산업이 활발하게 일어나고 미래 시장 형성 시점이 앞당겨져서 새로운 경제 동력으로 추가되면서 미중 무역전쟁의 부작용을 상쇄하고 남을 가능성이 더 높다.

〈그림 19〉는 미국 바이든 정부의 코로나19 정책, 인프라 투자 정책, 기술 경쟁력이 미국과 세계 경제에 어떻게 영향을 미치는지를 한눈에 보여준다. 2021~2022년은 바이든 정부 정책(투자, 증세, 환경과 인권 등)이 핵심 심층 원동력으로 작동하는 시점이다. 연준이 핵심 심층 원동력으로 작동하는 시점은 2023~2024년, 미중 무역전쟁 리셋 심층 원동력은 2022년부터 작동을 시작한다. 필자가 여기서 눈여겨본 미래 가능성이 하나 더 있다. 바이든 시대 4년은 '의외로' 미국을 비롯한 각국이 오프라인 소비와 투자에 더 무게중심을 두는 시대가 될 것이다.

코로나19 이전과 코로나19 정국에는 온라인 소비와 투자가 각국 시장과 경제를 이끌었다. 오프라인의 시대가 저물고 쇠퇴하는 분위기였다. 하지만 코로나19 이후 몇 년 동안은 색다른 분위기가 나타날 것이다. 온라인 소비와 시장이 계속 발전하고 커지는 가운데, '뜻밖에도' 오프라인 시장과 투자가 일시적으로 늘어나는 상황

| 그림 19. 시스템 지도 – 미국의 정책·경제·기술과 세계 시장의 연관 관계 |

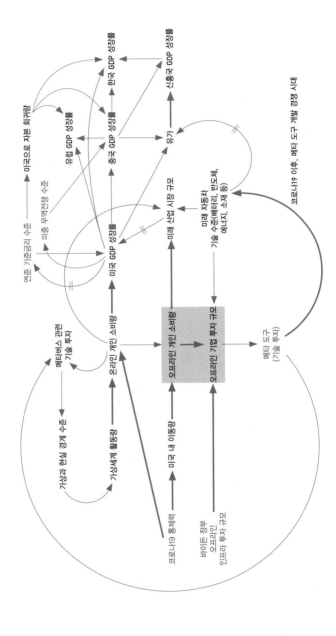

이 펼쳐질 것이다.

코로나19 대재앙으로 최소 1~2년 이상 각국 오프라인 활동이 멈췄다. 그만큼 오프라인 소비와 투자가 지연됐다. 코로나19 정국에서 벗어나기 시작하면, 억눌렸던 오프라인 활동과 소비와 투자가 분출되면서 2~3년 동안은 코로나19 이전 시장 평균치를 넘어설 가능성이 높다.

코로나19로 인해 1~2년 정도 전 세계에서 사람과 상품의 이동이 급격하게 줄면서 원유 채굴, 물류 이동에 필요한 컨테이너선 주문, 상품 제조에 필요한 각종 기계류 주문 등이 줄었다. 경제 활동 제한이 풀리고 사람과 상품의 이동이 정상화되면 원유 채굴을 위한 신규 투자, 상품 제조와 운반을 위한 각종 기계와 선박 제작 등도 급증할 것이다.

코로나19 충격을 가장 크게 받은 이들은 자영업자와 소규모 상공인들이다. 코로나19가 끝나면 신규 창업도 증가할 것이다. 사무실 수요도 다시 늘어나고, 각종 집기 물품 구매도 증가할 것이다. 여기에 바이든 정부를 비롯해 주요 선진국에서 사회적 격차 해소와 미래 산업 주도권 선점을 위해 엄청난 수준의 인프라 투자를 단행할 것이다.

인프라 투자의 상당 부분은 오프라인 투자와 소비에 연결된다. 이렇게 2021~2024년은 이미 강력한 성장 추세를 시작한 온라인 시장과 일시적으로 평균치 이상을 넘어서는 오프라인 시장이 동시에 활성화되면서 세계 경제를 호황기로 이끌 것이다. 미국은 이런 새로운 흐름을 보여주는 첫 번째 나라가 될 가능성이 높다.

〈그림 20〉은 미국의 정책, 경제, 기술과 전 세계 시장의 연관 관계를 그린 시스템 지도(그림 3)를 기반으로 바이든 시대 4년 동안 세계 경제 변화에 영향을 미치는 심층 원동력driving forces을 정리한 것이다.

　심층 원동력들은 전 세계 경제 움직임에 큰 영향을 미칠 중요 사건과 이슈들이라고 생각하면 된다. 필자는 심층 원동력들을 미래학에서 세상에서 발생하는 이슈의 영역들을 구별하는 STEEPS 카테고리를 사용해 분류했다. 참고로 각 이슈를 표시한 박스의 길이는 이슈들이 영향을 미칠 기간을 '어림셈해본' 것으로 정밀한 예측은 아니다.

Social Area: 사회 영역에 작용할 심층 원동력

Technological Area: 기술 영역

Economical Area: 경제 영역

Ecological Area: 생태 환경 영역

Political Area: 법, 정치, 제도 영역

Spiritual Area: 종교 및 영성 영역

| 그림 20. 앞으로 4년, STEEPS 영역별 주요 심층 원동력 |

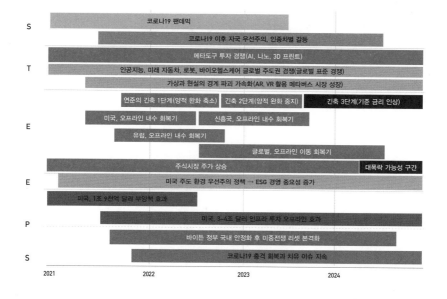

S 코로나19 팬데믹

코로나19 이후 자국 우선주의, 인종차별 갈등

메타도구 투자 경쟁(AI, 나노, 3D 프린트)

T 인공지능, 미래 자동차, 로봇, 바이오헬스케어 글로벌 주도권 경쟁(글로벌 표준 경쟁)

가상과 현실의 경계 파괴 가속화(AR, VR 활용 메타버스 시장 성장)

연준의 긴축 1단계(양적 완화 축소) 긴축 2단계(양적 완화 중지) 긴축 3단계(기준 금리 인상)

E 미국, 오프라인 내수 회복기 신흥국, 오프라인 내수 회복기

유럽, 오프라인 내수 회복기

글로벌, 오프라인 이동 회복기

주식시장 주가 상승 대폭락 가능성 구간

E 미국 주도 환경 우선주의 정책 → ESG 경영 중요성 증가

미국, 1조 9천억 달러 부양책 효과

P 미국, 3~4조 달러 인프라 투자 오프라인 효과

바이든 정부 국내 안정화 후 미중전쟁 리셋 본격화

S 코로나19 충격 회복과 치유 이슈 지속

2021   2022   2023   2024

바이든 정부 정책을
읽어라

좀 더 좁혀보자. 앞으로 4년, 전 세계 경제 회복의 키를 쥐고 있는 미국 내 경제가 회복되는 것도 순리를 따른다. 미국 경제가 회복되는 데 영향을 미치는 변수들이 자본주의 시스템 안에서 연결되고 피드백하는 방식을 따라 '순리대로' 작동된다는 말이다.

이런 순리 때문에 전 세계 경제의 호황과 불황이라는 거시적인 움직임에도 일정한 패턴과 사이클이 만들어진다. 그래서 한 국가 혹은 전 세계 경제의 거시적 관점에서 호황과 불황 움직임은 예측 가능한 행동 양식이 된다.

다만 한 국가 혹은 전 세계 경제 시스템에 존재하는 특정한 연결 고리에 '지연delay'이라는 말썽꾸러기가 있어서 어떤 때는 그 패턴과 사이클이 예측 평균치 범위를 벗어나기도 하기 때문에 '일시적'으로는 경제가 무작위로 움직이는 듯 보일 뿐이다.

〈그림 21〉은 미국 내 경제가 어떤 순서와 피드백을 따라서 회복되는지를 보여주는 시스템 지도다.

우리가 앞으로 4년 동안 바이든 정부의 정책을 정확하게 읽고 대응해야 하는 이유가 있다. 필자는 미국 혹은 한 나라의 경제 회복은 자본주의 시스템이라는 커다란 구조 안에 존재하는 다양한 변수들이 서로 연결되어 시시각각 각종 피드백을 주고받는 방식에 따라 '순리대로' 작동된다고 본다. 하지만 모든 변수가 동등한 힘이나 영향력을 갖는 것이 아니다. 시기에 따라서 각기 다른 힘과 영향력을 갖는다.

앞으로 4년은 어떤 변수가 가장 큰 힘과 영향력을 가질까? 바로 정부다. 특히 바이든 정부의 정책은 미국을 넘어 전 세계 경제의 향방을 결정하는 가장 중요한 심층 원동력으로 작동할 가능성이 높다. 각국 정부와 기업, 그리고 투자자들이 바이든 정부의 정책을 정확하게 읽고 다양한 시나리오를 통해 파급력을 미리 생각해야 할 이유다.

필자는 특정 정부가 출범하면 3~6개월 정도의 시간 동안 정부의 정책과 주요 관계자의 말과 행동을 관찰하고, 비즈니스 프로파일링business profiling이라는 기술을 이용해서 그 정부의 특성을 파악해 시스템 지도를 만든다. 시스템을 파악하면 현 정부 정책의 최대 혹은 최종 목표system goal와 정책의 우선순위와 전략을 한눈에 그려낼 수 있다. 〈그림 22〉는 필자가 분석한 바이든 정부의 정책 시스템 지도다.

그림에서 보듯이 앞으로 4년 동안 전 세계 경제 변화에 가장 큰

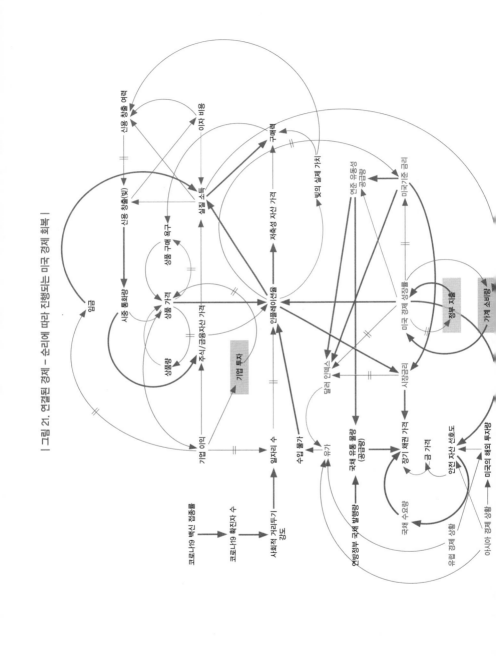

| 그림 21. 연결된 경제 – 순리에 따라 진행되는 미국 경제 회복 |

| 그림 22. 바이든 정부 정책 시스템의 핵심 3층 연동력(최대 목표: 국내외 안정) |

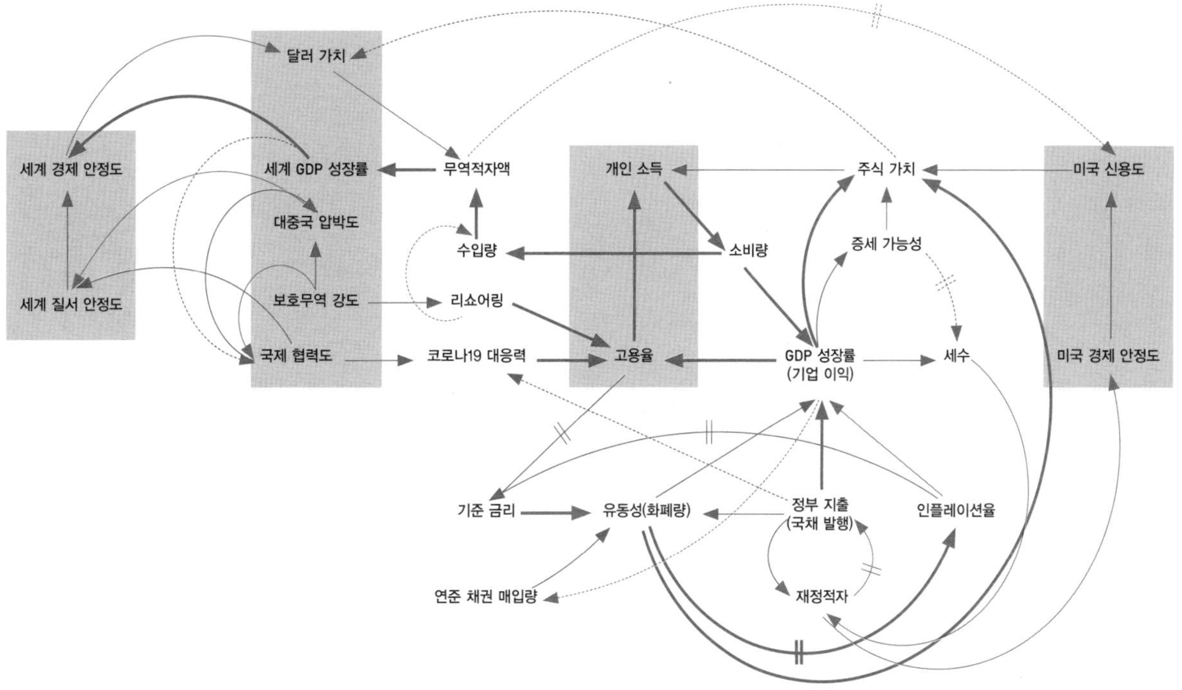

미국 신용도

미국 경제 안정도

주식 가치

세수

증세 가능성

인플레이션율

GDP 성장률
(기업 이익)

정부 지출
(국채 발행)

재정적자

소비량

개인 소득

유동성(화폐량)

연준 채권 매입량

고용률

수입량

리쇼어링

기준 금리

코로나19 대응력

무역적자액

달러 가치

세계 GDP 성장률

대중국 압박도

보호무역 강도

국제 협력도

세계 경제 안정도

세계 질서 안정도

영향을 미칠 심층 원동력인 바이든 정부의 최대 목표를 한 단어로 표현하면 '안정'이다. 안정은 바이든 정부를 표현하는 핵심 시그니처다. 즉, 바이든 정부가 4년 동안 펼치는 각종 정책은 '안정'이라는 결과를 얻어내는 데 초점이 맞춰질 가능성이 높다. 바이든 정부가 원하는 안정은 2가지 영역이다. 하나는 국내 안정이고, 다른 하나는 국외 안정이다.

바이든 정부가 안정을 최대 목표로 삼은 데는 몇 가지 이유가 있다. 첫째, 바이든의 개인적 성향이다. 그는 섬세하고 교감 능력이 뛰어난 정치인이다. 말더듬증으로 고생한 경험이 있어서 남의 말을 잘 듣는 습관을 들였고, 가난한 집안 출신인 데다 큰아들을 뇌종양으로 잃어서 고통을 잘 알기 때문이다. 말더듬증이라는 장애를 가졌음에도 학생회장 선거에 나가고 풋볼 선수로 활동하는 등 역동적인 면도 갖췄다.

50년 정치 인생의 바이든 대통령은 정치판에서 산전수전을 다 겪어서 지혜롭고 노회하다. 섬세하고 탁월한 교감 능력이 50년 정치 경험과 만나서 타협과 조정의 예술이라는 정치적 능력을 완성했다. 또한 인맥이 넓어 민주당 소속이지만 진보보다 중도에 가까운 정치 노선을 보인다.

하지만 바이든이 고집스럽게 붙잡고 있는 것이 하나 있다. 젊은 시절부터 정치가를 꿈꾼 그는, 그 꿈을 이루기 위해 노동자와 소외된 사람들을 위한 국선 변호사로 활동하기도 했다. 아일랜드계 가톨릭인으로서 강인함과 독실함도 겸비했다. 바이든이 인권과 환경 등의 가치에 높은 관심과 고집을 보일 수밖에 없는 배경이다. 자연의 이치에서 최고의 미덕과 목표는 (실용이나 탐욕이 아닌 가치에 기반을 둔) 균형과 안정이다. 바이든에게 균형을 통한 안정은 숙명일 수 있다.

바이든 정부가 안정을 최대 목표로 삼은 둘째 이유는 트럼프 정부가 국내외 상황을 최고의 불안정 상태로 만들었기 때문이다. 트럼프는 국내 정치를 미국 역사상 가장 불안한 상태로 만들었다. 4년 내내 트럼프와 반트럼프 진영으로 나누고 갈등을 최고조로 끌어올렸다. 대통령 선거 결과에 불복해 지지자들이 총으로 무장하고 의회에 난입하는 초유의 사태를 야기했다. 코로나19에도 제대로 대응하지 못해 미국은 최대 피해국이 됐다. 글로벌 외교 무대에서는 미국우선주의를 표방하면서 적이든 동맹국이든 모두 공격했다. 미국의 신뢰도를 크게 떨어뜨렸다.

바이든 정부는 이런 불안정을 안정 상태로 되돌려놓아야 한다. 그리고 코로나19로 인해 무너진 미국 경제와 사회를 안정 상태로 복귀시켜야 한다.

바이든 정부가 안정을 최대 목표로 삼는다는 것은 앞으로 4년 동안 예측 가능한 수준의 글로벌 정세 운영을 목표로, 영역마다 순리에 따라 질서를 회복하겠다는 의미다. 필자는 바이든이 선거 공약으로 내세운 각종 정책과 대통령 당선 이후 몇 달 동안 쏟아낸 정책과 연설을 꼼꼼히 분석했다. 그 결과 바이든 정부의 관심은 코로나19, 경제, 인종, 환경이라는 4가지 영역에 집중된다는 사실을 발견했다.

바이든 정부는 이 4가지 영역에서의 안정을 도모하기 위해 국내와 국외 각각 3가지 전략을 펼칠 것이다. 국내의 3가지 핵심 전략은 선 경제 활성화, 후 재정 안정화(증세), 연준을 본래 자리로 되돌리는 것이다. 국외의 3가지 핵심 전략은 글로벌 무역 안정(공급망 재편), 패권 안정(동맹국과 협력해 안정적 패권전쟁), 환경 안정이다.

바이든 정부
핵심 전략 3가지

바이든 정부가 '안정'이라는 최대 목표를 이루기 위해 국내에서 사용하는 3가지 핵심 전략은 선 경제 활성화, 후 재정 안정화(증세), 연준을 본래 자리로 되돌리는 것이다. 바이든 정부가 내세운 다양한 경제 및 사회 정책들은 위 3가지 전략으로 수렴된다.

먼저 선 경제 활성화 전략을 위해 제시된 다양한 정책들을 살펴보자. 선 경제 활성화 전략의 첫 단추는 코로나19 대재앙 국면에서 신속하게 탈출하는 것이었다. 바이든 정부가 선택한 코로나19 대응 정책은 트럼프 정부와 초점이 달랐다. 트럼프 정부는 경제 활동 유지가 코로나19 억제보다 앞섰다. 인적 가치보다 경제적 실리를 우선시했기 때문이다. 트럼프 정부는 코로나19 백신 보급 속도보다 개발 속도에 집중했다. 트럼프의 재선에 중요한 업적이었기 때문이다. 하지만 코로나19의 파괴력에 대한 오판과 소탐대실하는 경제 정책으로 인적·물적·경제적 손실을 키우는 바람에 백신 개발 성공에도 불구하고 재선에 실패했다.

바이든 정부는 다른 길을 선택했다. 인적 가치를 우선시했기 때문에 경제 봉쇄 완화보다 코로나19 억제를 우선 과제로 삼아 코로나19 백신 보급 속도 향상에 집중했다. 이것은 역사상 가장 빠른 백신 개발이라는 트럼프 정부의 놀라운 업적에 큰 혜택을 입은 결과이기도 하다. 하지만 바이든 정부가 시장의 예상보다 빨리 백신 접종률을 높인 것은 분명하다.

바이든 정부는 백신 접종 속도를 높이면서 경제 봉쇄를 강화했다. 인적 가치를 우선시해 백신 보급 속도 향상에 집중한 정책은 결과적으로 경제 봉쇄 기간을 줄여서 빠른 경제 회복으로 가는 속도를 높여주었다. 경제 봉쇄 기간이 줄어들면 그만큼 경제 재부팅을 알리는 보복 소비와 기저효과로 만들어지는 경제 회복 현상이 빨라진다.

바이든 정부는 1조 9천억 달러 규모의 초대형 추가 부양책을 신속하게 집행해 경제 봉쇄 강화 기간에 가계와 기업이 붕괴하는 상황도 막았다. 바이든 정부가 선 경제 활성화 전략의 첫 단추로 삼았던 백신 접종 속도 향상과 신속한 초대형 추가 부양책 집행은 미국 경제의 붕괴를 막는 데 큰 효과를 냈을 뿐만 아니라 경제 리바운드 효과도 극대화했다.

경제 리바운드 효과는 경기 대침체(리세션) 이후에 일시적으로 강한 성장이 일어나는 현상이다. 기저효과라고도 부를 수 있지만, 필자가 지칭하는 경제 리바운드 효과는 기저효과보다는 좀 더 긴

시간 동안 일어나는 현상이다.

필자가 지난 수십 년간의 미국 경제를 분석한 결과 대침체 후 일정한 시간 간격 내에서 평균치보다 높은 강한 반등이 패턴처럼 반복해서 일어나는 것을 발견했다. 필자는 이런 패턴을 '리바운드 법칙'이라고 이름 붙였다. 리바운드 법칙은 말 그대로 '튀어 오르는 현상'이며, 경제가 높은 곳에서 급강하했기 때문에 그 힘에 의해서 자연스럽게 일어나는 사건이다.

리바운드 현상에 관여하는 힘은 여러 가지가 있지만 3~4가지가 결정적이다. 가장 큰 힘은 경제 참여자의 심리다. 그다음은 정부와 중앙은행의 구제와 부양책으로 쏟아져들어오는 추가 유동성이다.

여기에 숨죽이고 있던 소비 유동성이 탄력을 붙인다. 경제 불확실성과 경기 대침체 분위기로 인해 일시적으로 움츠러들고 유보됐던 소비가 한꺼번에 터져나오는 보복 소비가 일어나면 기업 매출이 빠르게 회복(리바운드)된다. 경기 대침체 때 기업 파산을 피하고 살아남은 기업은 경쟁자 탈락으로 시장 점유율이 자연스럽게 높아지는 어부지리 효과를 누리며, 매출 몰림 현상으로 매출 신기록을 쏟아내기도 한다.

마지막으로 착시현상이 경제 분위기를 들뜨게 만든다. 시장 예상치를 훨씬 뛰어넘는 깜짝 실적(어닝 서프라이즈)도 일종의 착시현상이다. 또한 살아남은 기업 대부분이 경기 대침체 기간에 위기 수습책의 일환으로 강력한 구조조정을 단행해 비용을 감축해두었기 때문에 영업 이익률도 위기 전보다 더 크게 상승한 것으로 보인다. 이런 착시현상들이 만들어지면서 리바운드 법칙이 완성된다.

대침체 후 작동되는 경제 리바운드 법칙은 세부적으로 1개월 리바운드, 1분기 리바운드, 1년 리바운드 법칙으로 구분할 수 있다.

1개월 리바운드는 대침체 최저점에서 대략 1~2개월 내에 일어나는 기술적 경제 반등이다. 이 시점의 반등을 기저효과라고도 부른다. 이 첫 번째 리바운드 현상에 관여하는 주요 힘은 경제 참여자인 기업과 가계의 심리, 정부가 쏟아붓는 추가 유동성과 중앙은행의 통화 확장 정책이다. 이 시기에는 공포에서 탈출했다는 심리, 그리고 반등 대기 세력의 진입으로 아주 빠른 기술적 반등이 일어난다.

〈그림 23〉은 2020년 코로나19 제1차 대유행 전후 한국과 미국의 월간 소매판매 변화 추이다. 경제 위기로 소매판매가 위축된 후 반등(리바운드)하는 첫 번째 달에 수치가 가장 크게 상승한 것을 볼 수 있다.

이런 1개월 리바운드 현상은 2008년 미국 금융 위기 전후에도 비슷하게 몇 차례 반복됐다. 당시에는 부동산발 금융 위기도 있었지만, 신종플루 전염병과 유럽발 금융 위기도 이어졌기 때문에 1개월 리바운드 현상이 몇 차례 반복됐다.

1개월 리바운드는 리바운드가 일어나는 첫 번째 1~2개월에 초점을 맞춘 법칙이다. 실물경제(소비 시장 등)는 대침체 이후 본격적인 반등 시점으로 들어서면 첫 번째 1개월이 가장 큰 반등 폭을 기록한다. 하지만 〈그림 24〉에서도 보듯이, 리바운드가 시작되는 첫 달 이후에도 경제 확장은 계속된다. 그래서 반등이 시작되고 2~3개월 동안 누적 상승률이 최고치를 기록하게 된다. 이것이 두 번째인 1분기 리바운드 법칙이다.

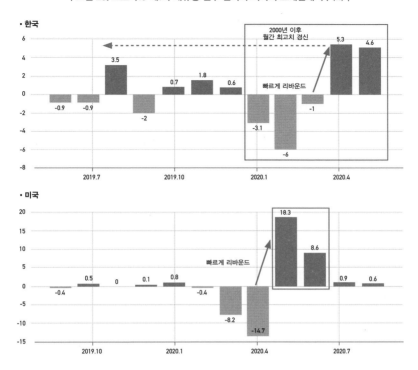

| 그림 23. 코로나19 제1차 대유행 전후 한국과 미국의 소매판매지수(%) |

• 한국

2000년 이후
월간 최고치 경신

빠르게 리바운드

• 미국

빠르게 리바운드

〈그림 25〉에서 보듯이, 대침체 후 최저점을 벗어나고 맞는 첫 번째 분기 동안 실물경제는 소비, GDP 성장률, 기업 이익 등 다양한 영역에서 아주 좋은 반등 폭을 기록한다. 1분기 리바운드 법칙이 작동하는 것이다.

참고로 〈그림 26〉은 2020~2021년 한국과 미국의 월간 소매판매지수다. 2020년 여름 코로나19 제1차 대유행기에서 벗어나면서 1개월, 1분기 경제 리바운드 법칙이 작동했다. 하지만 2020년 겨

| 그림 24. 2008년 미국 금융 위기 전후, 미국과 한국의 소매판매지수(%) |

· 미국

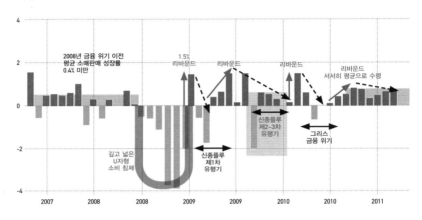

· 한국

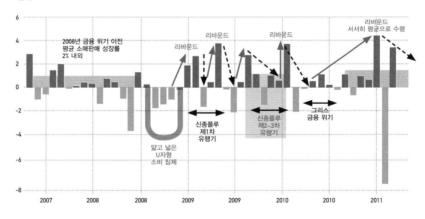

| 그림 25. 코로나 제1차 대유행 이후 미국 경제 지표 |

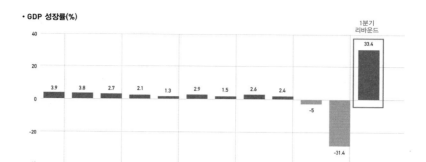

• GDP 성장률(%)

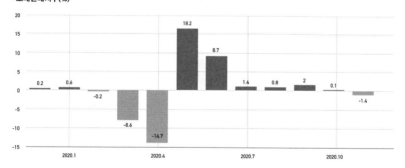

• 소매판매지수(%)

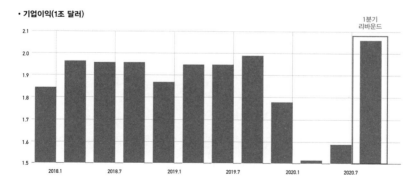

• 기업이익(1조 달러)

| 그림 26. 코로나19 제1차 대유행 전후 한국과 미국의 소매판매지수(%) |

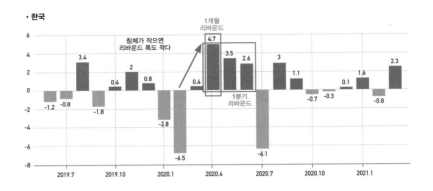

• 한국

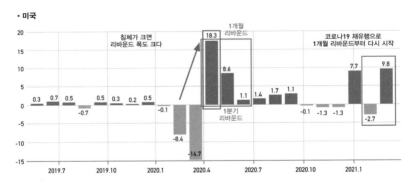

• 미국

울 코로나19 대유행이 다시 시작되면서 경제 봉쇄도 재개되어 경제 상황이 원점으로 되돌아갔다. 그 결과 2021년 봄에 1개월, 1분기 경제 리바운드 법칙이 다시 작동하는 상황이 발생했다.

마지막 법칙은 1년 리바운드다. 1년 리바운드 법칙은 대침체가 발생한 후 다음 해(혹은 1개월 반등이 연초에 시작되면 해당 연도 1년)에 연간 기준 GDP 성장률이 높게 나오는 현상이다. 예를 들면,

2021년 초에 주요 선진국의 연간 GDP 성장률이 근래 몇 년의 평균치를 넘어섰다.

〈그림 27〉을 보자. 미국에서는 2008년 글로벌 금융 위기가 발발한 후와 유럽발 금융 위기 이후 1년 리바운드 법칙이 작동했다. 2013년 후반과 2014년 초반에 메르스와 에볼라 전염병이 발병하면서 1분기 정도 GDP 성장률이 마이너스를 기록한 후에도 다시 1년 리바운드 현상이 재현됐다. 한국에서도 2008년 글로벌 금융 위기가 발발한 후에 1년 리바운드 현상이 발생한 것을 뚜렷하게 볼 수 있다.

바이든 정부의 선 경제 활성화 전략의 시작이 신속한 백신 접종이었다면 마침표는 대규모 인프라 투자였다. 신속한 백신 접종과 초대형 추가 부양책이 경제 붕괴를 막고 경제 리바운드 효과를 극대화했다면, 대규모 인프라 투자는 '111 리바운드 효과' 이후에 경제가 급격하게 평균치로 되돌아가는 속도를 줄이는 효과를 발휘할 것이다.

2021년 4월, 바이든은 대통령 취임 100일 첫 의회 연설에서 미국 경제 재부팅을 위해 8년 동안 4조 달러(4500조 원) 규모의 재정을 투입하는 대규모 인프라 투자 정책을 발표했다(2021년 5월 22일 백악관은 공화당과 협상을 위해 인프라 투자 규모를 6천억 달러 삭감했다).

바이든 정부가 발표한 대규모 인프라 투자안을 두고 언론의 평가는 비슷했다. 100년 전 루스벨트가 '3R Relief, Recovery, Reform'을 주장하면서 실시했던 '뉴딜 정책'의 규모와 재정 투입 방향이 매우 닮았다는 것이다. 예를 들어, 〈워싱턴포스트〉는 대통령 선거 때부

| 그림 27. 2008년 글로벌 금융 위기 이후, 미국과 한국 GDP 성장률(%) |

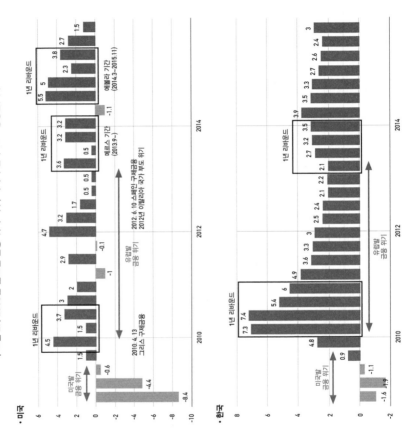

터 트럼프를 공화당 출신 대통령 허버트 후버(재임 1929~1933)에 비유하고, 바이든은 후버를 꺾은 민주당 출신의 프랭클린 루스벨트에 줄곧 비유해왔다.[14]

1929년 10월 24일, 뉴욕 증권시장의 대폭락을 신호탄으로 미국을 비롯한 전 세계에 경제 불황이 시작됐다. 당시 미국 대통령은 허버트 후버였다. 대공황이 발발하자 후버 정부는 다양한 정책으로 필사적으로 대응했지만 속수무책이었다. 물가는 계속 폭락했고, 1932년에는 국민총생산GNP이 1929년 대비 56%까지 급감했다. 수많은 기업이 파산하고, 거리는 1300만 명에 달하는 실업자들로 가득 찼다.

1932년 이런 대침체 속에서 시행된 대통령 선거는 후버 정부와 집권당인 공화당의 참패로 끝났다. 승승장구하던 트럼프 정부가 코로나19 대재앙으로 2020년 대선과 상하원 선거에서 한순간에 무너진 것과 비슷했다.

1933년 제32대 대통령으로 당선된 민주당의 루스벨트는 취임과 동시에 빈곤에 허덕이는 국민의 구제, 미국 경제의 회복과 재건을 기치로 '잊힌 사람들을 위한 새로운 정책'을 4년 동안 추진하면서 추락하는 미국을 구원하는 데 성공했다.

100년이 지난 지금, 미국은 다시 한번 절체절명의 위기에 처했다. 코로나19로 경제가 순식간에 침체의 늪에 빠졌고, 중국이라는 거대한 추격자가 미국의 미래를 위협하고 있다. 국제무대에서 미국의 위상은 흔들리고 있다. 바이든 정부는 무너져가는 미국을 구제하고relief, 회복시키고recovery, 재건reform해야 한다. 미국 언론이 비유한 것처럼, 바이든은 'FDR(프랭클린 루스벨트)의 순간'을 맞이했다.[15] 바이든 정부는 미국을 살릴 비장의 무기로 4조 달러 규모의 '신뉴딜 정책New New Deal'을 무기로 꺼내들었다.

실제로 2021년 바이든이 제시한 '미국 일자리 계획'(2조 3천억 달러)과 '미국 가족 계획'(1조 8천억 달러)은 100년 전 루스벨트가 실시했던 뉴딜 정책과 매우 닮았다.

1933~1936년 4년 동안 실시된 뉴딜 정책은 1935년을 기준으로 크게 둘로 나뉜다. 1933~1935년에는 실업자를 구제하고 침체된 미국 경제를 복구하는 단기적 회복에 중점을 뒀다. 이 기간 루스벨트 정부는 긴급은행법을 통과시키고 금본위제를 단행해 금융 시스템과 미국 국채와 달러 가치를 안정시켰고, 농업조정법과 전국산업부흥법 등을 제정해 산업을 안정시켰다. 테네시강 유역 개발공사Tennessee Valley Authority의 설립을 시작으로 각종 일자리 안정책을 실시했고, 연방 차원의 복지 정책도 적극 추진했다.

1935년부터 시작된 뉴딜 정책 후반에는 노동조합 지원책, 사회보장법, 다양한 원조 프로그램을 실시했다.

바이든 정부의 투자 정책은 크게 2가지로 나뉜다. 하나는 '미국 일자리 계획'이라는 이름이 붙은 1조 3천억 달러 규모의 인프라 투자안이다. 세부적으로는 노후화된 고속도로 및 교량 재건과 친환경 교통 확충 등의 인프라 건설, 부족한 전력망 확충과 중산층 및 서민을 위한 주거 환경 개선 등의 공익사업, 첨단 배터리·생명공학·반도체를 비롯한 미래 산업과 신기술 분야의 연구개발, 중소기업 지원과 일자리 혁신, 노인 및 장애인 돌봄 지원 등에 투입한다.

바이든은 '미국 일자리 계획'이 중국 등에서 미국의 기술 및 지적 재산을 탈취하고, 국영기업에 막대한 보조금을 주면서 미국 노동자와 산업을 약화시키는 불공정 무역 관행에 단호하게 맞서기 위한 조치라고 강조했다. '미국 일자리 계획'이 무섭게 추격해오는 중국을 견제하고 미래 산업에서 미국의 지배력을 확보해 최종적으로는 미국의 잠재 성장률을 끌어올리고 미중 패권전쟁에서 승리하기 위한 전략임을 분명히 한 셈이다.

다른 하나는 '미국 가족 계획'이라고 명명한 1조 8천억 달러 규모의 보육·의료·교육에 초점을 맞춘 대형 투자안이다. 세부적으로는 저소득층과 양육 가정에 8천억 달러 규모의 세액공제를 제공하고, 3~4세 자녀의 무상교육과 모든 미국인에게 2년 과정의 커뮤니티칼리지community college(전문대학) 등록금 면제 등 교육과 보육에 5110억 달러를 투입한다. 월 최대 4천 달러까지 지급하는 유급 육아휴직을 확대하는 등 아동 및 가족 지원에 4950억 달러와 국세청 예산에 800억 달러 지급도 포함됐다.[16]

우리의 관심사는 이것이다.

"바이든 정부가 추진하는 초대형 투자안이 앞으로 미국 경제에 어느 정도 영향을 미칠 것인가?"

이 질문에 대한 예측을 하려면, 100년 전 뉴딜 정책의 효과를 살펴보아야 한다. 먼저 뉴딜 정책 이전과 이후의 미국 GDP 성장률을 보자. 〈그림 28〉의 수치를 보면, 1933~1936년 뉴딜 정책 기간의 미국 GDP 성장률은 확실히 독보적이다. 뉴딜 정책 이전 미국 연간 GDP 성장률보다 2~3배 높아졌다.

| 그림 28. 1933~1936년 뉴딜 정책 기간 미국 GDP(단위: 1조 달러) |

연도	명목 GDP	실질 GDP	연간 GDP 성장률	주요 사건
1920	N/A	0.67	N/A	
1921	N/A	0.67	0.00%	
1922	N/A	0.71	5.97%	
1923	N/A	0.8	12.68%	
1924	N/A	0.83	3.75%	
1925	N/A	0.85	2.41%	
1926	N/A	0.9	5.88%	
1927	N/A	0.91	1.11%	
1928	N/A	0.92	1.10%	
1929	0.105	1.109	N/A	대공황 발발
1930	0.092	1.015	-8.5%	스무트·홀리 관세법
1931	0.077	0.950	-6.4%	더스트 보울(Dust Bowl)
1932	0.060	0.828	-12.9%	후버 정부의 세금 인상
1933	0.057	0.817	-1.2%	뉴딜 정책
1934	0.067	0.906	10.8%	미국 국채 증가
1935	0.074	0.986	8.9%	사회보장제도
1936	0.085	1.113	12.9%	루스벨트 정부의 세금 인상
1937	0.093	1.170	5.1%	대공황 재발
1938	0.087	1.132	-3.3%	대공황 종식
1939	0.093	1.222	8.0%	제2차 세계대전 종식
1940	0.103	1.330	8.8%	국방비 증가

　　뉴딜 정책 기간 미국 경제가 비약적으로 성장한 데에는 대공황부터 이어진 4년간의 대침체에서 기인한 기저효과도 한몫했다. 하지만 성공적 뉴딜 정책의 효과를 부인하기 힘들다. 제2차 세계대전

발발로 인해 뉴딜 정책은 더 이상 연장되지 못했지만, 미국 경제는 전쟁 기간에도 계속해서 높은 성장률을 기록했다.

바이든 정부가 진행하는 대규모 투자안도 성공만 한다면, 100년 전에 일어났던 변화를 또다시 재현할 가능성이 크다. 바이든 정부 첫해인 2021년에는 코로나19 대침체에서 기인한 기저효과를 비롯해 111 리바운드 법칙이 작동할 것이다. 111 리바운드 효과가 2022년 상반기까지 미국 경제를 끌고 가면, 그다음은 '미국 일자리 계획'과 '미국 가족 계획'이 효과를 발휘하기 시작할 것이다. 필자가 앞에서 예측했듯이, 미국 경제는 바이든 정부 4년 내내 상당한 수준의 성장 효과를 지속할 가능성이 높다.

바이든 정부의 대규모 투자안이 만들어낼 미국의 변화는 경제에만 국한되지 않을 것이다. 100년 전 실시된 뉴딜 정책은 침체된 미국 경제를 구원하는 것을 넘어서 정치, 사회 등 광범위한 분야에 큰 변화를 만들어낸 일대 사건이었다. 대통령 권한 강화, 경제 분야에서 정부 역할의 극대화(거대 정부), 노동조합 활동 강화 및 사회보장법 확립 등 다양하고 폭넓은 사회 변화가 일어났다. 미국의 전통적 자유방임주의가 수정되면서, 무너진 미국 경제의 신뢰도 회복되었다. 달러 가치도 복구되었고, 빈부격차는 줄어들었다. 미국 경제가 재건되면서 국제사회에서 미국의 패권도 회복됐다. 바이든 정부가 추진하는 대규모 투자안도 비슷한 효과를 낼 가능성이 충분하다.

물론 대규모 인프라 투자안 집행이 순조롭지는 않을 것이다. 바이든이 의회에서 인프라 투자 계획을 발표하자, 공화당은 곧바로

4조 달러 규모 자체에 대한 반감을 드러냈다. 이것은 시작에 불과하다. 바이든 정부 4년 내내 공화당, 자본가, 보수 경제학자들의 저항에 시달릴 가능성이 높다. 루스벨트 정부의 뉴딜 정책도 국민들에게 큰 지지를 얻고 경제 회복을 이뤄냈지만, 정부 권한 강화나 증세 등의 정책에서는 공화당과 자본가들의 비판과 강력한 저항에 시달렸다. 보수 경제학자들에게 나치와 공산당의 정책이라는 비난도 받았다.

정부가 빚을 내 그 돈으로 공공복지 사업을 벌여 일자리를 창출하고 경제 성장을 주도해야 한다는 케인스 이론은 오늘날 경제학의 정설로 자리 잡았다. 하지만 1930년대에는 달랐다. 후버 정부 때까지도 미국의 주류 경제 정책은 자유방임주의였다. 이런 분위기에서 하버드의 젊은 경제학자들이 중심이 된 케인스 이론은 급진적인 사상에 불과했다. 심지어 히틀러식 경제 정책이나 사회주의 정책과 비슷하게 보였다.

제1차 세계대전으로 독일 경제가 추락하자, 1921년 국가사회주의 독일노동당(나치)의 당수 자리에 오른 히틀러는 (케인스가 주장한 것처럼) 과감히 돈을 빌려 공공사업에 쏟는 방식으로 공황에서 벗어나 완전 고용과 물가 안정을 이루는 데 성공했다. 히틀러의 성공은 독일과 적대 관계에 있던 미국으로서는 달갑지 않은 사건이었다. 실제로 루스벨트가 뉴딜 정책을 시행하자 정적들과 보수 경제학자들은 4년 내내 인신공격을 멈추지 않았다.

루스벨트의 뉴딜 정책은 국외에서도 견제를 받았다. 미국을 재건하고 패권을 강화하는 과정은 다른 나라들이 보기에는 미국우선주의 행보였고 미국보호주의일 수 있었기 때문이다. 바이든 정부가 추진하는 '신뉴딜'도 마찬가지다. 바이든의 인프라 투자 의회 연설도 전 대통령인 트럼프와 다른 듯 보이지만 미국우선주의가 행간에 짙게 깔려 있었다. 바이든은 "미국인의 세금은 미국에서 미국인의 일자리를 만드는 데, 미국 물건을 사는 데 쓰여야 한다"는 점을 강조했다. 이런 말도 했다. "미국 일자리 계획의 모든 투자는 하나의 원칙에 의해 이뤄질 것이다. '미국 물건을 사라_{Buy America}'다."

2021년 6월 24일, 백악관은 공화당 상원의원 10명의 지지를 얻어내 총 4조 1천억 달러 규모의 투자안 중 1조 2090억 달러를 확정지었다. 민주당 50명 전원의 표에 공화당 지지 10명을 더하면 필리버스터(합법적 의사 진행 절차 방해 도구) 방어벽 무력화가 가능하다.

바이든은 2021년 3월 일자리 법안으로 8년간 2조 3천억 달러 규모의 인프라 투자, 2021년 4월 '미국 가족계획을 위한 법안'이란 이름으로 8년간 1조 8천억 달러짜리 장기 예산안을 내놓았다. 바이든 정부가 계획한 일자리 법안은 '물리적 인프라'와 '인적 인프라'로 나뉜다.

1차로 확정 지은 1조 2090억 달러(8년)는 물리적 인프라에 해당한다. 백악관과 민주당은 인프라 투자 장기 예산안 2조 3천억 달러 중에서 공화당과 합의하기가 상대적으로 쉬운 1조 2090억 달러 규모를 먼저 시도했고, 인프라 투자 재원 마련을 위해 강조했던 법인세 증세를 1차 합의안에서는 제외하면서 몸을 낮췄다. 공화당도 물리적 인프라 투자는 미국 국익에 유익하다는 분위기여서 비교적

쉽게 합의를 해주었다. 양당의 합의 내용은 다음과 같다.

"교량 및 도로(1090억 달러), 철도(660억 달러), 상수도 파이프(550억 달러), 광대역 무선통신망(650억 달러), 전력망(730억 달러), 전기차 인프라(75억 달러) 등. 1차 합의안에 필요한 예산은 국세청 개혁을 통한 징세 강화, 연방기금 용도 변경(미사용 코로나19 실업수당 활용 등), 전략 비축유 일부 매각, 5G 무선통신 주파수 경매, 민관 파트너십 등으로 충당한다. 합의된 예산은 정부 수입(2020년 4조 6375억 달러) 중에서 특별법 없이 정부가 재량으로 사용할 수 있는 예산 규모(연간 예산 규모의 30%)에 추가시킨다."

바이든 정부는 합의된 1차안(1조 2090억 달러)을 8년간 나눠서 집행하기로 하고, 첫 5년간 9730억 달러의 예산을 투입할 계획이다(5년 동안 연평균 2000~2500억 달러). 바이든 정부가 총 4조 1천억 달러 규모의 투자안 가운데 한고비를 넘겼지만 아직 갈 길이 멀다.

1차 합의안에서 빠진 것은 고령자와 장애인을 시설이 아닌 가정과 공동사회가 돌보게 하는 데 4천억 달러, 안정적인 주택 보급에 2천억 달러 지출 등 '인적 인프라'라고 부르는 부문 1조 달러다. 1조 8천억 달러 규모로 대대적 유급휴가, 무상교육, 빈곤 타파 등에 사용될 '미국 가족 계획을 위한 법안'도 인적 인프라 부문을 심화·확장한 것이다.

공화당은 '인적 인프라' 투자에 공감하지 않는다. 이번 합의에 동의했던 공화당 온건파조차도 인적 인프라 항목은 "본질적으로 인프라라고 할 수 없다"며 반대 의사를 분명히 했다. 총 4조 1천억 달러라는 엄청난 재원은 정부 부채의 추가 증가와 증세로 이어지기 때문에, 공화당이 전부 다 받아주기 힘들다.

바이든 정부도 이런 정치적 상황을 모를 리가 없다. 즉, 2021년 4월 바이든 정부가 내놓은 2022회계연도 6조 달러 규모 연방 예산은 협상을 위한 큰 블러핑일 가능성이 높다. 전통적으로 백악관이 제안한 예산안은 여당에서도 참고자료로만 여긴다. 바이든과 민주당 내 강경진보파가 실제 노리는 목표는 남은 2조 8천억 달러(인적 인프라 1조 달러, 인적 인프라 확장안인 1조 8천억 달러의 가족 계획 법안) 중에서 최소 1조 달러 이상이다.

바이든 정부와 민주당은 최소한 1조 달러는 세입과 관련된 법안에 한해서 야당의 필리버스터를 피할 수 있는 '조정 절차 reconciliation'를 활용해서 단순 과반 투표로 법제화하는 우회 방식을 이용할 태세다. 지난 2021년 3월 초 '미국인 구제 법안'이란 이름으로 내놓은 1조 9천억 달러(2100조 원)의 5차 코로나19 긴급 구제 자금안을 민주당 50명만으로 통과시킬 때처럼 말이다. 이런 모든 상황을 종합하면, 바이든 정부의 대규모 인프라 투자는 최소 2조 달러 이상은 가능할 것으로 보인다.

증세를
고려하는 이유

바이든 정부가 '안정'이라는 최대 목표를 달성하기 위해 국내에서 사용하는 두 번째 핵심 전략은 '후 재정 안정화'다. '선 경제 활성화'는 필연적으로 장기적으로는 부채 문제, 단기적으로는 인플레이션 위험을 동반한다. 이 2가지 위험을 잘 관리하지 못하면 '안정'이라는 최대 목표 달성에 실패할 가능성이 커진다.

1979년 제2차 오일쇼크가 미국 경제를 강타했다. 실물경기는 곤두박질치고 물가는 폭등했다. '스태그플레이션stagflation'이라는 새로운 현상이었다. 레이건 정부는 심각한 위기에 직면했다. 정부나 중앙은행이 무너지는 실물경기를 일으켜세우기 위해서 대규모 부양책을 시도하면 실물경제 위기는 잡을 수 있지만, 시중 유동성이 증가하면서 물가는 더 올라 역풍을 맞게 된다. 치솟는 물가를 잡기 위해 유동성을 축소하는 긴축 정책을 선택하면 실물경기는 더욱 침체한다. 딜레마 상황이었다. 정부 주도로 총수요를 조절해 경기를 조정하는 기존의 케인스 경제학으로는 문제를 해결할 수 없었다.

고심 끝에 레이건 정부가 꺼낸 해결책은 '공급 중시 경제학'이었다. 공급 중시 경제학은 '작은 정부'를 주장하면서 세금 감면, 규제 완화, 시장 자율 극대화 등을 통해 시장 자체에서 총공급 능력이 확대되도록 하는 새로운 시도였다. 일명 '신자유주의'의 시작이었고, 결과는 대성공이었다. 경기 침체 극복과 물가 안정이라는 두 마리 토끼를 모두 잡았다. 전 세계 경기 불황과 맞물려 신자유주의는 선진국 경제 정책의 주류로 부상했다.

2008년 미국에서 서브프라임 모기지 사태가 발발해 부동산 버블 붕괴가 전 세계를 강타했다. 오바마 정부와 연준은 2008년 부동산 버블 붕괴로 무너진 미국 경제를 살려내기 위해 대규모 금융 규제를 실시했다. 헬리콥터로 돈을 무작위 살포한다는 조롱을 받을 정도로 유동성을 공급해서 붕괴는 막았지만, 미국 경제는 낮은 GDP 성장률을 벗어나지 못했다. 경제 성과 실패로 민주당은 정권을 빼앗겼다.

미국우선주의와 경제 부흥을 기치로 정권 교체에 성공한 트럼프 정부는 레이건 정부가 사용했던 해결책을 그대로 답습했다. GDP 성장률은 상승했고, 주식시장과 부동산시장도 활기를 되찾았다. 하지만 새로운 문제가 발생했다. 막대한 부채가 쌓인 것이다.

코로나19 이전이었던 2017년 미국 정부 부채는 20조 달러를 돌파했다. 작지 않은 규모였다. 미국 정부의 재정 위험 우려가 쏟아져 나왔다. 달러와 국채에 대한 의심의 목소리도 커졌다. 본격적인 재정 관리가 필요한 상황이었다. 하지만 트럼프는 2017년 1조 5천억 달러 부자 감세를 추진했고, 2018년에는 중국과 무역전쟁을 벌이면서 미국 정부의 재정 건전성을 더욱 위험하게 만들었다. 이런 와중에 2020~2021년 코로나19 대재앙이 발발했고, 미국 경제는 완전히 정지되면서 9·11 테러 사건으로 미국이 입은 경제적 손해 비용 6조 4천억 달러보다 2.5배 많은 수준의 경제적 손해 비용을 감당해야 할 상황에 처했다.

2020년 트럼프 정부는 순식간에 찾아온 역사적인 경제 위기를 탈출하기 위해 2조 3천억 달러 규모의 사상 최대 경기 부양안을 집행했다. 이를 위해 GDP 대비 정부 지출 비중을 44%로 늘려야 했다. 역사상 최고 수준이었다. 1880년 이래 미국 정부가 GDP 대비 40%가 넘는 재정 지출을 한 사례는 제2차 세계대전(GDP 대비 45%)과 2008년 금융 위기(GDP 대비 43%) 때뿐이다. 2020년 9월 30일로 끝난 트럼프 정부 마지막 회계연도 재정적자는 3조 1천억 달러로 전년 대비 3배를 기록했다. 회계연도 기준 역대 최대였다.

이런 막대한 지출을 하면서도 트럼프 정부에는 급증하는 재정적자를 메울 재원에 대한 대책이 없었다. 참고로 2020년 기준 GDP 대비 정부 부채는 107.6%였다(그림 29).

2021년 바이든 정부도 코로나19 위기 탈출을 위해 추가로 1조 9천억 달러를 쏟아부었다. 일단 급한 불을 꺼야만 했다. 다른 방법이 없었다. 미국 정부의 부채는 더욱 증가했다. 코로나19 대응을 위해 쏟아부은 돈 외에도 미국 정부는 매년 일정 규모의 적자를 기록해왔다. 미국 재무부 자료에 따르면, 코로나19가 미국 경제를 강

| 그림 29. 미국의 GDP 대비 정부 부채 비율과 정부 지출(%) |

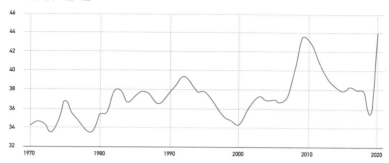

・GDP 대비 정부 지출 비율

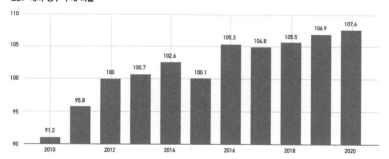

・GDP 대비 정부 부채 비율

타하기 시작한 2020년 3월부터 2021년 2월 말까지 단 1년 동안
미국 정부 부채는 무려 4조 4천억 달러 증가했다(그림 30). 참고로
맨해튼연구소의 분석에 따르면, 미국이 제2차 세계대전을 치르면
서 사용한 전쟁 비용은 현재 가치로 4조 8천억 달러였다.[17]

2017년 20조 달러였던 미국 정부 부채는 코로나19 위기를 2년
거치면서 28조 달러까지 치솟아 2017년 대비 40% 증가했다. 코

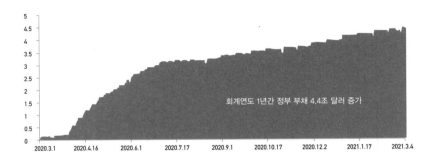

| 그림 30. 2020년 3월부터 연간 미국 정부 부채 증가액(단위: 1조 달러) |

회계연도 1년간 정부 부채 4.4조 달러 증가

로나19 이전인 2018년에 미국 예산관리국Office of Management and Budget(OMB)은 정부 부채가 28조 달러를 넘어서는 시점을 2024년 정도로 예측했었다. 하지만 코로나19 위기로 미국 정부의 재정 건전성 위기 수준이 최소 3년 이상 앞당겨졌다. 〈그림 31〉을 보면, 미국 정부 부채의 증가 추세는 2018년에 미국 예산관리국이 예측한 정부 부채 증가 추세와는 차이가 있다.

트럼프 정부와 바이든 정부의 이런 행보는 미국 부채에 대한 우려를 증폭시킬 수밖에 없다. 늘어나는 정부 부채 문제를 해결하는 근본적인 방법은 재정 운영을 흑자로 전환하는 것이다. 하지만 미국의 현재와 미래 상황을 고려하면 이는 불가능에 가깝다.

〈그림 32〉는 미국 정부의 지출과 수입을 비교한 그래프, 〈그림 33〉은 1948년 이후 미국 정부 예산의 연간 증감 추이를 나타낸 그래프다. 미국 정부의 수입은 느리게 증가하는 데 반해, 지출은 상대적으로 빠르게 경제 위기가 반복될 때마다 극적으로 증가했다. 이

| 그림 31. 미국의 정부 부채(단위: 1조 달러) |

• 실제 부채

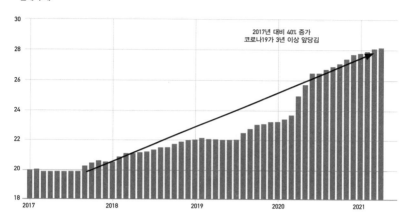

2017년 대비 40% 증가
코로나19가 3년 이상 앞당김

• 2018년 예산관리국의 예측 부채

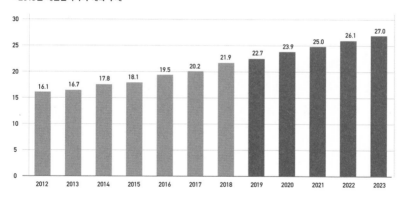

런 구조 때문에 1950년대 이후 지금까지 미국 정부 예산이 흑자였던 해는 열한 번에 불과했다.

바이든 정부의 2021회계연도 상반기에도 1조 7천억 달러의 재

| 그림 32. 미국 정부의 지출과 수입(단위: 1조 달러) |

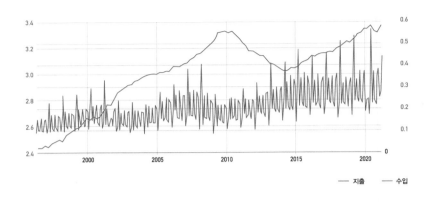

━━ 지출 ━━ 수입

| 그림 33. 1948년 이후 미국의 GDP 대비 정부 예산 비율(%) |

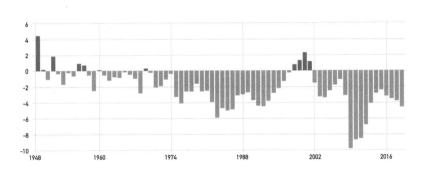

정적자가 발생했다. 전년 동기 7435억 달러(830조 원)보다 2.3배 증가했고, 상반기 기준으로 역사상 최대 규모다. 1인당 최대 1400달러의 제3차 지원금이 집행된 3월 한 달은 전년 동기(2020년 3월 6600억 달러 적자) 대비 454%의 재정적자가 발생했다. 코로나19에

대응하기 위한 1조 9천억 달러 규모 추가 부양책을 집행한 결과다.[18]

바이든 정부는 신뉴딜 정책이라는 기치 아래, 앞으로 8년 동안 4조 달러가 넘는 돈을 추가로 지출할 계획도 가지고 있다. 트럼프 정부와 바이든 정부가 코로나19 위기 극복을 위해 구제, 부양, 인프라 투자로 지출하거나 지출 예정인 금액이 무려 총 10조 달러(각종 구제와 부양책 6조 달러, 인프라 투자 3조 4천억 달러)에 육박한다. 10조 달러 지출 결정도 거의 1년 안에 이루어졌다. 매우 짧은 시간에 일어난 전례가 없는 재정 확대. 바이든 정부가 정부 수입을 늘리기 위해서 다각도로 대책을 마련하고 있지만 임기 내내 재정 적자 규모를 줄이기는 역부족일 가능성이 높다.

〈그림 34〉는 미국 '책임 있는 연방예산위원회 Committee for a Responsible Federal Budget(CRFB)'가 미국 정부 적자 규모를 예측한 자료다.

| 그림 34. 2005년 이후 미국 재정적자 기록치 및 예상치(단위: 1조 달러) |

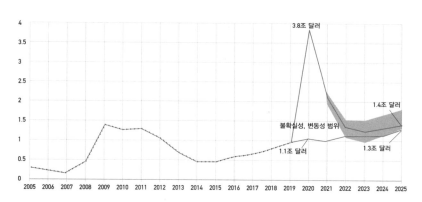

─── 코로나19 이후 수정된 예상 적자 추세(현행법 기준)   ─── 코로나19 이전 예상된 적자 추세

이에 따르면, 코로나19의 재발이나 부동산 버블 붕괴처럼 대형 경제 위기가 발발하지 않은 상황에서도, 바이든 정부의 임기가 끝날 무렵 미국 정부 적자 규모는 2008~2009년 금융 위기 수준까지 높아질 것이다.

앞으로도 미국 정부가 재정 운영을 흑자로 돌리는 것이 불가능하다면, 예상되는 미래는 2가지다. 첫째 시나리오는 정부 부채가 계속 증가하면서 부도 위기에 몰리는 미래다. 미국과 중국의 패권 전쟁이 심화되고 있는 시점에 미국 정부의 부채 규모가 주체할 수 없을 정도로 확대되면 달러와 미국 국채 가치가 폭락하면서 동맹국을 비롯한 전 세계에 미국 경제의 신뢰도가 떨어진다. 이것은 미국 패권의 종말을 초래한다.

미국 정부가 부도 위기에 몰리는 상황을 피하더라도 문제는 여전하다. 〈그림 35〉를 보자. 미국 예산관리국이 분석한 미국 정부의 투자 규모 변화 추세다. 그래프에서 볼 수 있듯이, 미국의 잠재 성장률, 미래 경쟁력을 강화하는 데 필수 항목인 주요 공공자본 투자와 정부 주도 연구개발R&D이 지속적으로 감소하고 있다.

이런 상황이 지속되는 이유는 무엇일까? 미국 정부의 재정 지출 항목을 분석해보면 그 이유를 발견할 수 있다. 〈그림 36〉을 보면, 정부 지출에서 이자 비용이 큰 규모를 차지한다. 1993년 14%를 차지했던 이자 비용이 2018년에는 8%로 줄었다. 겉으로 보기에는 긍정적인 수치 변화다. 하지만 착시다. 그 기간 동안 미국의 기준 금리는 역사상 가장 낮은 초저금리 국면이었다. 미국 의회예산처 Congressional Budget Office(CBO)는 정부 부채가 계속 늘어나고 있기 때

| 그림 35. 미국 정부의 영역별 투자 규모 변화 추이(%) |

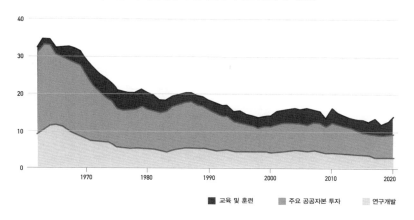

| 그림 36. 미국 재정 지출 비율(%) |

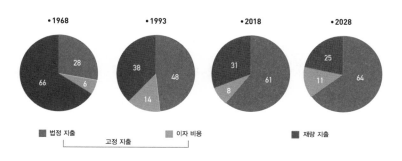

문에 2028년에는 이자 비용이 11%를 차지할 것이라고 예측했다.

앞으로 미국 연준이 기준 금리를 인상하면 정부가 부담해야 할 이자 비용은 더욱 늘어난다. 〈그림 37〉은 미국 예산관리국이 예측한 이자 비용 부담액이다. 기준 금리가 1%만 올라도 2030년이면 20~25% 정도 추가 비용이 발생한다.

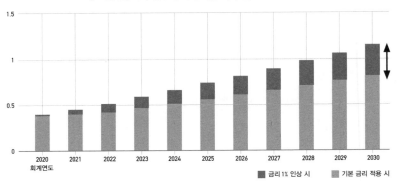

| 그림 37. 미국 정부의 이자 비용 예측치(단위: 1조 달러) |

미국 정부의 재정적자 구조 개선을 불가능하게 만드는 요소는 또 있다. 바로 고령화 비용이다. 〈그림 38〉은 2017년 기준으로 미국 정부가 사회보장과 건강 서비스에 지출하는 비용 규모다. 교육과 연구개발에 투자하는 비용의 8배를 지출한다.

문제는 미래다. 시간이 갈수록 미국 정부가 사회보장과 건강 서비스에 지출하는 비용 규모는 빠르게 증가할 가능성이 높다. 〈그림 39〉는 미국 인구조사국 United States Census Bureau (USCB)이 2016년 발표한 자료다. 한눈에도 보이듯이 65세 이상 고령자 수가 2020년 이후에도 계속 증가해 2060년경이면 1억 명에 근접한다.

〈그림 40〉은 미국, 일본, 영국 및 유럽 주요 국가 정부가 지출하는 사회보장 관련 비용의 변동 추세다. 상당한 수준의 고령화 단계에 들어선 유럽과 일본의 경우 GDP 대비 25~30% 수준이다. 미국은 GDP 대비 20% 정도다. 유럽이나 일본보다 고령화 속도가 느리기 때문이다. 하지만 〈그림 39〉에서 보듯이 앞으로 미국의 고령 인

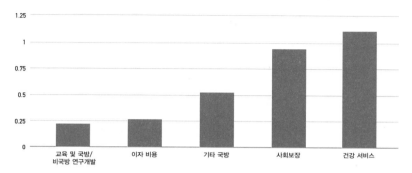

| 그림 38. 2017년 미국 정부의 영역별 예산 지출(단위: 1조 달러) |

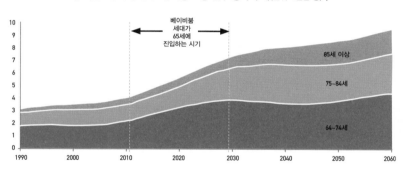

| 그림 39. 미국 내 65세 이상 고령 인구 증가 추세(단위: 1천만 명) |

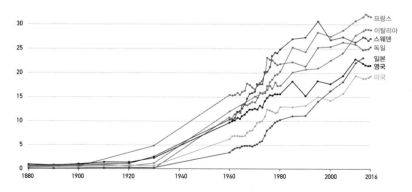

| 그림 40. 1880~2016년 주요국의 GDP 대비 사회복지 예산 비율(%) |

구는 더 증가할 가능성이 높기 때문에 사회보장 관련 비용 지출도 GDP 대비 5~10%p 정도 추가될 것으로 보인다.

늘어나는 이자 비용과 고령화 비용 부담이라는 2가지 요인만으로도 미국 정부 재정의 흑자 전환은 불가능한 상황이다. 정부 부채와 재정적자 규모가 계속 커지는 상황에서, (연방정부의 GDP 대비 총수입 비율을 늘리지 않고) 미국 정부가 부도 위기 미국의 미래 경쟁력 약화 위기를 벗어날 수 있는 방법은 무엇일까?

초저금리를 유지하는 것은 단기적 처방에 불과하다. 그렇다고 정부 지출을 계속 줄이는 것도 불가능하다. 투자를 줄이면 미래 산업 경쟁력이 약화된다. 사회보장 비용을 줄이면 사회가 혼란에 빠진다. 근본적 처방은 '증세'뿐이다. 이것이 예상되는 둘째 미래 시나리오이고 가장 그럴듯한 미래a plausible future이자 확률적으로 가능성이 가장 높은 미래a possible future다. 불확실한 것은 증세의 시점과 규모일 뿐이다.

〈그림 41〉은 1950년 이후 현재까지 미국 연방정부의 GDP 대비 수입 규모 추세다. 평균 17.4% 선을 기준으로 약간의 변화만 있

| 그림 41. 1950~2019년 미국의 GDP 대비 정부 수입 비율(%) |

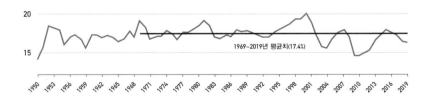

을 뿐이다. 코로나19 이전 트럼프 정부에서는 갖가지 감세 정책
을 구사하면서 연방정부의 세수 수입이 평균치보다 낮아졌다. 그
만큼 세수를 늘릴 여력은 충분하다. 하지만 증세는 민감한 문제다.
2022년에는 하원의 전원과 상원의 3분의 1을 새로 뽑는 중간선거
가 있다. 바이든 정부와 민주당으로서는 매우 조심스러운 문제다.
하지만 국가의 미래를 위해서는 피할 수 없는 선택이다.

만약 미국 정부가 증세를 단행한다면, 어떤 영역에서 어느 정도
증세할 것인지를 예측해보자. 〈그림 42〉는 미국 정부의 수입원인
영역별 세금 징수액 비율 변화 추세다. 특별소비세, 사회보험세, 법
인세, 개인소득세, 기타 세금 등의 비율을 보면, 법인세를 제외하고
는 추가로 징수 비중을 더 늘릴 여지가 많지 않다.

1950년부터 현재까지 각 세금 영역의 비중 변화를 보더라도 법

| 그림 42. 1950~2019년 미국 세수입 구성(%) |

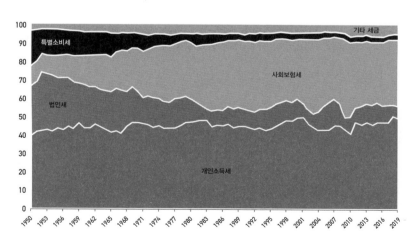

인세만 필요에 따라 크게 늘렸다 줄였다를 반복했다. 현재 개인소득세와 사회보험세 비중은 역사상 최고치 수준이기 때문에 추가 증세를 하면 국민적 저항이 클 것이다.

〈그림 43〉을 보면, 1909년부터 1940년대까지는 GDP 대비 법인세 징수 규모가 개인소득세보다 많거나 같았다. 하지만 제2차 세계대전 이후 법인세와 개인소득세의 징수 규모가 크게 벌어진다. 정부가 국민에게 걷는 개인소득세는 GDP 대비 평균 8~10% 수준을 오르내렸지만, 법인세는 GDP 대비 1% 수준까지 하락했다. 부의 불균등 분배는 커졌고, 국민들의 불만도 커진 상황이다.

바이든 정부를 포함해서 어느 정부든 중산층과 서민층을 대상으로 한 소득세 인상은 불가능하다. 만약 개인소득세 영역에서 증세를 한다면 상위 1%에 해당하는 부자의 자본소득세뿐이다. 〈그림 44〉를 보자. 미국 정부 재정적자와 법인세율의 관계를 살펴본 것이다. 법인세율이 하락할수록 미국 정부의 재정적자 규모도 커졌다.

| 그림 43. 1909~2020년 미국의 GDP 대비 개인소득세와 법인세의 비율(%) |

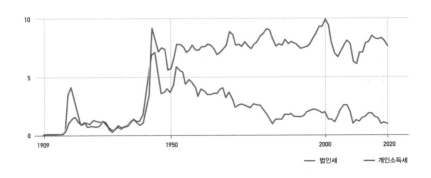

| 그림 44. 미국의 GDP 대비 정부 예산 비율과 법인세율(%) |

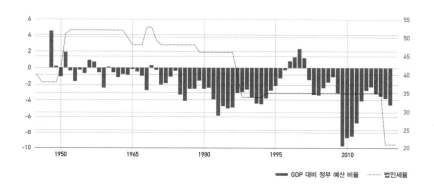

GDP 대비 정부 예산 비율 ······ 법인세율

〈그림 45〉를 보자. 미국 개인소득세 상위 1% 세율 추이다. 상위 1% 부자들은 제2차 세계대전 당시 최고 94%까지 개인소득세를 납부했고, 1980년대 초까지도 69.13%라는 엄청난 비율의 소득세를 냈다. 그림을 보면, 워런 버핏이 부자 증세를 계속해서 외친 이유를 이해할 수 있을 듯하다. 그렇다고 해서, 바이든 정부가 부자들에게 60~90% 수준의 소득세율 인상 카드를 내밀 가능성은 거의 없다.

그렇다면 미국의 상위 1% 부자들에게는 어느 정도까지 소득세율을 인상할 수 있을까? 2018년 트럼프 정부는 연방정부 개인소득세율 최고 구간을 39.6%에서 37%로 낮췄다. 코로나19 이전 독일, 프랑스, 일본, 영국 등 주요 선진국의 개인소득세율 최고 구간은 45%였다. 만약 미국 정부가 상위 1%에 해당하는 고소득자들을 대상으로 하는 개인소득세 최상위 구간 인상을 시도한다면, 39.6%에

| 그림 45. 1913년 이후 소득 상위 1%에 대한 개인소득세율(%) |

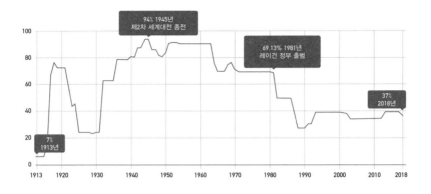

서 45% 사이가 현실적 증세 구간이 될 것이다.

미국 자본소득세의 역사상 최고점은 1918년 80%였고, 1920년 초부터 1932년까지 12% 수준으로 급락했다가, 대공황 발발 후 증세를 단행하면서 1937년에는 40%까지 상승했다. 그 후 서서히 하락해서 1967년까지는 20%대 중반 수준에 머무르다가 닉슨 정부 시절부터 다시 상승해서 1978년 40%까지 올랐다. 그 후에 다시 하락과 상승을 반복하면서 2003년 이후부터는 15~20% 선을 유지해 왔다.

바이든 정부는 연간 100만 달러 이상 자본이익을 내는 인구에 한해서 자본소득세를 39.6%까지 올릴 계획이다. 현재 미국은 1년 이상 장기 투자 이익에 대해서는 독신은 50만 달러, 부부는 2인 합산 60만 달러 한도에서 15% 자본소득세(양도소득세)를 부과하고, 그 이상의 이익은 20%를 일률적으로 부과한다. 하지만 자본소득세라도 1년 미만의 단기 투자 수익일 경우에는 일반 개인소득세율 구간을 그대로 적용해 최대 39.6%를 부과한다.

바이든 정부가 100만 달러 이상 자본소득을 올린 국민들에게 세율을 39.6%로 인상한다는 것은, 100만 달러 이상 고액의 자본소득을 올린 부자에게는 1년 이상 장기 양도소득세율 혜택을 폐지한다는 말이다. 이 방안이 의회를 통과해 실행되면, 미국의 자본소득세 최고 구간은 1978년 수준으로 복귀하는 셈이다.

바이든 정부는 법인세율 인상 카드도 꺼냈다. 〈그림 46〉은 1909년 이후 최근까지 미국 법인세율 변화 추세다. 그림에서 보듯이, 최고 세율이 50% 이상까지 상승했던 법인세율은 1980년대 후반에 40% 이하로 하락하면서 2017년까지 유지됐다. 그리고 미국 경제 부흥을 외쳤던 트럼프 정부가 들어서면서 최고 법인세율은 21%

| 그림 46. 1909년 이후 미국의 법인세율(%) |

로 대폭 인하됐다. 특히 트럼프 정부에서는 기업에 각종 혜택을 추가해주어 실질 법인세율은 더욱 낮아졌다. 그림에서 보듯이 정부가 주는 여러 혜택을 포함하는 실질 세율은 35% 법인세율을 유지했던 기간에도 꾸준히 하락했다. 오바마 정부에서는 실질 세율이 조금 상승했지만, 트럼프 정부 들어서는 8%대까지 추가 하락했다. 바이든 정부 입장에서 법인세율 인상을 고려할 수밖에 없는 이유다.

미국발 증세가 바꾸는 미래 방향

바이든 정부가 내놓은 법인세 인상안은 25~28% 수준이다. 대통령 선거 공약에서는 21%에서 28%로 올릴 계획이었지만, 민주당 상원의원 일부(당내 보수파인 조 맨친 상원의원 등)도 급격한 인상에는 반대하는 입장을 보이면서 25% 내외로 1차 목표를 수정했다(바이든이 재선에 성공하면 법인세 추가 인상 시도도 가능하다).

백악관은 재무제표상 이익을 낸 기업은 예외 없이 최저 법인세율 15%를 부과하는 방안에서도 한발 물러났다. 적용 대상을 연간 1억 달러 이상 수익 기업에서 연간 20억 달러 이상 수익 기업으로 축소하겠다는 의사를 밝혔다. 최저 세율 의무 부과 대상도 1100개에서 45개로 대폭 축소된다. 중견기업을 겨냥한 타협안이다. 바이든도 토론을 환영하고 타협 가능성도 충분하다면서 공화당에 공개적으로 구애의 손길을 보냈다.

공화당의 기본 입장은 '증세 계획 전면 반대'다. 기업들과 월가도 법인세 인상이 기업의 연구개발과 혁신 의지에 심각한 차질을 주고 근로자들의 임금 인상에도 부정적인 영향을 미칠 것이라고 은근한 압박을 가했다. 하지만 필자의 분석에 따르면, 어느 정도의 증세는 필연적이다. 공화당도 증세안을 전면 거부할 확률은 낮다. 증세 이외에 미국 정부의 재정 위기를 해결할 수 있는 방법은 없다.

재정 위기를 그대로 방치하면, 장기적으로 미국의 미래 경제 신뢰도 붕괴가 우려되지만, 당장 미중 패권전쟁에서 심각한 약점을 안고 싸우게 된다. 공화당도 이 점을 잘 안다. 바이든 정부가 조금만 양보하면 못 이기는 척 뒤로 물러날 가능성이 높다. 바이든 정부도 대규모 인프라 투자안의 의회 통과가 중요하기 때문에 증세안에서도 한발 물러날 가능성이 충분하다. 증세는 몇 단계에 걸쳐서 서서히 해도 되기 때문이다.

만약 미국 법인세율 인상이 25%로 타협·확정되면, 미국 정부는 앞으로 15년간 6천억 달러(671조 6400억 원)의 추가 세수를 확보하게 된다. 이 정도로는 바이든 정부가 8년 동안 지출할 인프라 투자 금액의 상당 부분을 충당하기에는 역부족이다.

바이든의 법인세 인상안에는 미국의 다국적 기업이 국외에서 얻은 이익에 부과하는 국외소득세GILTI 조정도 포함된다. 현행 10.5%에서 21%로 올리는 수준이라서, 민주당 내 반발이나 공화당의 반대를 피할 가능성은 충분하다. 이 법안이 의회를 통과하면, 추가로 7천억 달러 규모의 세수 확보가 가능하다.

〈그림 47〉을 보면 바이든 정부가 상위 1% 대상의 개인소득세와 자본소득세, 법인세를 인상하는 데 성공할 경우 늘어나는 연방정부의 GDP 대비 수입 규모를 알 수 있다.

바이든 정부가 상위 1% 대상 개인소득세 인상, 자본소득세 인상, 명목 법인세 및 (각종 혜택 철회 및 종료로 인한) 법인세 실효 세율 인상, 국외소득세 인상 등에 성공하면 몇 가지 미래 방향이 바뀐다.

첫째, 미국 정부 부채 위험도가 낮아진다.

둘째, 그만큼 미국 경제에 대한 신뢰도가 높아지면서 달러 가치가 상승하고 미국 국채에 대한 신뢰도도 높아진다.

셋째, 바이든 정부가 증세를 통해 얻을 수 있다고 주장하는 부의 불균형 분배 문제가 '조금' 해소된다.

넷째, 증세가 성공하면 당분간 감세 논의는 중단될 것이다.

| 그림 47. 1934~2030년 미국의 GDP 대비 정부 수입 비율(%) |

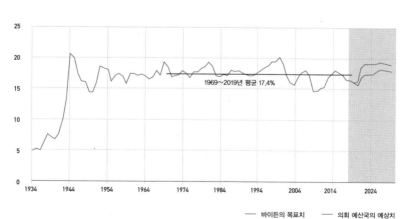

1969~2019년 평균 17.4%

— 바이든의 목표치   — 의회 예산국의 예상치

증세는 '고양이 목에 방울 걸기'와 유사한 정책이다. 정부 입장에서는 생존이 걸린 절실한 정책이지만, 국민 모두가 싫어하기 때문에 정부가 자기 손으로 직접 단행하기는 꺼린다. 누군가 대신 고양이 목에 방울을 달아주기를 바란다. 증세를 적극 반대하는 공화당도 내심 민주당이 자신들을 대신해서 증세해주기를 바란다. 만약 자신들이 다음 선거에서 정권을 되찾으면 자기 손에 피를 묻히지 않고 세수를 증대할 수 있기 때문이다. 바이든 정부의 증세안이 효과를 발휘해서 부채가 줄어들기 시작하면, 자신들의 공으로 돌릴 수도 있다. 그렇기 때문에 2024년 선거에서 공화당이 재집권에 성공해도 일정 기간 동안은 바이든이 인상해놓은 법인세 구간을 유지할 가능성이 높다.

2021년 4월, 뉴욕주는 주 차원에서 추가 부과하는 개인소득세율 최상위 구간(100만 달러 이상 고소득자)을 기존 8.82%에서 9.65%로 높였다.[19] 바이든 정부의 증세 논의 분위기를 이용해서 눈치 빠르게 세금 인상을 시도한 것이다.

마지막 다섯째로, 코로나19 이전까지 진행되었던 전 세계적 세금 인하 경쟁 트렌드가 바뀐다. 미국이 앞장서서 증세 분위기를 조성하면 주요 선진국들에서도 세금을 인상하는 '증세 트렌드'가 일어날 가능성이 높다.

2021년 6월 5일, 바이든 정부는 글로벌 법인세 최저 세율을 OECD가 논의 중인 12.5%보다 높은 15%로 G7 국가들과 합의를 이끌어냈다. 코로나19로 극심한 타격을 본 상황이기 때문에, 세금을 올려 국가 재정 문제를 해결하고 싶은 나라가 한둘이 아니다.

2021년 4월 6일, 올라프 숄츠 독일 부총리 겸 재무부 장관(사회민주당SPD)은 "글로벌 법인세 최저 세율 도입 논의에 신바람이 난다"고 말했다. 프랑스를 비롯한 유럽의회 의원 대부분이 긍정적인 반응을 보였다. EU는 글로벌 IT 대기업에 국경을 넘어서는 디지털세(일명 구글세)도 부과하기로 했다. 디지털세를 도입하면 전 세계 정부는 매년 1천억 달러(111조 원)의 세금을 더 걷을 수 있다. 현재 세수보다 약 4% 늘어난 규모다.[20]

OECD는 140여 개국을 포함하는 국가 간 '소득 이전을 통한 세원 잠식BEPS' 대응 방안을 G20과 논의 중이다.[21] 앞으로 상당 기간 증세가 전 세계적 트렌드가 될 가능성이 높아지고 있다.

바이든 정부가 실시하는 증세가 미국 경제 성장의 발목을 잡지 않을까 질문하는 사람들이 많다. 필자의 분석과 예측으로는 큰 영향은 없을 듯하다. 미국 GDP의 70%는 개인 소비가 지탱한다. 수출입이 -4%를 기록하기 때문에 나머지 36%를 정부 지출과 기업 투자가 절반씩 담당한다. 상위 1%에게 부과하는 개인소득세 인상과 100만 달러 이상 자본이익에 부과하는 자본소득세는 개인 소비 감소를 불러오지 않는다. 부자들은 세금이 조금 더 오른다고 이전 소비 성향을 바꾸지 않기 때문이다.

법인세는 어떨까? 앞서 설명한 것처럼 법인세 인상에 영향을 받는 기업은 주로 대기업에 국한된다. 대기업은 글로벌 경쟁을 해야 하므로 법인세 인상을 이유로 투자를 줄일 가능성은 적다. 대신 기업 이익률이 줄어들어 주식 가치가 일시적으로 하락할 가능성은 있다. 만약 대기업이 투자를 줄이더라도 추가로 세수가 늘어난 정부가 그만큼 지출을 늘리기 때문에 미국 전체 경제 성장에는 큰 영향이 없을 것이다.

양날의 검,
인플레이션

필자는 앞에서 바이든 정부가 '안정'이라는 최대 목표를 달성하기 위해 국내에서 사용하는 첫 번째 핵심 전략은 '선 경제 활성화'이고, 두 번째 핵심 전략은 '후 재정 안정화'라고 분석했다. 선 경제 활성화 전략을 수행하기 위해 꺼내든 '코로나19 대재앙 국면에서 신속하게 탈출하기'는 경제 붕괴를 막고 111 리바운드 효과를 극대화하는 데 유용하고, 3조 4천억 달러 규모의 인프라 투자는 111 리바운드 효과 이후에 경제가 평균치로 되돌아가는 속도를 줄이는 데 성공할 가능성이 크다고 예측했다.

하지만 필자는 '선 경제 활성화'에 대한 분석과 예측을 하면서, 필연적으로 장기적으로는 부채 문제, 단기적으로는 인플레이션 위험을 동반하는데, 이 2가지 위험을 잘 관리하지 못하면 '안정'이라는 목표 달성에 실패할 가능성이 커진다고 진단했다. 결국 증세 정책은 바이든 정부가 부채 문제를 해결하기 위해 필연적으로 꺼낼 수밖에 없는 전술적 카드이며, 중장기적으로 미국 부채 위험에 대해서 어느 정도는 효과를 낼 수 있을 것으로 예측했다. 그렇다면 '후 재정 안정화' 전략을 위한 핵심 수단인 증세는 인플레이션 위험 대응에도 도움이 될까?

바이든 정부가 선 경제 활성화 전략의 첫 단추로 시도한 '코로나19 대재앙 국면에서 신속하게 탈출하기'와 '대규모 인프라 투자'는 미국 경제를 구원할 강력한 무기이지만 동시에 한순간에 미국 경제를 고물가 상황으로 몰아넣어 고꾸라뜨릴 수도 있는 위험한 무기다. 한마디로 양날의 검이다. 선 경제 활성화 전략의 성공으로 2021년 말부터 2022년까지 미국 시장에서는 인플레이션 우려가 시시때때로 부각될 것이다.

2020년부터 2021년 초까지 코로나19 대참사 국면에서 미국 정부와 중앙은행은 절묘한 정책적 연합을 통해 경기 대침체 장기화와 디플레이션 위기를 피해왔다. 이제부터는 인플레이션이라는 암초를 피해가야 한다. 고물가(높은 인플레이션율) 우려를 해결하지 못하면, 바이든 정부의 선 경제 활성화 전략 성공은 퇴색되고 미국을 비롯한 전 세계 경제 상황이 순식간에 또 다른 '큰 위기 상황'으로 돌변할 수 있다. 일시적 경기 조정 수준이 아니라 또 다른 거대한 위기 상황이다.

최악은
스태그플레이션이다

또 다른 거대한 위기 상황이란 무엇일까? 필자가 가장 우려하는 또 다른 큰 위기 상황은 '스태그플레이션'이다. 위기 발생 가능 시점은 2022년 중반에서 2023년 사이다. 잠깐! 이 글을 읽는 독자들은 순간 이런 생각이 들었을 것이다.

"우려하는 상황이… 인플레이션이 아니라고?"

그렇다. 지금부터 필자의 분석과 예측을 들어보라. 현재 대부분의 사람들이 인플레이션율에 주목하고 있다. 인플레이션율이 2.5~3% 수준을 계속 유지하면 연준의 긴축 속도가 빨라지고, 긴축이 빨라지면 주식시장 대폭락을 시작으로 실물경제 회복이 발목이 잡힐 것이라는 우려다. 일리가 있는 생각이다. 실제로 그런 상황이 발생하면, 시장의 우려대로 주식시장은 '일시적'으로 충격을 받을 것이고, 실물경제도 '일시적'으로 위축될 가능성이 높다. 하지만 독자들이 기억해야 할 중요한 포인트가 하나 있다.

연준이 '조기 긴축'을 고려하는 상황은 큰 문제가 아니다. 연준이 긴축을 앞당길 것을 고려할 정도의 상황이라면 '미국의 경제 성장 추세가 견고하다'는 인식을 전제로 한다. 미국의 경제 성장 추세가 견고하면, 시장의 혼란이나 충격은 '일시적 발작' 정도로 끝날 확률이 높다. 발작이 끝나면 주식시장은 다시 안정을 찾아 재상승을 하고, 실물경제도 순항할 가능성이 높다. 심지어 3조 4천억 달러 규모의 인프라 투자가 시장에서 강력한 효과를 발휘하면 '경기 초강세' 국면이 펼쳐질 수도 있다.

필자가 우려하는 미래 시나리오는 오히려 연준이 긴축 시점을 늦춰야 하는 상황이다. 그런 경우는 단 한 가지로, GDP 성장률이 예상보다 저조할 때다. 특히 인플레이션율이 높아지는 상황에서 GDP 성장률이 저조한 경우가 가장 우려된다. 현재 시장과 경제 전문가들 사이에 일어나고 있는 논쟁의 중심은 '2021~2022년 인플레이션율이 얼마나 높아질 것인가'다. 이 시기에는 인플레이션율이 낮은 수준에 머물 가능성이 적다는 뜻이다. 그 이유는 무엇일까?

첫째, 코로나19 기간에 엄청난 돈이 풀렸기 때문이다. 필자가 앞에서 분석했듯이, (현재 가치로 환산할 경우) 제2차 세계대전에서 미국이 치른 비용보다 더 많은 돈이 풀렸다. 21세기로 비교 기간을 좁혀도 2008년 금융 위기 극복을 위해 쏟아부은 돈보다도 많다. 2020년 3월부터 2022년 3월까지 단 1년 동안 미국 중앙은행과 정부가 시장에 쏟아부은 돈은 역사상 최대 수준이다.

둘째, 코로나19가 만든 경기 침체는 예전과 달랐다. 크게 2가지가 달랐다. 하나는 기업 파산이 적어서, 경제 봉쇄가 풀린 즉시 기업 활동이 빠르게 회복됐다는 점이다. 다른 하나는 가계 저축률이 역대 최고치에 도달했다는 점이다. 즉, 코로나19가 만든 경제 위기에 대응하기 위해 풀린 돈의 상당량이 기업 지출과 가계 소비 여력으로 축적됐다.

셋째, 다른 위기 때보다 회복 속도가 빨랐다. 코로나19로 인해 일시에 경제 전반이 봉쇄됐기 때문에 그 충격이 어느 때보다 컸다. 하지만 충격이 컸기 때문에 구제금융과 부양책의 규모도 커졌다. 그리고 경제 봉쇄가 해제되면 아주 빠르게 기업 활동과 가계 소비 활동이 회복되는 특이한 국면이 펼쳐졌다.

이전의 경제 위기는 도시가 폭격을 당해 가게들이 순차적으로 문을 닫고, 폭격이 끝난 후에 피해가 복구된 가게부터 순차적으로 다시 여는 상황과 비슷했다. 경제 충격도 서서히 발생했고, 경제 회복도 서서히 진행됐다. 하지만 코로나19가 만든 경제 위기는 달랐다. 매우 짧은 시간에 큰 충격이 한번에 경제를 정지시켰다. 대공황과 양차 세계대전 이후 최악의 경제 충격이 발생했다. 이 정도 충격이면, (과거의 경제 위기와 같은 패턴이라면) 위기 이전으로 회복하는 데 최소 4~5년, 최대 7~10년의 시간이 필요했을 것이다. 하지만 이번 위기는 역사상 최악의 경제 대재앙이 벌어졌음에도 불구하고 역사상 최단 시간에 위기 이전으로 회복할 수 있을 것이다. 그 이유가 무엇일까?

2020년의 경제 위기는 경제 전반의 펀더멘털fundamental이 계속 무너지면서 만들어진 경기 침체가 아니라, 일정 기간 문을 닫은 셧다운이기 때문이다. 자정에 도시의 모든 가게 영업이 끝나고, 다음 날 아침 6~7시에 모든 가게 문이 다시 열리는 상황과 유사하다. 그렇기 때문에 2021년 5월 이후 미국 경제 움직임은 '회복recovery' 혹은 '재건reform'이 아니다. 가게 밖에서 이미 손님들이 줄을 서서 기다리고 있기 때문에 가게 문만 열리면 엄청나게 빠른 속도로 경제 활동이 활기를 띠는 '재시작restart'이다.

넷째, 코로나19 위기 극복 속도가 국가마다 다르고, 중국을 견제하는 심리가 함께 작용하면서 글로벌 공급망의 완전한 재가동이 늦어졌다. 이전의 경제 위기는 공급과 소비 양쪽 모두가 서서히 충격을 받고 서서히 회복되는 패턴을 보였다. 이번 경제 위기에서는 소비망보다 공급망이 받은 충격이 컸다. 그리고 공급망의 회복은 늦고, 소비망의 회복은 그 어떤 위기 때보다 빠르게 치솟았다. 그 결과 원자재 및 각종 상품의 수입 물가가 가파르게 상승하는 특이한 상황이 벌어졌다.

마지막 다섯째로, 각국 정부가 대규모 인프라 투자 경쟁을 시작했다.

위와 같은 원인들 때문에 2021년부터 2022년까지는 코로나19 이전처럼 낮은 인플레이션율로 고민할 상황이 아니게 됐다. 오히려 높은 인플레이션율을 각오해야 한다. 이런 상황에서 GDP 성장률이 낮아지면 뜻밖의 사태가 벌어진다. 인플레이션율이 상승하는 국면에서 갑자기 경제 불황이 시작되는 스태그플레이션이 발생할 수도 있기 때문이다. 시장은 높은 인플레이션율을 걱정하지만, 실물경제가 받쳐준다면 인플레이션율이 3%든, 4%든, 5%든 큰 문제가 안 된다.

〈그림 48〉을 보자. 1965년부터 2010년까지 미국 GDP 성장률의 연평균 변화율과 미국 근원 인플레이션율core inflation rate(소비자물가지수CPI에서 농산물과 석유류처럼 물가가 급격히 변하는 품목을 제거하고 산출하는 기조적 물가지수)의 연평균 변화율 관계다. 1980년대 중반까지는 인플레이션율의 연평균 변화율이 10%를 웃돌았다. 하지만 GDP 성장률 연평균 변화율은 그 이상이었다. 1980년대 중반 이후부터는 연평균 최고 인플레이션율 변화율이 5~6% 수준이었다. 역시 GDP 성장률은 그 이상이었다.

인플레이션율이 경제에 미치는 영향에서 우리가 기억해야 할 기본 원리는 이것이다.

| 그림 48. 1965~2010년 미국의 연간 GDP 성장률과 근원 인플레이션율(%) |

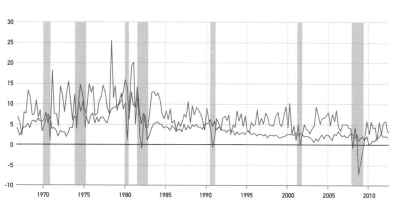

—— GDP 성장률   —— 근원 인플레이션율

인플레이션율이 높아도, GDP 성장률이 더 높은 수준을 유지하면 경기는 양호했다.

인플레이션율이 과거보다 높아도 GDP 성장률이 그보다 더 높으면 경기 침체는 발생하지 않았다. 우리가 두려워하는 '경기 침체(리세션)'가 발생한 시기(회색 구간)는 GDP 성장률보다 인플레이션율이 더 높았을 때다. 인플레이션율이 과거보다 낮아도, GDP 성장률이 인플레이션율보다 더 낮으면 경기 침체가 발생했다. 이유는 무엇일까?

인플레이션율이 GDP 성장률을 추월하면, 소득 상승률보다 물가 상승률이 더 높아지기 때문에 실질 소득이 감소하면서 소비자 부담이 커진다. 임금 상승이 없거나 낮은 상황에서, 막대한 유동성이 만들어낸 물가 상승은 나쁜 인플레이션에 속한다. 나쁜 인플레이션은 소비를 위축시킨다. 이런 상황이 단기에 그치면 큰 영향이 없다. 하지만 나쁜 인플레이션과 실질 소득 감소가 장기화되면 소비는 위축될 수밖에 없다. 소비가 위축되면 GDP 성장률이 하락한다. GDP 성장률 하락 추세가 길어지면, 경기 침체로 전환된다.

그러나 인플레이션율이 아무리 상승해도 소득 상승률이 같은 수준으로 높아지면 소비는 위축되지 않는다. 좋은 인플레이션이다. 좋은 인플레이션은 임금이 상승할 때 만들어진다. 좋은 인플레이션은 소비를 활성화한다. 미국 경제는 소비가 위축되지 않으면 경기 침체가 발생하지 않는다.

〈그림 49〉를 보자. 2021년 4월 미국의 근원 인플레이션율이 3%

| 그림 49. 미국의 근원 GDP 성장률 · 인플레이션율 · 소매판매지수(%) |

• GDP 성장률

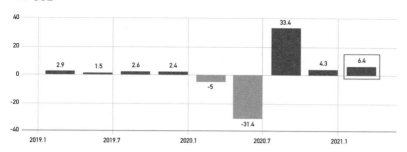

• 근원 인플레이션율

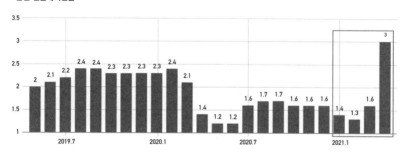

• 소매판매지수

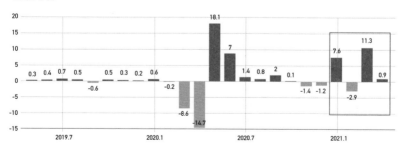

대로 급등했다. 1995년 이후 최대 상승치였다. 하지만 그림에서 보듯이, 미국의 GDP 성장률과 소매판매가 더 많이 상승했기 때문에 실물경제나 투자시장에서 대침체가 일어나지 않았다.

우리가 기억해야 할, 인플레이션율이 경제에 미치는 영향에 대한 또 다른 기본 원리는 이것이다.

- 인플레이션율 수치가 얼마든지, GDP 성장률보다 '낮으면' 경기는 추락하지 않는다.
- 인플레이션율 수치가 얼마든지, GDP 성장률보다 '높으면' 경기는 추락한다.

2022~2023년을
조심하라

다시 강조한다. 2022년 중반부터 2023년까지 필자가 우려하는 문제는 인플레이션율 수치가 아니다. 인플레이션율이 상승하는 국면에서 갑자기 GDP 성장률이 인플레이션율 밑으로 떨어지는 스태그플레이션과 유사한 상황을 걱정하는 것이다.

물가(인플레이션율)는 상승하고 실물경제(GDP 성장률)는 침체되는 반대 상황이 동시에 발생하는 스태그플레이션은 "인플레이션율 수치가 얼마든지, GDP 성장률보다 '높으면' 경기는 추락한다"는 원리에 해당하는 상황이다.

스태그플레이션 위험이 발생하는 경로는 무엇일까?

1965년부터 2010년까지 미국 GDP 성장률의 연평균 변화율과 (변화가 심한 식품과 에너지 물가는 제외한) 미국 인플레이션율의 연평균 변화율 관계를 나타낸 〈그림 48〉을 다시 보자. GDP 성장률이

'먼저' 하락 추세로 돌아선다. 인플레이션율은 짧게는 6개월, 길게는 1~2년 '후행'하여 치솟는다. 경기 침체(리세션) 정점에 이르면, GDP 성장률은 가장 낮은 바닥으로 떨어지고 인플레이션율은 최고치를 찍는다.

참고로 GDP 성장률과 인플레이션율이 서로 반대되는 상황이라도 경제는 활황이고 물가가 낮으면 문제가 안 된다. 오히려 가장 좋은 상황이다. 하지만 이런 상황은 이론적으로만 가능하고 실제로는 거의 일어나지 않는다. 경제가 활황이면 물가도 자연스럽게 높아지기 때문이다.

〈그림 50〉은 필자가 제시하는 2022년 중반부터 2023년 사이의 '생각해볼 만한 미국 경제 시나리오들'이다.

| 그림 50. 2022년 중반부터 2023년 사이의 미국 경제 시나리오 |

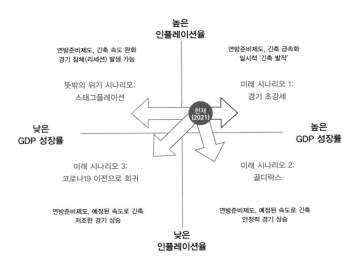

그림의 4가지 시나리오 중에서 필자가 염려하는 '뜻밖의 위기 시나리오(스태그플레이션)'가 전개되는 모습은 이렇다.

뜻밖의 위기 시나리오

2021년에 실물경제가 회복 국면에 진입하지만 2022년 중반이 되면서 111 리바운드 효과가 끝난다. 추가 경제 상승 동력이 절실한 상황이다. 하지만 (공화당과 민주당의 갈등으로) 바이든 정부의 대규모 인프라 투자안이 대폭 축소되어 실시되거나 혹은 아예 발목이 잡혀서 '추가 동력'을 만드는 데 실패한다. 그 결과로 미국 GDP 성장률이 코로나19 이전 평균치로 빠르게 떨어지면서 시장에 실망감을 안긴다. 이런 상황에서도, 코로나19 시기에 풀어놓은 엄청난 유동성은 시장에서 계속 영향을 미치면서 자산시장(부동산과 주식)과 상품 가격 인상 압력을 가한다.

주식시장은 연준이 높은 인플레이션율과 자산시장 버블에 대응하기 위해 긴축 속도를 올릴 것이라는 우려로 투자 심리가 서서히 얼어붙으며 주가가 일시적으로 폭락하면서 실물경제 분위기도 나빠진다. 그러나 연준은 낮아지는 GDP 성장률과 주식시장 하락 때문에 긴축 시점을 잡지 못하고 갈팡질팡하는 모습을 보인다. 시장은 더욱 혼란스러워진다.

바이든 정부와 민주당은 2022년 중간선거에서 상하원 과반 수성에 성공하기 위해 친노동 정책에 가속도를 내면서 임금 상승 압박을 키운다.

바이든 정부의 환경 정책(온실가스 감축과 무역의 연계가 강화되면서 탄소 국경세 도입 현실화, 2035년 전력 부문 온실가스 순배출량 제로 목표, 2050년 미국 100% 청정 에너지 경제 선언)도 기업의 비용 증가를 불러와서 인플레이션율 상승에 압박을 더한다. 법인세, 국외소득세 등도 줄줄이 인상되면서 기업을 압박한다. 결국 기업의 비용은 늘어나고 이윤은 줄어든다. 미중 패권전쟁도 다시 고조되면서 글로벌 시장에 긴장감이 높아진다.

코로나19로 무너진 글로벌 공급망 회복도 예상보다 늦어지면서, 높아진 원자재 및 수입 물가가 좀처럼 내려오지 않는다. 결국 GDP 성장률은 하락하고 인플레이션율은 높은 수준을 유지하면서 둘 간의 역전 현상이 발생한다. 미국 경제에서 위험한 신호가 연이어 나오자, 전 세계 경제도 연달아 혼란에 빠진다.

GDP 성장률이 뒷받침되는 인플레이션율 상승은 '수치가 높아도' 경제가 순항하고 건강하게 추가 상승하는 데 큰 도움을 주는 호재다. 하지만 실물경제 성장 규모를 넘어서는 높은 인플레이션율, GDP 성장률이 뒷받침되지 않는 인플레이션율은 '수치가 낮아도' 악재다. 인플레이션율은 실물경제 성장과 적당한 간격을 두고 적절하게 상승해야 한다. 적절함이 깨지면, 날아오르기 시작한 경제를 한순간에 추락시킨다.

2022년 중반부터 2023년 사이에 뜻밖의 위기 시나리오가 현실이 되어도, 천만다행인 사실이 하나 있다. 스태그플레이션 혹은 경기 침체 상황이 발발하더라도 그 기간은 대략 6~18개월 이내에 종료된다는 점이다(참고로 한국의 경우 경기 침체 상황에 빠지면 그 기간이 대략 1~3년 정도 지속된다).

2022년 중반과 2023년 사이에 스태그플레이션이 발생한다면, 초기에 가장 위험하다. 초기에는 위기에 대응하는 주체인 연준과 정부가 우왕좌왕하기 쉽기 때문이다.

경기와 물가가 동시에 하락하는 디플레이션이 발생하면, 연준과 정부가 통화 확장 정책과 재정 확장 정책을 동시에 구사하면 된다. 둘 다 일관되게 돈을 풀면 되는 것이다. 인플레이션이 발생하면, 연준은 긴축 정책을 통해 시중에 풀린 돈을 회수하고 정부는 지출을 줄이면 된다. 둘 다 일관성 있게 긴축하면 되는 것이다. 디플레이션과 인플레이션은 이렇게 방향만 잘 맞추면 된다.

하지만 경기와 물가가 서로 반대로 가는 상황은 확장이든 긴축이든 어느 한 방향을 잡을 수 없다. 경기는 침체하고 물가는 오르는 상황이 동시에 발생하면 국민이 체감하는 경기는 최악으로 치닫는데 정부와 연준은 확장 정책과 긴축 정책 둘 중 아무것도 쓸 수 없다.

미국 경제가 이런 최악의 시나리오를 피하려면 어떻게 해야 할까? 필자가 생각하는 해법은 2021~2022년에 바이든 정부와 연준이 절묘하게 손발을 맞추는 것이다. 정부와 연준의 손발이 잘 맞는 모습이란 어떤 것일까? 가장 중요한 것은 양자 간의 정확하고 올바른 역할 분담이다. 다행히 바이든 정부의 경제 수장인 재무부 장관 재닛 옐런은 정부와 연준의 역할을 정확히 구분하고 있다.

연준은 적극적인 통화 정책을 구사해 물가를 통제 가능한 선에서 관리하면서 완만한 인플레이션을 허용해 미국 경제에 활력을 불어넣고 기업 이익을 높이는 데 앞장서야 한다. 정부는 대규모 경기 부양책을 써서 코로나19 위기 탈출에 힘을 더해야 하지만 단기적인 경기 부양책에 그쳐서는 안 된다. 지속 가능한 성장과 완전 고용을 위해서 물적·인적 자본에 대한 지속적인 투자를 적극적으로 시행하고, 증세를 통해 장기적으로 '재정 건전화'의 틀을 깨지 않아야 한다.

각자 맡은 정책을 효과적으로 펼치기 위해서는 타이밍 조율과 협력도 중요하다. 예를 들어, 나쁜 인플레이션을 통제하고 좋은 인플레이션을 유도할 기본 책무는 중앙은행 격인 연준에 있다. 하지만 정부와 손발이 맞지 않으면 완벽한 효과를 보기 어렵다. 인플레이션율이 GDP 성장률 아래서 잘 관리되도록 통제하는 일은 연준과 정부가 서로 손발을 잘 맞춰야 하는 예술적 행위다.

연준은 인플레이션과 싸우기 위해 다양한 통화 정책을 구사하고, 정부는 시장 상황과 연준의 행보를 보면서 재정 정책을 조화롭고 적절하게 사용해야 한다. 실물경제의 위기 탈출이 급하고 높은 GDP 성장률 수치가 정치적으로 필요하다고 해서 정부가 아무 대책 없이 재정을 쏟아붓고 대규모 국채를 발행해서 부채 위기를 키우면, 시장은 달러 가치 하락, 국채 가격 폭락, 인플레이션 심화 등으로 두려움에 떨게 된다.

정부가 이런 위험들을 무시하고 정치적 계산만 하면, 연준은 달러 가치 하락을 막고 급격한 인플레이션에 대응하기 위해 시장의 예상보다 더 빠르고 강력한 통화 정책을 구사해야 한다. 이렇게 정부와 연준이 서로 엇박자를 내면서 뒤틀리면 시장은 큰 충격에 휩싸이게 되고, 어렵게 살려낸 경기는 한순간에 깊은 침체 국면으로 빠져들고 만다. 풀린 돈이 시장을 돌아서 빠져나가기까지 6~24개월 정도의 지연이 있기 때문에, 인플레이션율은 경기 침체기의 정점에 최고에 이른다. 그 순간, 서민과 중산층의 고통도 극에 달한다.

경기를 순식간에 침체로 돌아서게 만드는 사건은 전쟁이나 테러, 팬데믹, 부동산시장의 버블 붕괴 등이다. 하지만 이런 사건이 발생하지 않아도 경기 침체에서 회복으로 넘어가는 중요한 분기점에서 정부와 연준이 정책 조율에 실패하면 경제가 일시에 무너진다.

이쯤에서 필자가 앞에서 던진 "후 재정 안정화 전략을 위한 핵심 수단인 증세는 인플레이션 위험 대응에도 도움이 될까?"라는 질문에 대해서도 답을 해보자. 필자의 분석으로는, 후 재정 안정화 전략을 위한 핵심 수단인 증세는 인플레이션 위험 대응에도 '약간'의 도움은 된다. 증세는 인프라 투자 금액의 상당량을 시중의 유동성 증가 압력을 높이는 국채 발행에 의존하지 않아도 되게 해준다. 이미 풀린 막대한 유동성의 일부를 정부로 흡수시키는 효과도 발휘한다. 증세 부담은 투자시장 과열을 진정시켜주므로 유동성 회전 속도를 늦추는 부수 효과가 나타날 수도 있다.

증세 정책이 이런 효과를 만들어내더라도, 이 책을 읽는 독자들은 2022~2023년에 긴장을 늦추지 말아야 한다. 현재 상황에서 '뜻밖의 위기 시나리오'가 현실이 될 확률은 낮다. 하지만 세상일은 아무도 모른다. '설마가 사람 잡는' 사태는 1년에도 한두 번은 일어나지 않는가! 참고로 〈그림 51〉은 인플레이션이 발생하는 경로를 보여주는 시스템 지도다.

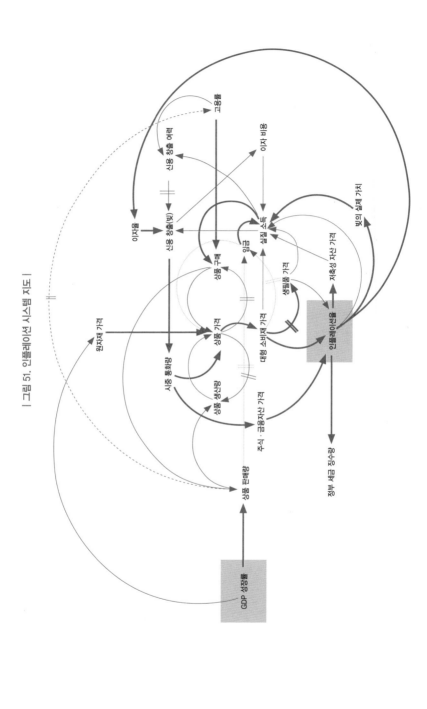

| 그림 51. 인플레이션 시스템 지도 |

미국 GDP 성장률 경로 예측

2022년 중반에서 2023년, 혹은 바이든 대통령 임기 4년 동안 스태그플레이션 발생 가능성은 얼마나 될까? 그 확률을 추정하려면, 먼저 바이든 정부 4년 동안 미국 GDP 성장률의 경로를 예측해야 한다. 선 경제 활성화, 후 재정 안정화 전략을 구사한다는 전제로 바이든 정부 4년간 미국 GDP 성장률은 어떤 경로로 움직이게 될까?

2021~2024년, 각국의 GDP 성장률 경로를 결정하는 요인은 3가지다. 코로나19 백신 접종 속도, 인프라 투자 규모, 미래 산업에 대한 시장 분위기다.

코로나19 백신 접종 속도는 경제 재개 속도와 111 리바운드 효과의 강도를 결정한다. IMF는 백신 접종 속도가 기존 전망보다 10% 빠르고, 현재 개발된 백신이 브라질이나 인도 등에서 발생하는 변이 바이러스를 방어하는 데도 효과적이라고 가정한 낙관적 시나리오대로라면 GDP 성장률이 2021년에는 0.5%p, 2022년에는 1%p 상향될 수 있다고 추정했다. 백신 접종이 빠르게 진행될수록 억제된 개인 소비와 민간 부문의 투자 회복세가 강해질 것이라는 판단이다.

IMF는 백신 보급이 지연되고 코로나19 확산세가 증폭되는 비관적 시나리오에서는 GDP 성장률이 2021년에는 1.5%포인트, 2022년에는 1%포인트 떨어질 수 있다고 추정했다.[22] 백신 접종 속도만으로 GDP 성장률 차이가 2%p나 발생하는 셈이다.

백신 접종이 실물경제에 영향을 미친다는 것을 체감하는 첫 번째 시점은 백신 접종률이 전 국민의 30%를 돌파할 때다. 30%라는 수치는 65세 이상 고령자, 기저질환자, 필수 접종자(안보·치안 분야 종사자, 의료·보건 분야 종사자, 기타 사회주요시설 종사자 등)에 대한 백신 접종이 마무리됐다는 신호다. 이들이 백신 접종을 통해 항체를 형성하면 중환자 및 사망자 수가 급감한다. 사회 전체에도 최소한의 자연 방어벽이 형성되어 확진자 증가 속도가 준다. 마스크 착용을 전제로, 사회 및 경제 활동 대부분이 재개될 수 있다. 최소한 국내에서 경제 봉쇄를 해제할 수 있는 경제 정상화 첫 단계에 진입한다. 111 리바운드 효과도 시작된다.

이 시점이 빠르면 빠를수록 경제 회복 속도와 강도가 높아진다. 2020년 말에서 2021년 초 사이에 집행한 추가 경기 부양책도 111 리바운드 효과 강화에 부수적인 역할을 한다. OECD는 2020년 트럼프 정부부터 2021년 바이든 정부까지 3차에 걸친 코로나 지원금 지급만으로 미국 GDP 성장률이 약 1.5%p 추가 상승했을 것으

로 추산했다.[23]

하지만 빠르고 성공적인 백신 접종이 뒷받침되지 않으면, 대규모 구제안이나 부양책은 최악의 경제 참사를 막는 역할에만 국한되어버리고, 경기 부양책 자체의 효과도 빠르게 감소한다. 백신 접종 속도가 느리면 경제 재개 속도도 느려질 수밖에 없고, 111 리바운드 효과도 줄어든다.

111 리바운드는 첫 1개월과 그 후 2개월(1분기) 동안 얼마나 폭발적인 회복력을 보여주는지가 가장 중요하다. 이 3개월 반등의 힘이 나머지 9개월의 리바운드 경로를 결정하기 때문이다. 처음 반등하는 힘이 강할수록 1년 리바운드까지 강력한 동력이 실물시장과 투자시장에 전달된다. 첫 반등의 힘이 약하면 완만한 성장 곡선밖에 그리지 못할 수 있다.

경제 봉쇄 해제 이후 1년 정도 지속되는 111 리바운드 효과가 종료되면, 반등 특수가 끝나고 해당 국가의 GDP 성장률 추세는 빠르게 코로나19 이전 평균치로 되돌아간다. 특수가 끝나고 경제가 원래 체력으로 복귀하는 자연스러운 현상임에도 불구하고, 이전 111 리바운드 특수 효과가 너무 커서 일시적으로 시장이 침체된 듯 보이는 착시가 발생해 경제 분위기가 위축될 수 있다.

인프라 투자는 특수 이후에 일시적 착시로 위축되는 시장 심리를 개선하는 데 도움을 준다. 역대 최대 규모의 인프라 투자를 단행하는 국가는 111 리바운드 효과 이후에 상당 기간 꽤 높은 수준의 GDP 성장률을 유지할 가능성이 높다.

이렇게 대규모 인프라 투자가 추가 동력을 제공하는 상황에서 미래 산업에 대한 시장 분위기가 끓어오르면 시너지 효과가 난다.

바이든 정부 4년간 미국 GDP 성장률 경로도 이 3가지 요인에 직접 영향을 받는다. 먼저 바이든 정부 임기 첫해인 2021년부터 2022년 상반기까지 지속될 111 리바운드 효과의 강도를 예측해보자. 필자는 이것의 강도를 결정하는 첫째 요소가 코로나19 백신 접종 속도라고 했다. 〈그림 52〉는 2021년 5월 중순 영국, 미국, 유럽연합, 한국의 코로나19 백신 1차 접종 현황이다.

그림을 보면, 전 국민 1회 백신 접종 속도는 영국이 미국보다 빨랐다. 그 결과, 1일 확진자 수가 정점에 도달한 시점은 비슷했지만 감소 속도는 미국보다 약간 빨랐다(그림 53).

하지만 바이든이 대통령으로 취임하자 미국과 영국의 백신 접종

| 그림 52. 국가별 코로나19 백신 1회 이상 접종률(%) |

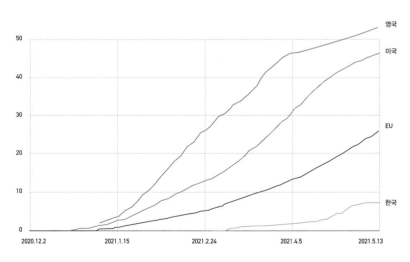

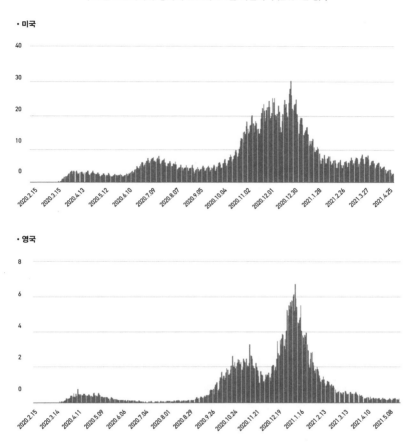

| 그림 53. 미국과 영국의 코로나19 1일 확진자 수(단위: 1만 명) |

• 미국

• 영국

추세가 역전됐다(그림 54). 바이든 대통령이 미국의 자원을 총동원해 백신 접종 속도를 높인 결과, 전 국민 30%가 2차 접종을 완료하는 시점은 미국이 영국보다 빨랐다. 미국은 2021년 4월 30일경이었고, 영국은 5월 16일로 미국보다 뒤처졌다. 2021년 4월 당시 한

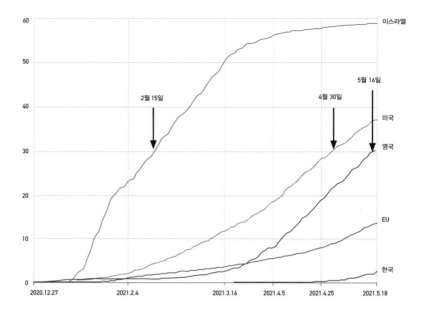

| 그림 54. 국가별 코로나19 백신 2회 접종률(%) |

국의 2차 접종 완료자 비율이 2.3%에 불과했음을 고려하면, 미국의 속도가 엄청나게 빨랐다는 것을 알 수 있다.

참고로 필자가 각국의 경제 활동 재개 시점을 추정하는 데 사용한 부가적 지표는 1일 확진자 수가 정점을 찍고 2개월이 지난 시점, 1일 사망자 수준이 팬데믹 직전 수준으로 복귀하는 시점 등이다.

바이든 정부가 놀라운 속도로 백신 접종률을 늘려가자, 미국에서는 4월 말부터 대부분의 지역에서 경제 활동이 빠르게 정상화되기 시작했다. 세계에서 가장 크고 강력한 경기 부양책을 2020년 3월부터 1년간 세 번이나 실시한 것도 경제 정상화에 한몫했다.

미국 경제의 중심인 내수 소비는 2020년 3월부터 본격적으로 반등하면서 3~5월에 1개월 리바운드와 1분기 리바운드 패턴을 재현했다. 백신 접종 속도와 강력한 부양책 덕분에 미국은 1개월·1분기 리바운드 효과도 가장 큰 국가가 됐다.

〈그림 55〉는 영국과 미국의 월간 소매판매액 변화 추이다. 코로나19 이전, 영국과 미국의 소매판매지수는 엇비슷했다. 하지만 코로나19 기간에 미국의 소매판매 리바운드 효과가 영국보다 훨씬 더 컸다.

미국 경제가 영국보다 강력하게 회복 했다는 증거는 GDP 성장률에서도 뚜렷하게 나타난다. 〈그림 56〉은 영국과 미국의 코로나19 전후 GDP 성장률 변화 추이다.

2020년 봄 대유행 이후 1분기 리바운드가 일어난 3사분기 GDP 성장률 반등 비율은 영국과 미국이 비슷했다. 표면에 드러난 반등 수치는 영국보다 미국이 더 크지만, 코로나19로 타격을 받은 직전 분기들의 감소 수치도 미국이 컸기에 비율은 비슷해 보인다. 그럼에도 2020년 3사분기의 리바운드 효과는 미국이 영국보다 다소 강했다. 영국은 2사분기 감소치보다 적게 반등했지만, 미국은 2사분기 감소치를 넘어서는 반등 규모를 보였다.

미국과 영국의 격차가 뚜렷하게 드러난 시기는 2021년 상반기다. 영국보다 미국의 부양책 규모가 크고 국민 30% 백신 2차 접종 완료 시점이 빨랐던 효과가 확실하게 나타났다. 2021년 상반기 미국은 6.4% 성장률을 기록했지만, 영국은 -1.5%로 주춤했다.

경제 지표들에서 보듯이, 미국은 빠른 백신 접종 속도와 강력한

| 그림 55. 코로나19 전후 영국과 미국의 소매판매지수(%) |

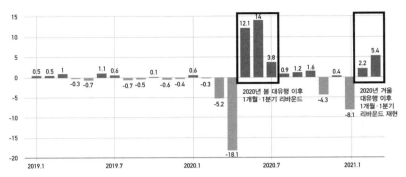

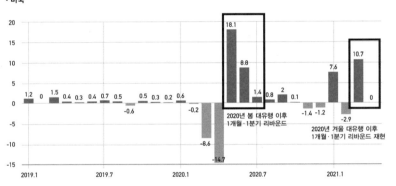

경기 부양책으로 2021년 상반기부터 전 세계에서 가장 강력한 경제 반등 효과를 내기 시작했다. 필자의 예측대로라면, 백신 접종과 경기 부양책의 효과는 2022년 상반기 1년 리바운드 효과가 끝날 때까지는 지속될 것이다. 2가지 요소가 어떤 나라들보다 강력했기 때문에 111 리바운드 효과 역시 전 세계에서 가장 강력하게 나타

| 그림 56. 코로나19 전후 영국과 미국의 GDP 성장률(%) |

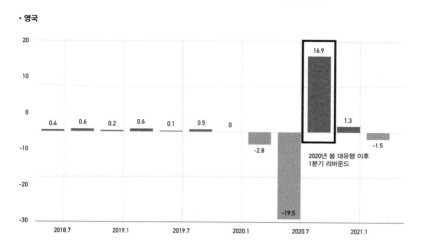

· 영국

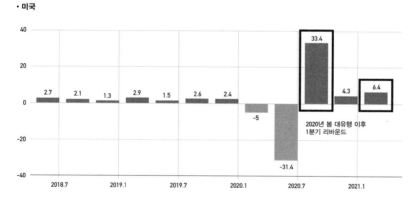

· 미국

날 가능성이 높다.

이미 주요 경제연구소들은 2021년 미국의 GDP 성장률이 6~7% 혹은 최대 8%까지 깜짝 성장할 것이라는 전망을 쏟아내고 있다. 영국 옥스퍼드이코노믹스는 "미국이 16년 만에 최초로 글로벌 경제의 '단독 견인차'로 떠오르고 있다"면서 "미국이 2005년 글로벌 경제 성장의 단일 제공자로서의 지위를 중국에 내준 뒤 16년 만에 다시 그 지위를 되찾게 됐다"고 찬사를 보냈다.[24]

연준도 2021년 미국 GDP 성장률 전망을 7%로 제시했다. IMF는 2021년 미국 GDP 성장률을 6.4%로 전망했다. OECD는 바이든 정부가 시행한 1조 9천억 달러의 추가 경기 부양책이 2021년 미국 GDP 성장률을 3.7%p 추가 상승시켜서 최종 6.5%에 이르게 할 것이라고 전망했다. 미국 같은 경제 규모에서 6.5%는 매우 높은 전망치다.

뱅크오브아메리카BoA도 2021년 미국 GDP 성장률을 7%로 전망했다. 글로벌 투자은행 UBS 또한 7.9%라는 역대 최고의 예상치를 제시했다. 골드만삭스는 2021년 미국 실업률이 4.1%까지 하락하고, GDP 성장률은 8%에 이르며 1970년대 중반 이후 40~50년 만에 최고 기록을 달성할 것이라고 내다보았다. 모건스탠리는 골드만삭스보다 약간 더 높은 수치를 제시했다. 2021년 말에는 실업률이 5%대로 하락하고, GDP 성장률은 8.1%에 이르리라는 시나리오였다.[25]

2021년 미국 경제의 이 같은 강력한 반등을 위기 이후에 당연히 일어나는 기술적 반등이라고 폄하해서는 안 된다. 〈그림 57〉을 보라.

2020년 미국은 GDP 성장률, 실업률 등 주요 지표를 포함한 거의 모든 지표에서 제2차 세계대전 이후 최악의 성적표를 받았다.

| 그림 57. 제2차 세계대전 이후 미국의 GDP 성장률과 실업률(%) |

• GDP 성장률

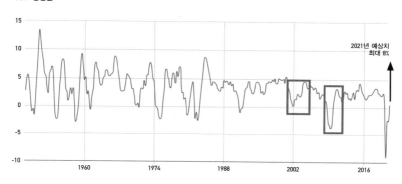

• 실업률

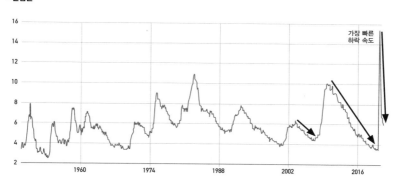

하지만 2021년 미국 경제는 2002년 IT 버블 붕괴와 2008년 금융 위기 이후에 발생한 반등 수준을 넘어섰다. 2002년과 2008년을 포함한 위기 시기 대부분의 GDP 성장률 반등은 위기 발생 직전 수치보다 낮거나 약간 상회했다. 반면에 2021년 GDP 연간 성장률 반등 예상치는 1960년 이후 최고치에 근접하면서 위기 발발 이전 수치를 크게 넘어선다. 단순한 기술적 반등이 아니라는 의미다. 미국 웰스파고은행도 2021년 5월 이후부터 연말까지 미국의 소비 기세는 최근 70년 사이 가장 강력할 것으로 전망했다.[26]

실업률도 살펴보자. 경제 위기가 발생하면 실업률은 치솟는다. 정점에 오른 실업률이 위기 발발 이전 수준으로 내려오려면 최소 4~5년, 길게는 10년 이상 걸린다. 하지만 이번 위기는 달랐다. 1929년 발생한 대공황 이후 최대 실업률을 기록했지만, 역사상 가장 빠른 속도로 실업률이 하락하고 있다.

다른 경제 지표들도 살펴보자. 〈그림 58〉은 분야별 일자리 현황이다. 2021년 4월 말 기준으로 전체 제조업, 내구재 및 비내구재 제조업의 일자리는 코로나19 직전 수준으로 모두 회복됐다. 2008년 금융 위기가 발발했을 때는 전체 제조업, 내구재 및 비내구재 제조업 일자리가 위기 이전 수준을 회복하는 데 8~9년이 걸렸다. 하지만 이번 위기에는 불과 1년 만에 회복됐다. 심지어 비내구재 제조업은 코로나19 발발 이전보다 일자리가 늘어났다. 여행과 접대업 등 서비스업 일자리는 위기 이전 수준으로 회복하지 못했지만, 2008년 금융 위기 당시의 회복 속도를 능가했다.

〈그림 59〉는 글로벌 제조업의 분야별 회복 상황을 보여준다. 2019년도 12월 지표를 기준치(100)로 삼되 시기별 특수성을 고려해 수치를 조정했다. 이 그래프로 볼 때도 전자, 자동차, 기계장비 등의 분야는 2020년 10월부터 2021년 1월 사이에 코로나19 이전의 실업률 수준으로 회복하는 데 성공했다.

〈그림 60〉은 시카고 연방준비은행에서 집계한 금융상황지수로,

| 그림 58. 분야별 일자리 현황(단위: 1만 개) |

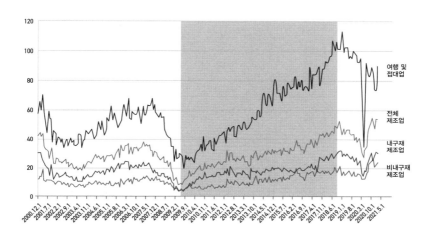

| 그림 59. 글로벌 제조업 분야별 회복 상황 |

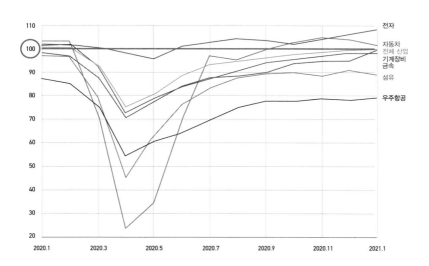

| 그림 60. 1970년 이후 미국의 금융상황지수 |

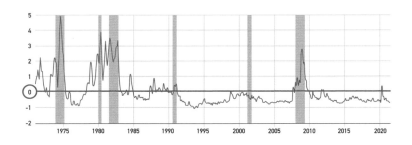

미국의 금융 안정성을 보여준다. 제2차 세계대전 이후 최대의 경제 충격을 받았지만, 금융 안정성은 코로나19 기간을 포함해서 최근까지 매우 양호한 상태를 유지하고 있다.

미국의 안정과 극적인 GDP 성장률 반등 수치는 시간을 두고 전 세계 경제 전반에 서서히 영향을 미칠 가능성이 높다. 미국의 경제와 소비가 강력하게 치솟으면 미국에 다양한 소비재를 수출하는 국가들의 GDP 성장률도 덩달아 뛴다. OECD는 바이든 정부가 미국 경제를 강력하게 반등시키면, 캐나다·멕시코(0.5~1%p), 유럽·중국(0.25~0.5%p)에서 추가 성장이라는 낙수 효과가 나타나면서 전 세계 GDP 성장률도 1%p 추가 상승할 확률이 높다고 평가했다.

2022년에도 미국의 GDP 성장률은 높은 수준을 유지할 가능성이 높다. 2022년 상반기까지 111 리바운드 효과가 지속된다. 2022년 연준이 긴축 1단계(양적 완화 축소)를 단행하더라도 초저금리 기조는 유지된다. 바이든 정부는 2022년 예산안도 제2차 세계대전 이후 최대 규모인 6조 달러(6700조 원)로 꾸릴 계획이다.

2022년 후반기에는 11월 8일 중간선거가 있기 때문에 선거 특수와 인프라 투자 효과가 나타나기 시작할 것이다.

연준은 2022년 미국 GDP 성장률 전망을 최소 3.3%로 제시했다. 하지만 리치먼드 연방준비은행 총재 토머스 바킨은 2022년 미국 GDP 성장률이 4.0%를 기록할 것으로 전망했다. JP모건은 2022년 미국 GDP 성장률을 3.8%로 내다보았다. 모건스탠리는 2022년 말에는 실업률이 3.9%대로 떨어지고, GDP 성장률은 2.8%가 될 것으로 예상했다.

2022년 미국 GDP 성장률은 최소 2.8%, 최대 4.0% 사이이다. 이런 전망치가 현실이 되면, 2021~2022년 미국 GDP 성장률은 30년 만에 최고의 2년으로 기록될 것이다. 〈그림 61〉은 연준이 초저금리 기조를 유지하던 시기 미국의 GDP 성장률이다.

2023~2024년에는 어떻게 될까? 연준은 2023년 미국 GDP 성장률 전망을 2.4%로 제시했다. 이 수치는 코로나19 이전 미국

| 그림 61. 초저금리 시기 미국의 GDP 성장률(%) |

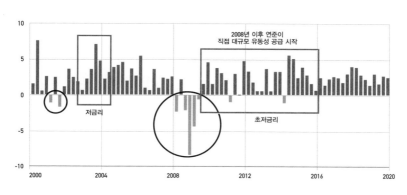

GDP 성장률의 평균치와 비슷하다. 연준은 미국 경제가 최고의 2년으로 기록될 만한 2021~2022년이 지나면서 자연스럽게 평균치로 수렴될 것이라고 판단했다. 하지만 필자의 예측은 다르다.

〈그림 62〉를 보자. 오바마 대통령 제2기 정부 시절과 트럼프 정부 시기의 미국 GDP 성장률이다. 2008~2009년 미국발 금융 위기에서 탈출한 후 기저효과가 일어났던 2010년에 전 세계 GDP 성장률은 4.3%였고 미국은 2.6%였다. 2011~2013년은 유럽발 금융 위기로 인해 전 세계 GDP 성장률이 2%대 초반으로 하락했다. 같은 해 미국 GDP 성장률도 하락했다. 하지만 유럽의 금융 위기가 끝난 후에는 미국 GDP 성장률이 재상승했다. 오바마 정부 말기부터 트럼프 정부 시기에는 평균 2.4~2.9%를 기록했는데, 이 수치는 미국 금융 위기 이후 기저효과를 톡톡히 누렸던 2010년과 비슷하

| 그림 62. 유럽 금융 위기 이후 미국의 GDP 성장률(%) |

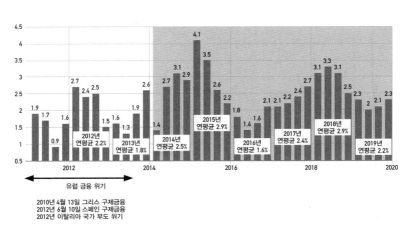

거나 더 나은 것이었다.

필자는 2023년에 바이든 정부가 진행하는 역대 최대 규모의 인프라 투자가 미국 실물경제에 추가 동력을 제공하는 데 성공하고, 코로나19 종식으로 세계 경제가 완전한 재개 상황에 접어들며 미래 산업 버블 분위기가 본격적으로 고조된다면 최소 2.2%, 최대 3.5%대의 연평균 GDP 성장률을 기록할 가능성이 충분하다고 예측한다.

〈그림 63〉을 보자. 필자가 앞에서 소개한 1933~1936년 미국이 대규모 인프라 투자를 실시했을 때의 GDP 성장률 변화 추이다. 루스벨트 정부가 실시한 뉴딜 정책이 본격적으로 실물경제에 효과를 낸 시점은 2년차였고, 뉴딜 정책은 4~5년차까지도 계속 효과를 발휘했다.

필자는 바이든 정부가 궁극적으로 달성하고자 하는 최대 목표를 '안정'이라고 규정했다. 미국 경제가 안정적 상태에 진입하려면, 코로나19라는 대재앙에서 탈출하는 것도 중요하지만 트럼프 정부에

| 그림 63. 1933~1936년 뉴딜 정책 기간 미국 GDP(단위: 1조 달러) |

연도	명목 GDP	실질 GDP	연간 GDP 성장률	주요 사건
1933	0.057	0.817	-1.2%	뉴딜 정책
1934	0.067	0.906	10.8%	미국 국채 증가
1935	0.074	0.986	8.9%	사회보장제도
1936	0.085	1.113	12.9%	루스벨트 정부의 세금 인상

서 만들어놓은 시장 불안정을 해결하는 것도 중요하다. 바이든 정부가 생각하는 시장의 안정은 공생과 협력으로 함께 성장하는 미래다.

코로나19 이전, 트럼프 정부는 '제로섬 게임 이론zero-sum game theory'을 중심에 두면서 전 세계 경제를 혼돈과 불확실성으로 몰아넣었다.[27] 바이든 정부는 이런 과오를 반복하고 싶은 마음이 없다. 시장 참여자들이 끊임없이 적대적으로 충돌하고 '눈에는 눈, 이에는 이' 식의 보복을 가하며, 시장에서 승자독식이나 적자생존이 표준화되면 단기적으로는 성과를 낼 수 있어도 지속 가능한 경제 성장은 불가능하다. 수많은 낙오자가 양산되고, 최종 승자가 모든 것을 갖게 되어 독과점 횡포가 발생하기 때문이다.

현재 바이든 정부 경제 수장인 재무부 장관 옐런은 1999년 예일대 동문회 연설에서 '예일 거시경제 패러다임'을 거론했다. 이 패러다임은 예일대에서 화폐경제학을 가르쳤던 제임스 토빈이 주창한 개념으로, 1960년대 케네디와 존슨 정부의 경제 정책 설계에 핵심 개념으로 쓰였다. 예일 거시경제 패러다임은 단기 과제(경기 침체 탈출) 해결에는 총수요와 총공급(혹은 IS/LM) 곡선을 중요시하는 케인스 이론을 사용하고, 장기 과제(지속 가능한 성장, 완전 고용 등)는 신고전파 이론에 따라 정책을 수립한다. 일종의 하이브리드 개념이다.

바이든 정부는 코로나19 대재앙에서 신속하게 탈출하기 위해 케인스 이론을 적극적으로 받아들여서 대규모 부양책을 추가로 실시했다. 하지만 코로나19 위기 탈출은 바이든 정부의 경제 정책이 추구하는 궁극적인 목적이 아니다. 미국 경제를 안정적인 기반 위에서 지속 가능한 성장 궤도로 복귀시켜야 한다. 이를 위해서 신고전파 이론을 선택했다. '바이드노믹스Bidenomics'는 특히 신고전파 석학인 로이드 섀플리과 앨빈 로스의 '공생적 게임 이론nonzero-sum game theory'을 적극 받아들였다.

캘리포니아주립대학교UCLA 명예교수인 로이드 섀플리와 하버드 경영대학원 교수인 앨빈 로스는 시장 안정성을 극대화하는 특별한 방법론적 설계에 관심을 가졌다. 2012년 두 사람은 〈안정적 배분과 시장 설계 연구the theory of stable allocations and the practice of market design〉로 노벨 경제학상을 공동 수상했다.[28] 이 논문은 시장 참여자들이 뜻하지 않은 위기에 처했을 때 공생적 게임 이론을 사용하면 모두에게 이득이 될 수 있는 방향으로 문제를 해결할 수 있다는 것을 밝혀냈다.

바이든 정부는 대규모 인프라 투자를 진행하더라도 서로 다른 목적을 가진 시장 참여자들이 서로 윈윈할 수 있는 매칭을 찾는 데 직접 관여할 가능성이 크다. 미국 역사상 가장 큰 규모의 인프라 투자에서 바이든 정부의 공생적 게임 전략이 성공한다면 시장 안정과 지속적인 성장 가능성의 교두보를 마련할 수 있다.

제임스 토빈이 예일 거시경제 패러다임을 기반으로 케네디 정부의 경제자문을 맡았던 1961년 이후 미국 경제는 106개월 동안 확장 국면을 이어나갔다. 1990년대 클린턴 정부가 예일대 교수진을 중심으로 경제 정책을 설계했을 때도 2001년 3월까지 120개월 동안 경기 확장에 성공했다.[29]

2023~2024년 미국과 전 세계 경제를 둘러싸고 우호적인 환경

이 만들어지는 것도 바이든 정부 경제 정책의 성공 확률을 높일 수 있다. 〈그림 64〉는 2023~2024년 미국 경제 성장에 추가 동력을 제공할 수 있을 것으로 예측되는 주요 심층 원동력들이다.

〈그림 65〉는 WTO가 예측한 코로나19 이후 글로벌 무역 규모의 변화 추세로, 2015년도의 지표를 기준치(100)로 삼았다. 원활한 백신 보급이라는 낙관적 시나리오가 작동하면, 글로벌 무역 환경도 2023~2024년경 코로나19 이전으로 복귀할 것으로 예상된다.

산업과 자산시장에 버블이 일어나고 있는 것도 GDP 성장률 상승을 압박하는 요인이 될 수 있다. 1997년부터 시작된 3차 산업혁명의 파도를 타고 형성된 IT 버블기와 2004년부터 시작된 부동산 버블기에 미국 GDP 성장률은 예년 평균치보다 추가 상승했다. 코로나19 이후, 4차 산업혁명의 파도를 타고 산업 버블기가 형성될 수 있다. 부동산 버블도 만만찮다. 원자재 버블기도 겹칠 수 있다. 이 모든 것이 GDP 성장률 상승의 요소로 작용할 수 있다.

2023년의 미국 GDP 성장률과 연관해서 독자들이 궁금해할 한 가지 변수가 있다. 기준 금리 인상이다. 연준의 정책과 긴축 시나리오에 대해서는 뒷부분에서 자세히 다룰 것이다. 여기서는 2023년 GDP 성장률 추이와 관련된 예측만 간단하게 언급하겠다.

필자가 지난 사례들을 분석한 바로는 미국 경제가 견고한 상황에서 진행되는 기준 금리 인상은 일시적으로 긴축 발작을 일으킬 수 있지만 1년 전체의 GDP 성장률이나 경제 분위기를 크게 해치지는 않았다. 2023년에도 비슷할 것으로 예측한다.

마지막으로, 바이든 정부의 임기 마지막 해인 2024년 미국 GDP

| 그림 64. 2023~2024년 STEEPS 영역별 주요 심층 원동력 |

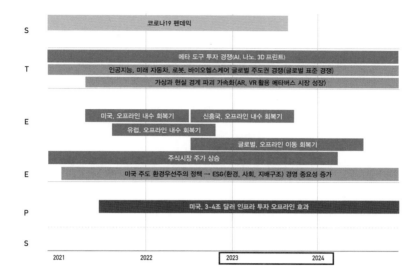

| 그림 65. WTO가 예측한 코로나19 이후 글로벌 무역 규모 변화 |

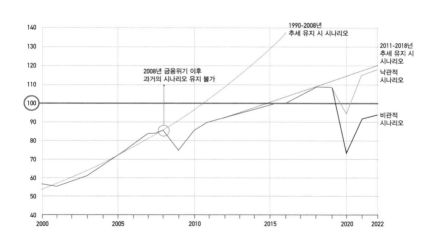

성장률은 어떻게 될까? 2024년 미국 GDP 성장률에 가장 큰 영향을 미칠 변수는 2가지다. 하나는 대선 특수, 다른 하나는 기준 금리 인상 기간이라는 환경 변화다.

첫 번째 변수인 2024년 대선 특수에 대해서 예측해보자. 〈그림 66〉은 1988년부터 2020년까지 미국에서 대선이 있던 해의 분기별 GDP 성장률이다.

그림들에서 보듯이 대선이 열리는 해에는 부동산 버블 붕괴, 코로나19 대재앙 등의 경제 위기가 발생하지 않으면 대체로 GDP 성장률이 이전 분기나 전년보다 양호하거나 비슷했다. 미국 대선은 엄청난 선거 자금이 시중에 풀리고, 그에 따라서 경기가 좋은 경우가 많았다. 이런 패턴을 감안하면, 2024년 대선 정국 기간에도 큰 경제적 위기 사건이 발생하지 않는 한 GDP 성장률이 폭락할 가능성은 적다.

2024년 미국 GDP 성장률에 영향을 미칠 두 번째 변수인 기준 금리 인상 기간에 대해서도 예측해보자. 〈그림 67〉~〈그림 69〉는 1985~2019년 다섯 번의 기준 금리 인상기에 미국 GDP 성장률과 소매판매지수, 그리고 개인 저축률의 변화 추이를 비교한 자료다. 그림들에서 볼 수 있듯이, 기준 금리 인상 전반부에는 GDP 성장률이 상승했다. 하지만 후반부에는 기준 금리 인상 부담이 GDP 성장률에 반영됐다.

기준 금리가 상당한 수준까지 인상되면 개인과 기업들이 저축을 늘리고 부채를 상환하며, 물가도 높아져서 소비를 줄이는 현상이 겹쳐서 일어난다. 이런 상황에서는 생산 물가와 임금이 높아져

| 그림 66. 1988~2020년 미국 대선 시기 GDP 성장률(%) |

• 1988년

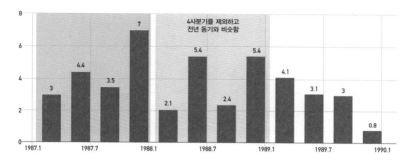

• 1992년

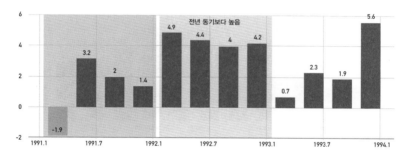

• 1996년

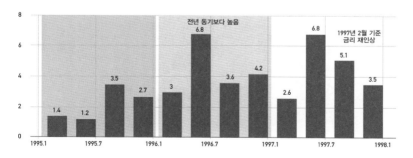

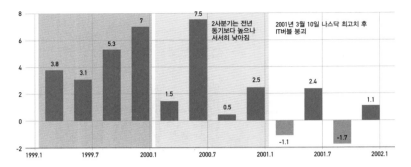

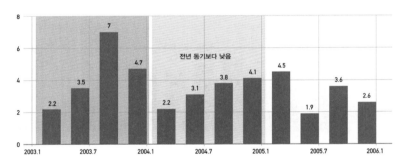

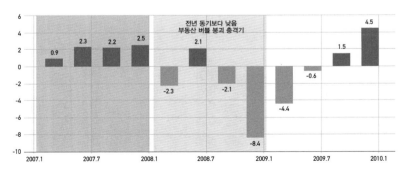

• 2012년

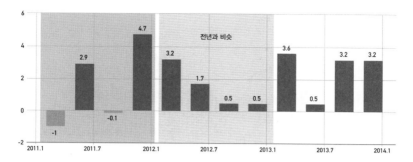

• 2016년

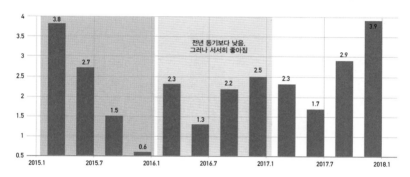

• 2020년

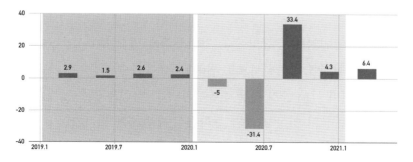

| 그림 67. 1985~2002년 미국 기준 금리 vs. GDP 성장률과 소매판매지수(%) |

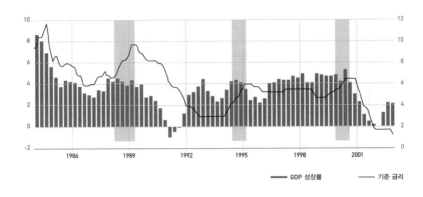

GDP 성장률 ── 기준 금리

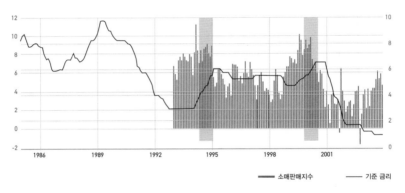

소매판매지수 ── 기준 금리

서 기업의 이익률이 감소한다. 자연스럽게 민간 투자도 주춤하면서 GDP 성장률이 전반적으로 위축된다.

2024년이 기준 금리 인상 전반부라면 큰 영향은 없을 것이다. 하지만 기준 금리 인상 시기가 빨라져서 후반부를 지나가는 시기라면 GDP 성장률에 영향을 미치기 시작할 것이다. 다만 연준이 기

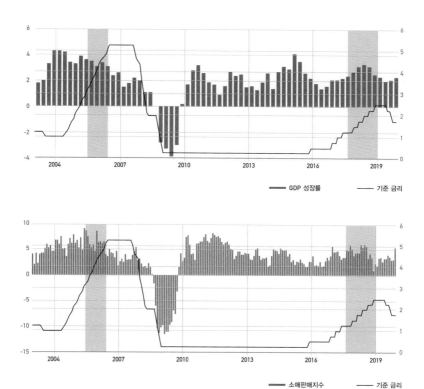

| 그림 68. 2003~2019년 미국 기준 금리 vs. GDP 성장률과 소매판매지수(%) |

준 금리를 다시 내려야 할 정도의 경제 위기가 발발하기 전에는 기준 금리 인상 후반부를 지나가더라도 GDP 성장률이 급격하게 하락하지는 않는다.

2024년은 긍정적 요인과 부정적 요인이 팽팽하게 맞서는 시기다. 2024년 미국 GDP 성장률 추이에 긍정적인 요인은 대선 특수

| 그림 69. 1985~2019년 미국 기준 금리 vs. 개인 저축률(%) |

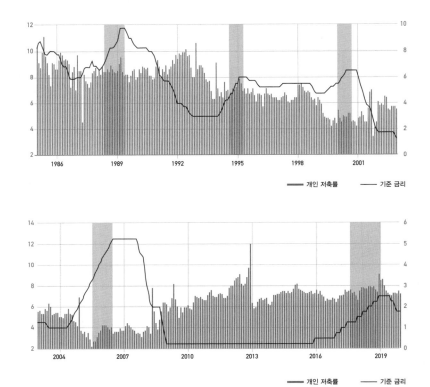

와 인프라 투자의 효력 지속이다. 부정적 요인은 코로나19 이전 평균 GDP 성장률로 회귀하려는 힘이 강해지고, 기준 금리 인상 후반부를 지나 금리 부담이 서서히 커지면서 개인과 기업이 소비를 줄이고 부채 상환을 늘리고, 생산 물가와 임금 부담이 높아진 기업이 이익이 줄면서 투자를 줄이는 일이 일어날 확률이 높다는 점이

다. 이런 모든 요인을 고려하면, 2024년 미국 GDP 성장률은 기준 금리 인상 후반부를 지날 경우 2023년보다 약간 낮은 2.0% 수준이 되고, 기준 금리 인상 전반부에 머물면 2023년과 비슷한 3.0%에서 형성될 것이다.

〈그림 70〉은 필자가 예측하는 바이든 정부 4년간 미국 GDP 성장률 경로를 종합한 것이다. 바이든 정부 4년 중 전반부 2년의 GDP 성장률은 코로나19 이전 평균치(2.2%)를 월등하게 뛰어넘고, 후반부 2년은 예년의 평균 성장률과 비슷하거나 그보다 약간 높게 유지될 가능성이 충분하다.

한 가지만 더 언급하자면, 바이든 정부는 GDP 성장률 추이만큼이나 산업별 성장률과 고용률의 변화에도 관심이 높을 것이다. 〈그림 71〉은 지난 150년 동안 미국 산업별 고용 추세 변화 자료에 바

| 그림 70. 바이든 정부 4년간 미국 GDP 성장률 경로 예측(%) |

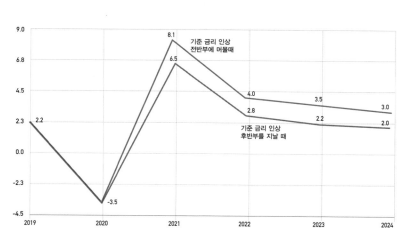

이든 정부 4년 동안 어떤 변화가 추가될지를 필자가 표시해놓은 것이다.

| 그림 71. 1850~2015년 미국 전체 산업에 대한 산업 부문별 고용 점유율(%) |

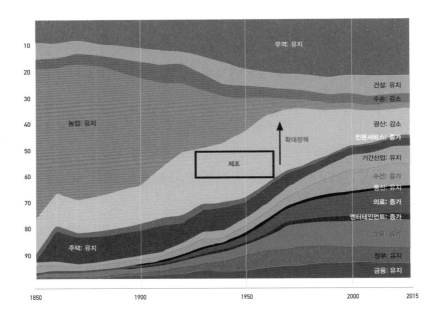

인플레이션율
경로 예측

미국의 인플레이션 수준과 위험성을 놓고 국내외의 찬반 의견이 분분하다. 세계적 석학들도 의견이 둘로 나뉜다.

하버드경영대학원 교수 알베르토 카발로는 '인플레이션은 일시적' 현상이라는 연준의 주장을 옹호한다. 2021년 4~5월의 인플레이션 공포(2008년 이후 13년 만에 최고치 연속 경신)를 포함한 2021년 전체의 높은 근원 인플레이션율은 코로나19 위기에서 탈출하는 과정에서 산출 바구니basket 속에 있는 몇몇 데이터가 다소 과장되어 일어난 해프닝일 뿐이라고 평가절하했다.

이에 반해, 클린턴 정부 시절 재무부 장관이었던 하버드대학교 케네디스쿨 교수 로런스 서머스는 (일부 데이터의 일시적 과장을 인정해도) 미국의 인플레이션율이 자신의 예상보다 높은 수치를 향하고 있다는 평가를 내렸다.[30]

이런 찬반논란에도 불구하고, 2021년 미국의 인플레이션율이 코로나19 이전 몇 년의 평균치를 웃돌고 있다는 것은 분명하다. 〈그림 72〉를 보자. 2021년 초에 발생했던 미국의 근원 인플레이션율 3%는 코로나19 이전 수치를 훌쩍 뛰어넘는다. 코로나19 경제 충격에서 벗어나면서 발생한 기술적 반등에 불과하다고 평가절하해도 높은 수치다. 같은 기간 주요 선진국은 근원 인플레이션율이 코로나19 이전보다 낮거나 엇비슷한 정도로 반등했다.

〈그림 73〉을 보자. 2021년 초 발생한 미국의 근원 인플레이션율 3%는 1995년 이후 최고치다. 식품 및 에너지 품목의 물가를 포함하는 일반 인플레이션율이 미시간대학교에서 예측한 기대 인플레이션율을 상회해 치솟는 현상도 매우 이례적이다. 이런 움직임은 버블기 후반(IT 버블 후반기, 부동산 버블 후반기 등)에 나타나는 현상이다.

〈그림 74〉는 1995년 이후 영국, 프랑스, 독일, 이탈리아, 일본, 한국 등 주요 선진국의 근원 인플레이션율 변화다. 미국처럼 2021년

| 그림 72. 코로나19 전후 주요 선진국의 근원 인플레이션율(%) |

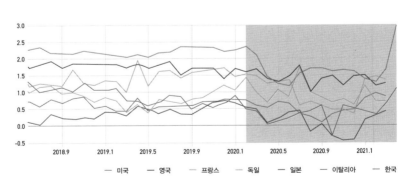

| 그림 73. 1990년 이후 미국의 인플레이션율(%) |

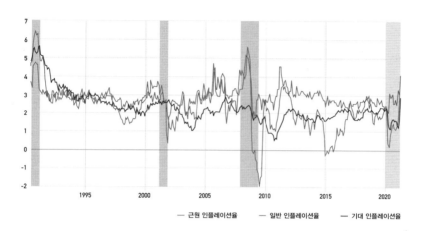

— 근원 인플레이션율   — 일반 인플레이션율   — 기대 인플레이션율

| 그림 74. 1990년 이후 주요 선진국의 근원 인플레이션율(%) |

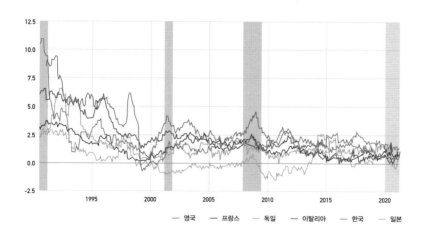

— 영국   — 프랑스   — 독일   — 이탈리아   — 한국   — 일본

초 근원 인플레이션율이 1995년 이후 최고치를 기록한 선진국이 있을까? 없다.

그렇다면 미국의 이렇게 높은 근원 인플레이션율 현상이 바이든 정부 4년 내내 계속 유지될 새로운 트렌드일까, 아니면 일시적 해 프닝에 불과할까? 근원 인플레이션율을 기준으로, 2022~2024년 미국의 인플레이션 시나리오는 3가지로 분류할 수 있다. 코로나19 이전 나타났던 1%대의 낮은 근원 인플레이션율, 2%대의 안정적 근원 인플레이션율, 3%를 넘는 매우 높고 위험한 근원 인플레이션 율이다. 3가지 시나리오 중에서 가장 가능성이 적은 것은 '1%대의

| 그림 75. 2022~2024년 미국 경제 시나리오 |

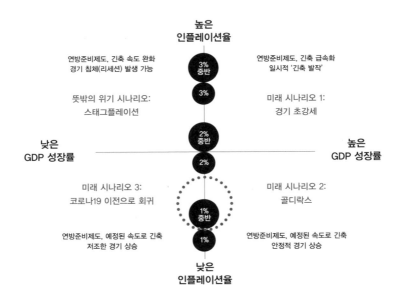

낮은 근원 인플레이션율'이다(그림 75).

〈그림 76〉을 보자. 1990년대 이후 미국의 근원 인플레이션율이 1%대 후반을 수년씩 장기간 기록한 시기는 2008년 서브프라임 모기지 사태 발발로 수많은 미국 기업과 은행이 파산하면서 실물경제와 실업률 등에서 긴 회복 기간이 필요했던 때뿐이다. 이 시기에는 유럽의 금융 위기까지 겹치면서 세계 경제는 이중 악재에 시달렸다.

2022~2024년에 이런 위기나 악재가 반복되지 않는 한 근원 인플레이션율이 평균 1%대(식품과 에너지 가격을 포함한 일반 인플레이션율로는 2%대 수준)에서 머무는 상황은 일어날 확률이 낮다. 더군다나 2022~2024년에는 인플레이션율을 자극할 대형 요인이 많다.

필자가 주목하는 2022~2024년 미국 인플레이션율의 상승을 자극할 7가지 대형 요인은 다음과 같다.

| 그림 76. 코로나19 이전 미국의 근원 인플레이션율(%) |

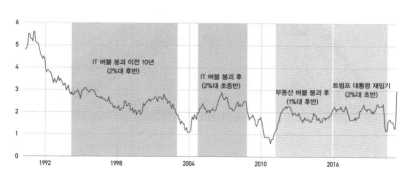

1. 정부 부양책의 효과(2022년까지 지속)

2. 정부의 대규모 인프라 투자(2022~2025년 지속)

3. 연준의 유동성(M1) 공급(2022년까지 지속)

4. 자산시장 호황으로 시중 유동성(M2, M3) 증가

5. 고용시장 호황(실업률 하락)

6. 축적된 소비력(코로나19 기간 저축률 증가)

7. 국내외 공급망 시스템의 변화

　첫째, 정부 부양책의 효과부터 살펴보자. 2020년부터 2021년 초 사이 미국 정부가 쏟아부은 막대한 부양책은 2022년까지 효과가 지속될 가능성이 높다. 〈그림 77〉은 미국 브루킹스연구소가 정부 의 5가지 부양책이 만들어낼 경제적 효과를 예상한 내용이다. 달러

| 그림 77. 5가지 코로나19 추가 부양책의 예상 효과 |

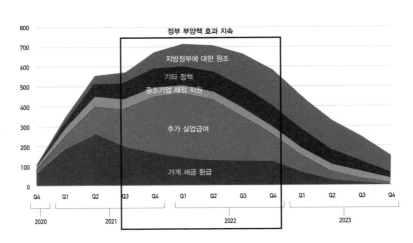

당 가장 효과가 큰 것은 추가 실업급여 지출이다. 정부의 부양 정책은 2022년 4사분기까지는 유의미한 효과가 이어질 가능성이 큰 것으로 전망됐다.[31]

둘째, 바이든 정부가 실시하는 대규모 인프라 투자의 효과는 2022년부터 2025년까지 지속되면서 인플레이션율 상승 압박을 가할 가능성이 크다. 바이든 정부가 제2차 세계대전 이후 최대 규모로 꾸린 2022년 정부 예산안 6조 달러(6700조 원)를 신호탄으로 2023~2024년에도 정부 지출과 투자는 꾸준히 증가할 것이다. 특정 정부 임기 4년 내내 대규모 정부 지출을 하는 것은 중요한 변수다.

2021~2024년의 미국 경제를 예측할 때, 지난 수십 년간 GDP 성장률과 인플레이션율 추세만 분석하는 것은 절반짜리 분석에 불과하다. 앞으로 4년의 미국 GDP 성장률과 인플레이션율을 예측할 때는 대규모 정부 예산과 투자를 반드시 반영해야 한다. 그 영향력이 매우 크기 때문이다. 브루킹스연구소는 추가 부양책 중에서 추가 실업급여가 지출되는 달러당 가장 큰 경제적 효과가 있을 것으로 분석했다.

〈그림 78〉을 보자. 1933~1936년 루스벨트 정부가 실시한 뉴딜 정책은 미국 연간 GDP 성장률을 이전보다 2~3배 높였다. 동시에 마이너스에서 헤매던 인플레이션율을 한 번에 플러스로 돌려세웠다. 심지어 1929년 대공황 이전 미국 경제가 호황이었을 시절의 인플레이션율을 넘어섰다. 그림에서 보듯이, GDP 성장률과 인플레이션율 상승이 4년간 이어졌다.

이번 바이든 정부 4년 동안에도 위와 비슷한 인플레이션율 상

| 그림 78. 1933~1936년 뉴딜 정책 기간 미국의 GDP와 인플레이션율 |

• GDP(1조 달러)

연도	명목 GDP	실질 GDP	연간 GDP 성장률	주요 사건
1932	0.060	0.828	-12.9%	후버 정부의 세금 인상
1933	0.057	0.817	-1.2%	뉴딜 정책
1934	0.067	0.906	10.8%	미국 국채 증가
1935	0.074	0.986	8.9%	사회보장제도
1936	0.085	1.113	12.9%	루스벨트 정부의 세금 인상
1937	0.093	1.170	5.1%	대공황 재발
1938	0.087	1.132	-3.3%	대공황 종식

• 인플레이션율(%)

승 압박이 있을 가능성이 충분하다. 2021년 3월, OECD는 바이든 정부의 대규모 재정 확대(추가 부양책과 인프라 투자)는 2021년 2사분기를 시작점으로 앞으로 12개월 동안 미국 GDP 성장률을 3~4%p 높일 것으로 전망했다. 미국 GDP 성장률이 3~4%p 늘어나면, 미국의 수입량 증가, 미국 기업의 글로벌 투자 확대 등으로 세계 GDP 성장률 또한 0.9~1.1%p 높일 강력한 동력이 될 것이라고 예측했다. 미국 경제가 1%p 증가할 때마다 세계 GDP 성장률은 0.29%p, EU와 중국이 각각 0.13%p, 일본은 0.14%p 증가하는 파급효과 승수를 갖는다는 전제하에서의 계산이다.[32]

이런 전망이라면 최소한 2021~2022년에는 코로나19 이전보다 높은 인플레이션율을 예상해야 한다. 필자는 바이든 정부의 대규모 재정 확대 효과는 2022년으로 끝나지는 않을 것이라고 예측한다. 2021~2022년 수준의 강력한 추가 동력은 못 되어도 2023~2024년에도 영향을 미칠 것이다.

바이든 정부가 경제 정책의 기반으로 채택한 예일 거시경제 패러다임은 과거에 효과를 낸 적이 있다. 1990년대 후반, 버블 붕괴가 일어나면서 일본 경제는 장기간 대침체의 늪에 빠졌다. 잃어버

| 그림 79. 1980년 이후 일본의 GDP 성장률과 인플레이션율(%) |

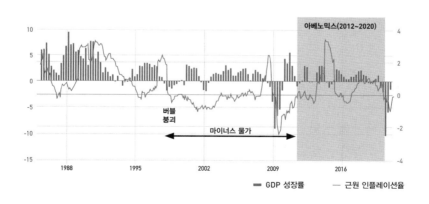

린 20년이라고 불리는 시기였다. 이 시기에 일본의 인플레이션율은 마이너스를 헤맸다. 하지만 아베 정부가 예일대학교 교수 하마다 고이치의 과감한 통화 공급 확대, 엔화 평가절하, 인프라 투자 확대 등의 권고를 받아들여 일명 '아베노믹스'를 실시하면서 극적인 전환점을 만들어냈다. 이런 극적 변화를 제안한 고이치가 바로 예일 거시경제 패러다임의 대표 학자 제임스 토빈의 제자다.[33]

셋째, 연준의 유동성(M1) 공급도 2022년까지 지속되면서 인플레이션율 상승을 압박하는 요인이 될 것이다. M1은 발행된 현금(M0)에 즉시 현금화가 가능한 예금을 더한 좁은 의미의 통화다. 넷째, 자산시장 호황으로 시중 유동성(M2, M3) 증가도 상당 기간 지속될 것이다. M2는 M1에 만기 2년 미만의 예금과 같이 비교적 단기간 내에 사용 가능한 돈을 더한 비교적 넓은 의미의 통화이고, M3는 모든 현금·예금·금융상품과 비금융기관의 돈을 포함하는 가장 넓은 의미의 통화다.

1950년대 이후부터 현재까지 미국 경제를 분석해보면, 대체로 인플레이션율은 GDP 성장률보다 낮거나 비슷한 패턴을 보인다. 하지만 〈그림 80〉을 보자. 2000년 이후 인플레이션율이 GDP 성장률을 웃돈 사례가 두 번 있었다. 한 번은 2008년 부동산 버블 붕괴 직전 몇 년이었고, 다른 한 번은 부동산 버블 붕괴 이후 몇 년이었다. 전자는 부동산 버블이 치솟아오르면서 시중에 강력한 유동성 효과가 발생한 것이 주요인이고, 후자는 연준이 무너진 미국 경제를 수습하고 회복시키기 위해 막대한 유동성을 쏟아부은 효과로 만들어진 상황이었다.

〈그림 81〉을 보자. 두 시점 모두에서 시중 유동성(M3)이 빠르게 증가하고 있다. 2004년 후반부터 연준은 부동산시장의 버블을 견

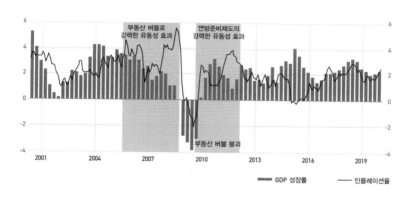

| 그림 80. 2000년 이후 미국의 GDP 성장률과·인플레이션율(%) |

| 그림 81. 2000년 이후 미국의 M3 증가율·인플레이션율·기준 금리(%) |

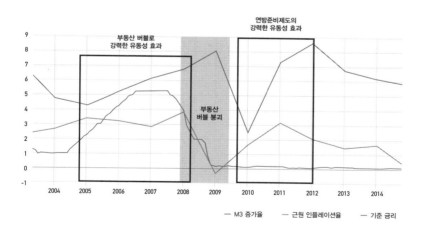

제하기 위해 기준 금리를 빠르게 인상해서 시중 유동성 회수에 나섰다. 하지만 기준 금리 인상 부담을 넘어서는 부동산 투자 수익률 때문에 시중 유동성 증가를 막을 수 없었다.

2008년 금융 위기로 경제가 무너진 후에는 연준이 기준 금리를 제로로 낮춰서 인위적으로 시중 유동성 공급을 엄청나게 늘렸다. 그 결과 시중 유동성 증가율이 다시 뛰기 시작했다. 〈그림 82〉를 보면, 2008년 이전에는 연준이 자산(부채)을 줄이면서 유동성 회수에 나섰고, 2008년 이후에는 연준이 자산(부채)을 급격하게 늘렸음을 확실하게 알 수 있다. 이 두 시기에 인플레이션율이 GDP 성장률보다 높았다.

| 그림 82. 2000년 이후 연준의 자산(부채) 변화 |

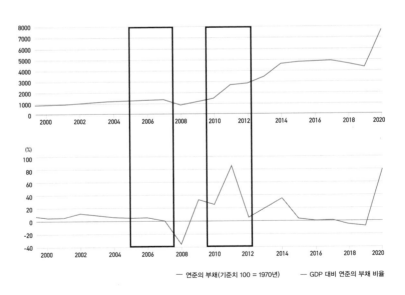

— 연준의 부채(기준치 100 = 1970년)　　— GDP 대비 연준의 부채 비율

참고로 인플레이션율이 높아지면 상품 가치는 상승하고 화폐 가치는 하락한다. 이런 상황에서 중앙은행 역할을 하는 연준이 기준 금리를 높이지 않고 계속 버티면, 시장에서 작동하는 실질 금리를 더욱 떨어뜨리는 효과가 발생한다. 그 결과, 상품 가치는 더욱 상승해 인플레이션이 강화되는 피드백이 작동하는 부작용이 나타난다. 2008년 금융 위기 이후 몇 년 동안 나타났던, 인플레이션율이 GDP 성장률을 상회하는 상황이 그랬다. 인플레이션율이 높아지면 상품 가치는 상승하고 화폐 가치는 하락한다. 연준이 기준 금리를 높이지 않고 버티면, 실질 금리를 더 떨어뜨리는 효과가 발생하고, 상품 가치는 더욱 상승하여 인플레이션 강화 피드백이 작동한다(그림 83).

이런 상황이 과거에는 없었을까? 다음 2개의 그림을 보자. 〈그림 84〉는 1950년대부터 2000년까지 GDP 성장률과 인플레이션율을 비교한 표다. 〈그림 85〉는 미국 내 M1과 M2의 공급량 증가율이다. 대체로 1950년 이후에도 인플레이션율이 GDP 성장률보다 낮거나 비슷한 패턴을 보였다. 하지만 1989~1992년에 인플레이션율이 GDP 성장률 수치를 상회했다. 이유가 무엇일까? 필자의 분석은 이렇다.

해당 시기에 일본에서는 부동산 버블이 최고조에 다다랐다. 일본 내부의 유동성이 넘쳐났고, 은행들의 자산은 급증했다. 동시에 통화량이 늘어나자 물가는 상승했고, 엔화 가치는 하락했다. 이런 상황이 벌어지자, 일본 자금이 미국으로 향하면서 미국 내 상업용 및 주거용 부동산도 닥치는 대로 집어삼키기 시작했다. 미국 기업

| 그림 83. 연준의 정책 금리와 실질 금리 변화 추이(%) |

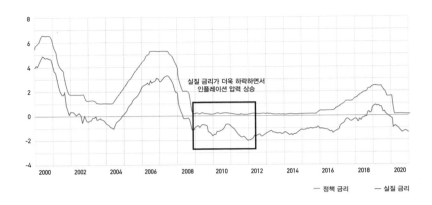

| 그림 84. 1950~2000년 미국의 GDP 성장률과 근원 인플레이션율(%) |

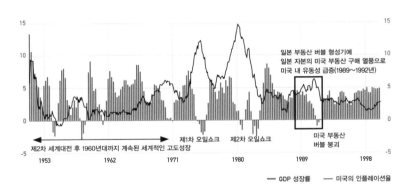

에 대한 인수합병도 증가했다. 당연히 해당 시기에 미국 내 유동성
도 급증했고, 부동산 가격은 폭등했으며, 물가도 상승했다. 참고로
1950년대부터 2000년까지 GDP 성장률보다 인플레이션율이 비상

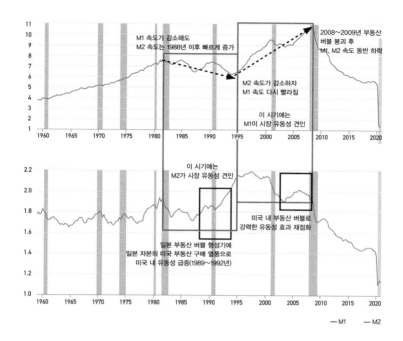

| 그림 85. M1과 M2의 공급량 증가율(%) |

2008~2009년 부동산
버블 붕괴 후
M1, M2 속도 동반 하락

M1 속도가 감소해도
M2 속도는 1988년 이후 빠르게 증가

M2 속도가 감소하자
M1 속도 다시 빨라짐

이 시기에는
M1이 시장 유동성 견인

이 시기에는
M2가 시장 유동성 견인

미국 내 부동산 버블로
강력한 유동성 효과 재점화

일본 부동산 버블 형성기에
일본 자본의 미국 부동산 구매 열풍으로
미국 내 유동성 급증(1989~1992년)

— M1   — M2

식적으로 높아진 시기가 두 번 정도 더 있다. 이 시기에는 양차 오
일쇼크라는 예외적인 사태가 발생하면서 인플레이션율이 폭등한
것이다.

다섯째, 경제학 이론에서 고용시장 호황(실업률 하락)은 인플레이
션율 상승을 압박하는 주요인이다. 특히 〈그림 86〉에서 보듯이, 실
업률이 4%대까지 내려가는 이른바 '완전 고용 상태'에 진입할 무
렵이면 인플레이션율이 급상승한다. 그리고 완전 고용 상태에 도
달한 후 상당 기간 고물가 상태가 유지된다. 미국 재무부 장관 앨

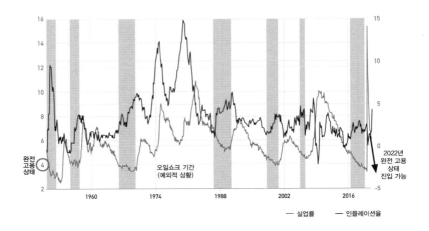

| 그림 86. 1950년 이후 미국의 실업률과 인플레이션율(%) |

완전
고용
상태 ④

오일쇼크 기간
(예외적 상황)

2022년
완전 고용
상태
진입 가능

1960   1974   1988   2002   2016

— 실업률   — 인플레이션율

런과 상당수의 경제학자들은 2022년이면 미국 실업률이 완전 고
용 상태에 진입할 것으로 예측한다.

실업률 하락과 더불어 근로자 임금 상승도 고용시장 호황을 이
끄는 부수적 요인이다. 하지만 근로자 임금 상승은 생산자 물가 상
승을 압박하는 요인이기도 하다. 〈그림 87〉을 보면, 코로나19로 인
해 미국은 한국과는 다르게 근로자 임금이 대폭 상승했다. 바이
든 정부는 4년 임기 동안 최저임금 인상도 시도할 계획을 가지고
있다. 2000년 이후 미국 기업이 부담하는 노동 비용 추세를 보면,
코로나19 기간부터 지난 10년 평균 상승률을 초과하기 시작했다
(그림 88).

생산자 물가 상승을 압박하는 부수적 요인은 더 있다. 원자재 가
격이다. 코로나19로 인해 글로벌 공급망에 위기가 발생하면서 원

| 그림 87. 코로나19 이후 미국과 한국 근로자 임금 평균 임금 |

· 미국

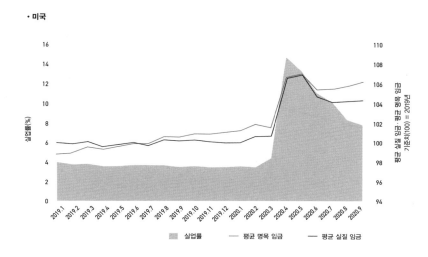

실업률 평균 명목 임금 평균 실질 임금

· 한국

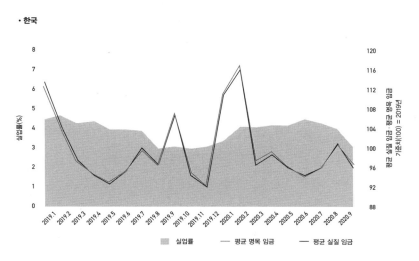

실업률 평균 명목 임금 평균 실질 임금

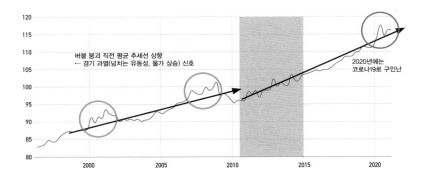

| 그림 88. 2000년 이후 미국 노동 비용 |

버블 붕괴 직전 평균 추세선 상향
← 경기 과열(넘치는 유동성, 물가 상승) 신호

2020년에는
코로나19로 구인난

자재 가격이 빠르게 상승했다. 원자재 공급 부족이 원인이기 때문에 바이든 정부 4년 내내 지속될 위험 요인은 아니다. 하지만 단기적으로 미국의 인플레이션율 상승을 부채질할 부수적 요인임에는 분명하다.

여섯째, 코로나19 기간 저축률 증가와 대규모 가계 지원금으로 축적된 소비력도 단기적으로 인플레이션율 상승 압박에 한몫할 가능성이 크다.

마지막으로, 국내외 공급망 시스템의 변화다. 코로나19 이전까지는 글로벌 공급망이 세계화와 기술혁신의 도움을 받아 상품 가격을 낮추는 데 일조했다. 미국 밖에서 인건비가 저렴한 중국과 동남아 생산 기지를 활용해 제품 생산 단가를 낮췄다. 미국 내에서는 아마존 등 물류 유통 등에서 혁신적 기술을 앞세운 공급자들이 나타나 한 번 더 제품 가격을 낮췄다. 하지만 이런 추세는 계속되기 힘들다. 〈그림 89〉를 보라. 1990년 이후 중국과 베트남의 평균 인

| 그림 89. 해외 생산 기지의 인건비 |

· **평균 임금**

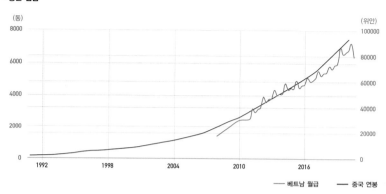

· **최저 임금**

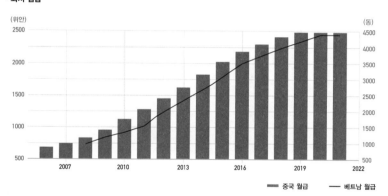

건비는 빠르게 증가해왔다. 최저 임금의 경우 2016년부터 중국과
베트남 모두 상승 추세가 느려지고 있다. 최저 임금 상승에 대한
피로감과 부담이 커지고 있다는 방증이다.

　〈그림 90〉을 더 보자. 2008년 글로벌 금융 위기 이후 한국, 멕시

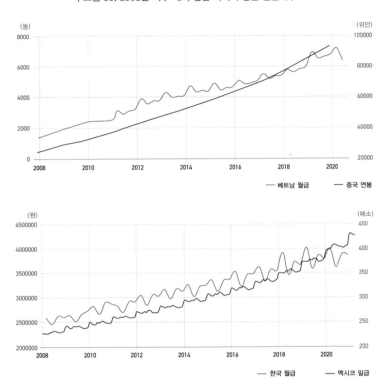

| 그림 90. 2008년 이후 해외 생산 기지의 평균 인건비 |

코, 중국, 베트남의 근로자 평균 임금 상승 비교 자료다. 중국과 베트남의 임금 상승이 매우 빠르다는 것을 쉽게 알 수 있다. 2008년부터 최근까지 한국의 근로자 평균 임금 상승률은 1.7배다. 미국의 자동차 생산 기지 중 한 곳인 멕시코는 1.9배다. 반면 글로벌 공장역할을 하는 중국은 3.8배로 높았다. 중국을 대신해서 새로운 글로벌 공장으로 주목받는 베트남은 4.6배로 가장 높은 상승률을 기록

했다.

지난 수십 년을 분석해보면, 신흥 국가가 저렴한 노동력을 기반으로 글로벌 공장 역할을 한 기간은 대략 15~20년 내외다. 그 후에는 저렴한 노동력과 지대 비용rent cost 매력을 상실했다. 중국, 베트남, 멕시코 등 미국의 생산 기지 국가들의 인건비는 앞으로도 계속 상승할 것이다.

중국은 수출 중심에서 내수 기반으로, 투자에서 소비 중심 경제로 정책을 전환하고 있다. 중국 정부의 정책 변화가 성공하려면, 근로자 임금 상승이 핵심이다. 중국 근로자의 임금 상승은 비용 상승으로 인한 물가 상승을 불러온다. 임금이 상승한 중국 근로자가 소비를 늘리면, 수요 견인(수요 과잉demand pull)으로 인한 물가(상품과 원자재) 상승을 일으킨다. 인플레이션율 상승 시너지다. 14억 인구를 자랑하는 중국 내부에서 발생하는 인플레이션율 상승 시너지는 글로벌 인플레이션율 상승을 자극한다. 그만큼 미국의 수입 물가 인플레이션 압력도 서서히 커질 것이다.

트럼프 정부를 거쳐 바이든 정부에서도 계속되는 리쇼어링 현상 또한 인플레이션율 상승을 압박하는 요인이다. 기술혁신으로 물류와 유통 체인에서 강력한 가격 하락 트렌드를 만들었던 '아마존 효과'도 '수확 체감의 법칙law of diminishing returns'에 빠지고 있다. 인공지능과 로봇 기술에 투자해서 물류와 유통 체인에 혁신 에너지를 계속 공급하고 있지만, 신기술 투입으로 늘어나는 한계 생산량(가격 하락 능력)이 점차 줄어들고 있다.

다시 말하지만, 이런 7가지 대형 요인 때문에 2022~2024년 미국의 근원 인플레이션율이 평균 1%대에 머무는 상황은 일어날 가능성이 작다.

연준은 2021년 3월 보고서에서 "2021년 근원 인플레이션율이 2.2%를 기록할 것"이라고 예상했다. 2020년 12월의 1.8%에서 0.4%p 상향한 조정치였다. 하지만 2021년 6월에 는 3.4%로 대폭 상향했다. 2022년 전망치도 2020년 12월에는 1.9%였는데, 2021년 3월에 2.0%로 높이더니 2021년 6월에는 2.1%로 추가 인상했다. 2023년 전망치도 2.2% 상향했다(2020년 12월 추정치 2.0%, 2021년 3월 추정치 2.1%). 하지만 연준은 2021년 내내 미국의 물가 상승이 일시적 현상이라고 강조했다. 연준의 말을 그대로 받아들이더라도 2022~2024년 미국의 근원 인플레이션율의 보수적 전망치는 2%를 넘는다.

남은 시나리오는 2개다. 2%대의 안정적 근원 인플레이션율, 3%를 넘는 매우 높고 위험한 근원 인플레이션율 시나리오다. 이 2가지 시나리오에 대한 논리적 근거와 확률적 가능성을 좀 더 깊게 살펴보자.

골디락스는 가능할까?

'2%대 안정적 근원 인플레이션율 시나리오'를 살펴보자. 2008년 글로벌 금융 위기 이후 근원 인플레이션율 2%는 주요 선진국에서 금과옥조처럼 소중히 여기고 반드시 달성하거나 지켜내야 하는 목표치였다. 미국과 같은 나라는 일본처럼 장기 저성장에 빠지지 않기 위해 지켜야 할 목표치였고, 일본은 장기 저성장에서 탈출하기 위한 목표치였다.

하지만 코로나19 이전 미국에서는 1%대 중반 인플레이션율을 기록하는 해가 잦아지자 '2%대 인플레이션율은 높은 인플레이션율'이라는 인식까지 생겨나기 시작했다. 이런 선입견이 한 번 형성되자, 2%대 근원 인플레이션율은 불가능한 목표 혹은 위험한 물가수준이라는 두려움도 만들어졌다.

불가능한 목표라고 단정하는 진영에서는 2021년에 발생한 2%

를 웃도는 인플레이션율은 기술적 반등이며 왜곡된 수치라고 평가한다. 당연히 2022~2024년에는 2%를 밑도는 인플레이션율로 되돌아갈 것이라고 내다본다.

2%대 근원 인플레이션율이 위험한 물가 수준이라며 두려워하는 진영에서는 2022~2024년에 2%를 밑도는 인플레이션율로 되돌아가지 않으면 경제적 대재앙이 일어날 것으로 전망한다.

둘 다 틀렸다. 필자가 앞에서 설명한 7가지 인플레이션율 상승을 압박하는 대형 요인으로 인해 2%대 수치는 불가능한 목표가 아니다. 2021년에 기저효과로 인해 근원 인플레이션율이 일시적으로 3~4% 수준까지 치솟지만, 기저효과가 끝난 2022년부터 바이든 정부가 근원 인플레이션율을 2%대에 장기간 안착시키는 데 성공한다면 대재앙이 일어나기는커녕, 오히려 높은 GDP 성장률과 맞물리면서 미국 경제에는 가장 좋은 상황이 펼쳐진다. 일명 골디락스Goldilocks(너무 뜨겁지도 차갑지도 않은 먹기 좋은 상태)다. 경제는 호황, 물가는 상대적으로 낮고, 그 결과 주식과 부동산 시장의 호황 국면은 지속된다.

20세기 후반 미국 경제 최고의 전성기였던 클린턴 정부 시절이 그랬다. 〈그림 91〉은 1993~2001년 재임한 미국의 제42대 대통령 클린턴 시기의 미국 GDP 성장률과 인플레이션율이다. GDP 성장률은 계속 우상향하고, 근원 인플레이션율은 계속 우하향한다. 환상적이지 않은가! 필자는 트럼프 대통령부터 역순으로 미국의 지난 대통령 17명의 임기 중 미국 주식시장 상승률을 분석해보았다(그림 92). 클린턴 대통령 시절 주식시장 상승률은 최고 수준이었다.

| 그림 91. 1993~2001년 클린턴 정부의 미국 GDP 성장률(%) |

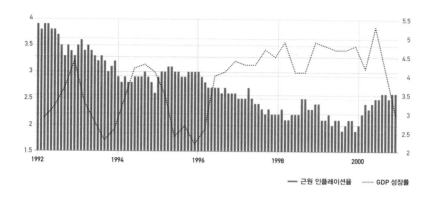

━━ 근원 인플레이션율 ···· GDP 성장률

| 그림 92. 역대 대통령 재임 기간(개월) 미국 주식시장 상승률(%) |

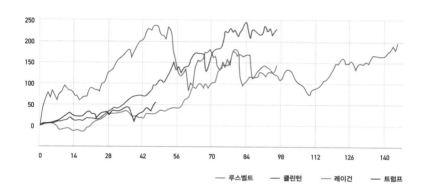

━━ 루스벨트 ━━ 클린턴 ━━ 레이건 ━━ 트럼프

클린턴 정부 시절의 주식시장 상승률과 비견될 수 있는 시기는 뉴
딜 정책으로 미국 경제 재건에 성공한 제32대 대통령 루스벨트 시
절이 유일하다.

단, 클린턴 정부와 바이든 정부 사이에는 한 가지 중요한 차이점

이 있다. 1990년대 클린턴 정부 시절에 형성된 골디락스 국면에는 20년간의 구조조정이라는 전제가 깔려 있다. 현재 바이든 정부는 2008년 금융 위기 이후에 다시 형성된 부채와 부실 문제가 해결되지 않은 채 추가로 공급된 막대한 유동성에 덧입혀지면서 버블과 부실이 더 커지는 상황이다. 코로나19로 주식시장은 대폭락했지만, 기업과 가계의 부실과 부채 구조조정은 수행하지 못했다.

반면 비슷한 점도 있다. 클린턴 정부 시기에 발생한 골디락스 국면은 인터넷, 통신, IT 산업 등을 중심으로 한 제3차 산업혁명으로 생산성 향상을 이끌어내면서 만들어졌다. 바이든 정부 4년도 인공지능 기술을 필두로 다양한 미래 기술들이 이끄는 제4차 산업혁명 물결이 친다.

2021년에 발생한 원자재 가격 급등은 일시적인 공급망 차질과 기업들이 코로나19 이후 경제 재개를 염두에 두고 주문을 2~3배로 늘리면서 나타난 현상이다. 글로벌 공급망이 정상화되고 기업 주문 규모도 정상 수준으로 되돌아가면, 거꾸로 원자재 가격이 조정을 맞으면서 적정 가격을 찾아갈 가능성이 크다. 즉, 원자재 가격 폭등은 바이든 정부 4년 내내 지속될 흐름이 아니다.

2021년 4월, 전년 동월 대비 4.2% 급등하면서 13년 만에 역대급 상승을 기록했던 인플레이션율도 식품과 에너지 등 변동성이 큰 품목과 중고차처럼 가격이 일시적으로 상승한 품목을 빼고 나면 엄청난 수준의 상승은 아니다. 변동성이 높은 에너지와 식품을 제외한 근원 인플레이션율의 전년 동기 대비 상승률은 3.0%에 머물러 있다.

2008년 금융 위기 이후에도 미국 경제가 급반등하면서 2011년에 인플레이션율이 큰 폭으로 상승했다. 당시에도 인플레이션 논쟁이 뜨거웠다. 인플레이션에 선제적으로 강하게 대응해야 한다고 주장하는 매파들은 연준이 하루라도 빨리 기준 금리를 인상해야 한다고 압박했다. 하지만 당시 연준 의장이었던 버냉키는 상대적으로 낮은 근원 인플레이션율 지표를 근거로 앞으로도 안정적 인플레이션 수준을 유지 및 관리할 수 있다고 판단했다.

　　〈그림 93〉에서 보듯이, 2010년 전 품목이 포함된 일반 인플레이션율은 빠르게 상승했다. 하지만 계절적 요인의 영향을 받는 농산물과 일시적인 외부 충격에 출렁이는 에너지 품목을 제외한 품목들로 구성된 근원 인플레이션율은 여전히 하락 중이었다. 2011년

| 그림 93. 1990년 이후 미국 근원 인플레이션율(%) |

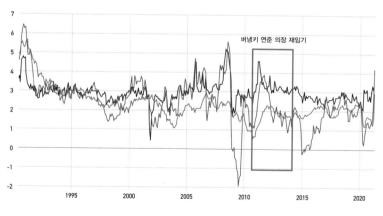

　　— 근원 인플레이션율　　— 일반 인플레이션율　　— 미시간 대학교가 예측한 기대 인플레이션율

에 일반 인플레이션율과 기대 인플레이션율은 다시 크게 상승했지만, 근원 인플레이션율은 상대적으로 안정적 상승을 기록했다. 그리고 2012년 이후 미국의 근원 인플레이션율은 추가로 폭등하지 않고, 약간의 조정기를 거친 후 1% 후반과 2% 초반 사이에서 오랫동안 유지 및 관리됐다.

2020년 3월 17일, 연준은 근원 인플레이션율이 2022~2023년 평균 2.0~2.1%를 안정적으로 유지할 것이라고 전망했다. 당연히 2008년 이후 미국 인플레이션 움직임을 감안한 전망이다. 보복 소비는 일시적 현상이고, 완전 고용 상태 도달은 빠르지만 저소득층 실업률 개선은 상대적으로 느릴 것이며, 공급량 부족과 운임 상승으로 만들어진 원자재 가격 폭등도 장기적인 추세가 아니라는 판단도 깔려 있다.

예를 들어, 2021년 4월 고용지표에서 미국 전체 실업률은 6.1%까지 감소했지만, 흑인 실업률은 9.7%, 히스패닉계는 7.9%를 기록했다. 1980년대 이후 공급 부족으로 인해 발생하는 원자재 가격 상승 추세는 평균 1년을 넘지 않았다. 글로벌 해상 운임도 1년 사이 2~3배 폭등한 뒤 다음 해 순식간에 원래 가격으로 하락하는 일이 빈번하다.

만약 근원 인플레이션율이 2%대에서 안정적으로 유지되지 않고 급상승을 지속하면 연준이 적극적으로 대응할 것도 생각해야 한다. 파월 연준 의장은 1970년대와 같은 초인플레이션 우려가 나올 때마다 "장기간 2%가 넘는 인플레이션율이 발생해도 충분히 다룰 수 있는 수단이 있다"면서 "우리를 의심하지 말라"고 강조했다. 초

인플레이션 사태가 발생하지 않는다고 주장하는 논리에는 미국 사회의 고령화 현상과 제4차 산업혁명, 세계화 지속이라는 전제도 깔려 있다. 이 3가지 요소가 상품 가격 하락을 압박하는 요소로 작동해 적절한 균형점을 찾게 해준다는 논리다.

이런 시나리오를 지지하는 이들은 연준 의장, 재무부 장관 앨런, 노벨 경제학상을 받은 뉴욕시립대학교 교수 폴 크루그먼을 비롯한 일부 경제학자, JP모건 CEO 제이미 다이먼, 골드만삭스와 블랙록 등 일부 투자회사들이다.

매우 높고 위험한
인플레이션율 시나리오

성급한 독자라면 곧바로 이런 질문을 던질 것이다.

"박사님은 어떤 시나리오를 가장 실현 가능성 높게 보시나요?"

그런 독자들을 위해 필자의 대답을 먼저 소개한다. 필자는 2021~2024년 미국의 경제는 골디락스와 경기 초강세 사이에 걸친 박스권에서 움직인다는 시나리오를 기본 미래the base-line future로 삼고 있다.

필자는 '2%대의 안정적 근원 인플레이션율 시나리오'가 가장 확률적으로 가능성이 높다고 예측한다. 하지만 세상일은 아무도 모른다. 변화 가능성은 언제나 열려 있다. 그래서 미래 예측을 미래를 100% 확률로 맞히는 예언적 행위로 이해하거나 사용해서는 안 된다. 미래 예측은 변화무쌍한 미래 가능성을 다양한 각도에서 미리 생각해보는 합리적 행위다. 그렇기 때문에 '또 다른 미래들alternative futures'에 대해서도 늘 함께 생각해야 한다. 2022~2024년 장기간 '3%를 넘는 매우 높고 위험한 근원 인플레이션율 시나리오'도 그런 의미에서 한번 생각해볼 만한 미래다.

2021년에 기저효과로 인해 근원 인플레이션율이 3% 이상까지 치솟고, 기저효과가 끝난 후에도 반복적으로 3%대를 오르락내리락하는 상황이 지속된다면 어떻게 될까? 불가능한 시나리오는 아니다. 확률적으로도 가능성이 그다지 낮은 것은 아니다. 2022~2024년 미국의 GDP 성장률이 4~5%대를 오르내리면 충분히 가능한 시나리오다(158쪽 그림 75).

필자는 바이든 정부 4년의 미국 경제 상황이 매우 특별한 사례라고 말했다. 스페인독감 대재앙 이후 100년 만에 만난 재앙적 팬데믹 상황도 특별했지만, 1년이라는 짧은 기간에 미국 정부와 연준이 시장에 퍼부은 돈의 규모도 천문학적이다. 1933~1936년 뉴딜 정책 이후 거의 90년 만에 역사상 최대 규모의 인프라 투자가 시행된다. 2022년 바이든 정부의 예산안도 제2차 세계대전 이후 최대 규모다. 이런 변수들이 새롭게 나타난 2021~2024년의 미국 GDP 성장률 및 인플레이션율 예상치는 과거 패턴과 얼마든지 달라질 수 있다.

가장 조심해야 할 것은 지난 수십 년간 GDP 성장률과 인플레이션율 추세만 분석해 2021~2024년의 미국 경제 상황을 예측하는 오류다. 필자는 이런 접근은 절반만 유효하다고 생각한다. 나머지 절반은 새롭게 나타난 변수들을 집어넣어 다양한 가능성을 추론해 보아야 한다.

〈그림 94〉를 보자. 클린턴 정부 시절 미국 경제가 골디락스 국면에 안착할 때를 보라. 클린턴 정부 1기에는 GDP 성장률이 평균 4%였다. 이 시기 근원 인플레이션율은 평균 3%였다. 클린턴 정부 2기에는 GDP 성장률이 약간 더 올랐다. 평균 4.5~5%였다. 같은 시기에 근원 인플레이션율은 평균 2.5%를 유지했다. 클린턴 정부 직전, 미국 GDP 성장률이 평균 4~5% 수준에 있을 때를 보라. 같은 시기에 근원 인플레이션율은 평균 4~5%였다. 필자가 설명한 1984~2000년 구간 이후에는 미국 GDP 성장률이 평균 3%를 중심으로 박스권 움직임을 보였다. 같은 시기에 미국 근원 인플레이션율도 평균 2%를 중심으로 박스권 움직임을 보였다.

이런 움직임은 무엇을 의미하는가? 미국 경제가 지난 몇십 년 동

| 그림 94. 1980년 이후 미국 GDP 성장률과 근원 인플레이션율(%) |

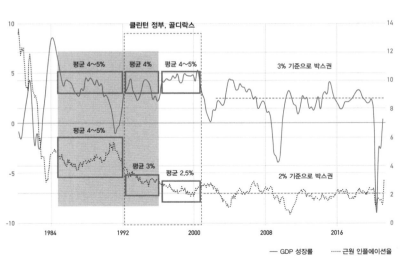

안 없었던 '새로운 성장 동력'을 수혈해 GDP 성장률이 평균 1% 이상만 더 높아진다면, 근원 인플레이션율 평균치도 1% 높아지는 것이 불가능하지 않다는 의미다.

2021년 5월 20일, 옥스퍼드대학교 교수 조지 매그너스는 "현재 미국의 소비자물가 상승률은 (지난해 같은 기간보다) 4%대로 급등했는데 내년에는 5~6%까지 오를 수 있다"고 전망했다.[34] 그 역시 앞으로 최소 2년간은 지난 10~15년과 전혀 다른 물가 상황이 일어날 수 있다고 보았다.

조지 매그너스는 UBS, BoA, SG워버그 등에서 수십 년간 이코노미스트로 활동했다. 실물경제에서 잔뼈가 굵은 그는 2006~2007년 연속으로 '민스키 모멘트Minsky moment(버블 붕괴가 가까워질수록 상승률이 줄어듦)'를 근거로 2008년 글로벌 금융 위기를 경고하기도 한 세계적인 경제 석학이다.

그는 미국 경제에 앞으로 몇 년 동안 '1970~1980년대 같은 엄청난 인플레이션율(최소 6%, 최대 15%까지 폭등)에 직면하지 않는다'는 말을 '인플레이션율이 높지 않을 것이다'라는 말과 혼동하지 말라고 강조한다. 팬데믹 이후 너무 많은 돈이 풀려서 달러화가 역사상 가장 빠른 속도로 풀리고 있기 때문에, 최근 경험했던 것보다 더 높은 인플레이션이 발생하는 것은 확률적으로 매우 가능성 높은 미래라는 것이다. 심지어 그는 연준이 2022년에 기준 금리 인상을 단행해야 할 상황에 몰리게 될 수도 있다고 전망했다.[35]

2021년 초에 발표된 미국 미시간대학교 조사에서도 미국 내 소비자들은 앞으로 5~10년 동안 평균 3.1%의 높은 인플레이션에 대비하고 있다는 응답을 했다. 같은 조사에서 응답자들이 전망한 2022년 평균 인플레이션율은 4.6%였다.[36] 2021년 4월 뉴욕 연방준비은행이 약 1,300가구를 대상으로 조사한 소비자기대지수SCE 결과에서도 향후 1년간 물가 상승 기대치(중앙값)가 3.4%로 2013년 9월 이후 가장 높은 수준이었다.[37]

소비자들은 시장에서 직접 체감하는 에너지 비용이나 식료품 가격을 감안해서 미래 기대치를 계산한다. 근원 인플레이션율보다는 광의의 인플레이션율에 가깝다. 하지만 분명한 것이 있다. 소비자가 체감하는 인플레이션율 상승 속도가 상당히 빠르고 가파르다. 2021년 미국 내 시장에서 가공육부터 신선 과일과 채소, 잔디 깎는 기계, 가전제품, 신생아 기저귀, 여성용품, 애완동물 사료, 종이 등 모든 상품 가격이 일제히 올랐다. 심지어 두 자릿수 상승률을 기록한 품목도 많다. 기본 소비재 가격이 일제히 상승하자, 각종 식당 음식 및 배달 음식 가격도 올랐다.[38]

이미 소비자가 체감하는 상품 가격이 상승한 가운데, 2022~2023년에 각국이 차례로 국경을 전면 개방하면서 여행 관련 소비가 폭등하면? 2022~2024년에 바이든 정부가 대규모 인프라 투자, 기업과 소비자 입장에서 고비용 지불이 확실한 친환경 정책 등을 강하게 밀어붙인다면? 바이든 정부가 예고한 증세와 최저임금 인상이 현실화되어 상품 가격에 일부 전가된다면? 2022~2023년에 뒤늦은 백신 접종 완료로 집단면역 형성이 상대적으로 늦어진 유럽과 신흥국의 GDP 성장률 기저효과가 뒤늦게 반영되어 미국 수입 물가가 여전히 높은 수준을 유지한다면? 과거와 다른 높은 근원 인플레이션율을 염려할 변수가 적지 않다.

　이런 시나리오에 적극 지지를 보내는 대표 주자는 오바마 정부의 국가경제위원회 위원장이었던 로런스 서머스다. 그는 연준이 2023년까지 기준 금리 인상을 단행하지 않겠다는 '점도표點圖表, Dot chart' 전망은 큰 의미가 없다고 단언한다. 서머스는 연준이 인플레이션율 상승에 인내하는 것 자체가 더 높은 인플레이션 우려를 낳는다고 걱정했다. 그의 분석에 따르면, 코로나19 기간 동안 집행한 '경기 부양책 규모'를 잠재 산출(한 국가의 모든 경제적 자원을 활용해 만들어낼 수 있는 역량)과 현재의 산출 간 격차인 '산출 갭'과 비교하면 3배나 되기 때문에 인플레이션율이 상승할 수밖에 없다.

　전 뉴욕 연방준비은행 총재 윌리엄 더들리, 거시경제학의 대가 올리비에 블랑샤르도 로런스 서머스의 이런 견해를 지지한다.[39]

　3%대 높은 수준의 근원 인플레이션율은 두 얼굴을 갖는다. 만약 3%대 근원 인플레이션율을 유지하는 상황에서 높은 GDP 성장률이 지속되면 '경기 초강세' 국면이 펼쳐진다. 하지만 근원 인플레이션율이 3%대를 유지하는 동안 GDP 성장률이 갑자기 고꾸라지면 최악의 상황으로 급변한다. 필자가 앞에서 언급했던 '스태그플레이션 위험 시나리오'다. 그래서 필자는 3%대 근원 인플레이션율이 장기간 유지되는 상황을 '매우 높고 위험한 인플레이션 시나리오'라고 부른다.

　높은 근원 인플레이션율이 장기간 유지되면, 경제가 갑자기 고꾸라지는 최악의 상황으로 급변하지 않더라도 여러 부작용이 발생한다. 예를 들어, 빈부격차가 커진다. 경제가 회복되는 과정에서 근로자 임금도 상승한다. 하지만 저소득층 근로자 임금은 고소득층보다 느리고 적게 상승한다. 근원 인플레이션율이 예상보다 빠르고 높게 상승해버리면, 둘 간의 임금 상승 격차는 더 빨리 커진다. '불평등의 엔진Engine of Inequality'이 작동하면서 부의 격차가 그만큼 더 커진다.

가난한 사람이든 부자든 생계유지에 꼭 필요한 상품과 서비스가 있다. 인플레이션율 상승 추세가 작동하면, 이들 가격은 빠른 속도로 상승한다. 반면 저소득층 근로자의 임금 상승은 인플레이션율 상승보다 느리다.

예를 들어, 갓난아이 분유 값은 한 달 만에 10% 상승했는데, 가난한 근로자의 임금은 두 달 만에 5% 상승했다고 하자. 월급이 5% 올랐지만, 실제로는 이전보다 감소한 셈이다. 역진세逆進稅, regressive tax 효과도 발생한다. 같은 가격의 분유를 고소득층과 저소득층이 동시에 구매한다고 하자. 둘 다 명목상 같은 세금sales tax(혹은 부가가치세)을 지불한다. 하지만 저소득자가 상대적으로 더 큰 부담이 되는 가격을 지불하게 되어 상대적으로 더 많은 세금을 내는 셈이 된다. 국가가 부여하는 명목 세금은 같지만, 가난한 근로자에게는 부자보다 무거운 세금 부담을 지운 셈이 되면서 역진세 효과가 발생하는 것이다.

연준의 변심을
대비하라

2022~2024년 장기간 '3%를 넘는 매우 높고 위험한 근원 인플레이션율 시나리오'가 계속 언급되는 데는 또 다른 이유가 있다. 감정적인 이유다. "연준이나 인플레이션 비둘기파들의 말처럼, 인플레이션이 일시적으로 나타난 후에 다시 떨어지면 좋다. 하지만 올라간 상품 가격이 다시 떨어지지 않으면 그때는 어떻게 할 것인가?"라는 두려움이다. 그러면 이런 질문을 던지고 답을 찾아야 한다.

"과연 연준이 '지금 한 말'을 믿을 수 있을까?"

여기까지 필자의 책을 읽은 독자라면, 최소한 2.0% 근원 인플레이션율 장기 목표치 달성은 충분해 보일 것이다. 이제 둘 중 하나를 판단해야 한다. 2%대 안정적 근원 인플레이션율이냐, 아니면 3%를 넘어서는 위험한 근원 인플레이션율이냐? 독자 나름대로 둘의 확률을 7:3 혹은 5:5 등 다양하게 정할 수 있다. 당신은 몇 대

몇인가?

문제는 두 시나리오를 주장하는 대표 주자들에 대한 신뢰다. 더 좁혀보면, 연준에 대한 신뢰다. 연준을 믿는다면 '2%대 안정적 근원 인플레이션율'만 가지고 미래를 준비하면 된다. 만약 연준을 믿지 못한다면, '2%대 안정적 근원 인플레이션율'을 기본 미래로 삼더라도 또 다른 미래에도 적극 대비해야 한다.

참고로 필자는 연준을 100% 믿지 않는다. 그렇기에 조심스럽게 연준의 변심을 대비하라고 조언한다.

오해하지 말라. 연준이 거짓말을 늘어놓고 있다는 뜻이 아니다. 필자는 연준이 '지금 한 말'을 나중에 경제 상황이 바뀌더라도 끝까지 책임지고 바꾸지 않을 거라고는 믿지 않는다. 필자가 분석하는 연준의 말과 행동은 '그 당시에 나온 지표'에 충실하다. 연준이 한 말과 행동은 '그 당시에 나온 지표' 안에서는 맞는 선택이라고만 받아들여야 한다. 필자가 분석한 연준은 나중에 경제 상황이 바뀌면 '그 바뀐 상황에 충실하게' 말을 바꾸고 행동을 달리한다. 독자들이 가장 많이 참고하는 연준이 발표하는 자료 중 하나인 기준 금리에 대한 '점도표'가 대표적이다.

〈그림 95〉는 연준 내부에서 발표하는 기준 금리 기대 목표치(점도표)와 실제 진행된 기준 금리 행보를 비교한 것이다. 연준이 기준 금리를 인상 또는 인하하는 과정에서 시시각각 시점과 환경에 따라 '기대 궤적(점도표)'이 계속 달라진 것을 볼 수 있다.[40]

연준이 매번 발표하는 점그래프 형식의 '기준 금리 목표 점도표'는 장기 예측에 사용하지 않는 것이 좋다. 필자의 분석으로는 연준

| 그림 95. 기준 금리 기대 목표치와 실제 기준 금리(%) |

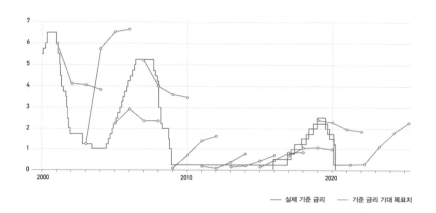

그림 95. 기준 금리 기대 목표치와 실제 기준 금리(%)

— 실제 기준 금리   — 기준 금리 기대 목표치

의 점도표는 후행적 단기 예측 정도에만 유용하다.

그림에서 보듯이, 연준의 기준 금리 기대 목표 궤적(3년 이상)은 단기적 경제 상황(3~6개월)에 따라 '상당히' 자주 바뀐다. 거의 1~2년 단위로 재조정한다. 심지어 불과 한두 달 전과 완전히 다른 반대 기조로 돌아서는 경우도 있다.

예를 들어, 2018년 초에 연준은 미국과 세계 경제의 '견고한 rebust' 회복과 성장을 예측하며 강한 매파 기조로 말했다. 하지만 불과 1년 만에 트럼프 대통령이 미중 무역전쟁을 강력하게 밀어붙이자 '한순간'에 비둘기 기조로 급선회하며 기준 금리 인하를 단행했다.

앞으로도 바이든 정부의 정책과 인플레이션율 경로에 따라 연준의 기준 금리 예상 점도표와 긴축 일정의 재조정 가능성은 얼마든지 열려 있다.

필자는 연준의 이런 태도와 행동이 나쁘다고 말하는 것이 아니다. "연준을 신뢰한다"는 말을 잘못 사용하지 말라는 의미다. 미래를 예측하는 사람이나 기관에 대한 신뢰도는 기막힌 예측 적중률에서 나오지 않는다. 미래학자나 연준은 신이 아니다. 시장을 정확하게 분석하고 예측할 수 없다. 신이 아니기에 전지적 관점에서 미래를 볼 수 없다. '그 당시 상황'이라는 명백한 한계 안에서만 분석하고 전망할 수 있다.

그렇다면 연준에 대한 신뢰는 어디서 찾아야 할까? 이들에 대한 신뢰는 남보다 빠르고 정확한 '생각 전환' '행동 전환'에서 나온다. 남보다 더 다양하고 넓은 관점에서 나온다. 남보다 더 많은 정보와 지식을 참고하는 데서 나온다. 즉, 신을 대하듯 하는 신뢰가 아니라, 그 분야 최고의 전문가에 대한 신뢰다. 필자는 이런 시각에서 연준을 신뢰한다. 그렇기 때문에 연준은 "필자의 기대와 신뢰를 저버리지 않는다면…" 바이든 정부 4년 내내 시시각각 변하는 경제 상황에 따라서 능숙하게 말과 행동을 바꿀 것이다. 연준의 이런 태도는 백악관이나 의회로부터 정치적 독립성이 강화될수록 더욱 확고해질 것이다.

필자는 앞에서 2022년 중반부터 2023년 사이에 발생 가능한 미국 경제 최악의 시나리오(스태그플레이션)를 피하려면 바이든 정부와 연준의 절묘한 손발 맞춤이 필요하다고 했다. 바이든 정부와 연준의 정책이 절묘하게 맞아떨어지고 톱니바퀴가 맞물려 돌아가듯 작동되려면 어떻게 해야 할까? 언뜻 생각하면, 백악관(정부)이 연준

(중앙은행)을 철저하게 통제하면서 일사불란하게 지시를 내려야 한다고 생각할 수 있을 것이다.

아니다. 바이든 정부와 연준은 서로의 눈치를 보면서 상대가 원하는 정책을 구사해주면 안 된다. 바이든 정부와 연준이 바라보아야 할 곳은 '시장'이다. 바이든 정부가 시장의 움직임을 면밀하게 모니터링하고 적절한 정책을 선택하려면 대전제가 하나 필요하다.

"정치적 이득이나 부자의 소리가 아니라 중산층과 서민의 소리에 귀를 기울여야 한다."

연준에게는 무엇이 필요할까? 정치적 '독립성'이다. 이런 배경을 이해하면, 바이든 정부가 '국내 안정'이라는 최대 목표를 달성하기 위해 왜 세 번째 핵심 전략으로 '연준을 본래 자리로 되돌리는 것'을 선택했는지 알 수 있다.

연준을 비롯한 각국의 중앙은행은 정치적 독립성을 보장받을 때 자신의 역할을 100% 수행할 수 있다. 트럼프 정부는 자신들의 정치적 목적을 달성하기 위해 4년 임기 내내 연준을 강하게 압박했다. 연준의 통화 정책을 종종 비난했고, 연준 위원 임명권을 무기로 협박도 서슴지 않았다. 연준이 정부의 압력에 굴하지 않겠다는 의지를 표현했지만, 그대로 믿는 시장 참여자는 많지 않았다. 트럼프 정부 4년 동안 시장 참여자들은 연준의 행보에 영향을 미치는 정치적 압력까지도 계산에 넣어야 했다.

일부에서는 바이든 정부의 재무부 장관 앨런이 연준 의장을 지낸 경력이 있고, 학자 시절부터 "연준이 글로벌 상황을 고려해서 통화 정책을 구사해야 한다"는 주장을 했기 때문에, 어떤 식으로든

연준에 교묘하게 압력을 가해 '저금리, 약달러'를 유도할 가능성도 제기한다.[41]

필자의 생각은 다르다. 앨런은 통화 정책Monetary Policy보다 재정 정책Fiscal Policy을 중시하는 케인스 학파다. 연준에 대한 주장은 학자로서의 자유로운 발언에 불과하다. 정치인 앨런은 다른 모습일 것이다. 바이든 대통령은 선거 공약에서 연준의 중립성을 보장했다. 바이든 정부와 민주당은 초금융 완화로 정상화하는 출구 전략은 전적으로 연준에 맡길 것이다. 앨런도 이런 기조 아래서 움직일 가능성이 더 높다.

어느 나라든 자국 경제의 안정성과 발전성을 동시에 성취하려면, 중앙은행이 중심을 잡아야 한다. 중앙은행은 대통령이나 집권당의 요구에 따라 움직여서는 안 된다. 시장 상황이 바뀌면, 정치적으로 정부, 집권당, 의회, 시장 참여자들의 눈치를 보지 않고 빠르고 과감하게 말과 행동을 바꾸고 위기를 막아야 한다. 그래야 인플레이션 파이터, 시장 최후의 보루, 고용의 파수꾼이라는 중앙은행 본연의 역할을 100% 수행할 수 있다. 이를 정확히 이해한다면, 바이든 정부에서 완전한 독립성을 보장받을 연준의 변심을 대비하는 것은 기본 중의 기본일 것이다.

긴축의 순서

연준이 경제 상황을 판단하는 말과 행동, 긴축의 시점 등은 상황에 따라 바꾸지만, 바꾸지 않고 끝까지 고수하는 것도 있다. 긴축의 순서가 그렇다. 순서는 일정한 단계다. 참고로, 순서는 한 방향으로 일정하게 정해져 있지만, 연준이 긴축을 시행할 때는 정해진 단계를 순진행만 하거나 혹은 순진행과 역진행을 반복할 수도 있다. 상황에 따라, 특정 단계마다 속도도 다르게 진행할 수 있다.

연준이 사용하는 긴축의 순서를 정리해놓으면 미래를 준비하는 데 도움이 된다. 연준이 사용하는 긴축 순서는 단계마다 개시 initiation/start 조건이 있다. 연준이 각 단계를 시작하는 개시 시점은 상황에 따라 달라진다. 필자가 연준이 상황에 따라서 말과 행동을 바꾼다고 한 것은 바로 개시 시점을 바꾼다는 말이다. 개시 시점이 바뀌는 이유는 개시 조건이 같더라도 충족되는 시점은 상황에 따라 달라지기 때문이다.

개시 시점은 바뀌어도 개시 조건은 잘 바뀌지 않는다는 것을 잘 기억하라. 연준이 긴축의 단계마다 무엇을 개시 조건으로 삼고 있는지를 알면, 시장 상황을 잘 분석하는 것만으로도 연준의 말과 행동을 제대로 이해할 수 있다. 더 나아가, 연준이 언제 말과 행동을 바꿀지도 추론할 수 있다. 연준이 사용하는 긴축의 순서는 〈그림 96〉과 같다.

연준의 긴축과 완화 정책 결정에 영향을 미치는 변수들은 〈그림 97〉과 같다.

연준이 긴축을 실시할 때, 각 단계의 개시 조건을 살펴보자.

| 그림 96. 연준의 완화와 긴축 순서 |

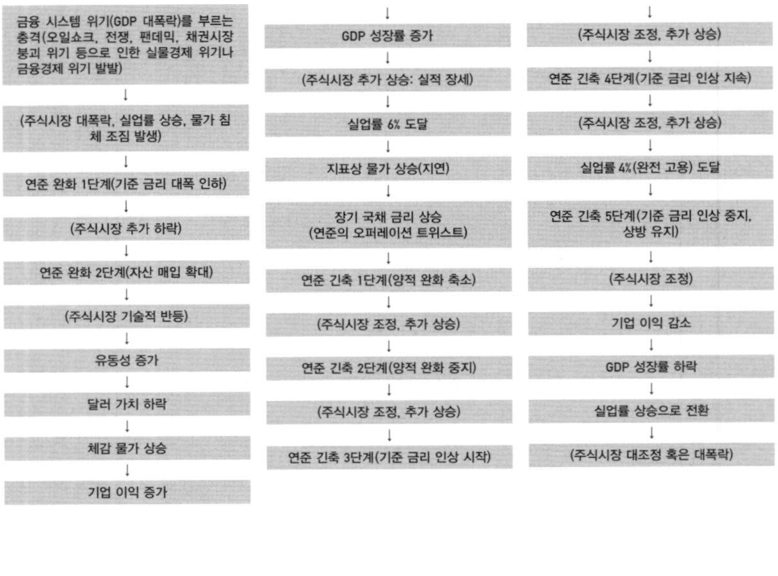

금융 시스템 위기(GDP 대폭락)를 부르는 충격(오일쇼크, 전쟁, 팬데믹, 채권시장 붕괴 위기 등으로 인한 실물경제 위기나 금융경제 위기 발발)
↓
(주식시장 대폭락, 실업률 상승, 물가 침체 조짐 발생)
↓
연준 완화 1단계(기준 금리 대폭 인하)
↓
(주식시장 추가 하락)
↓
연준 완화 2단계(자산 매입 확대)
↓
(주식시장 기술적 반등)
↓
유동성 증가
↓
달러 가치 하락
↓
체감 물가 상승
↓
기업 이익 증가

GDP 성장률 증가
↓
(주식시장 추가 상승: 실적 장세)
↓
실업률 6% 도달
↓
지표상 물가 상승(지연)
↓
장기 국채 금리 상승 (연준의 오퍼레이션 트위스트)
↓
연준 긴축 1단계(양적 완화 축소)
↓
(주식시장 조정, 추가 상승)
↓
연준 긴축 2단계(양적 완화 중지)
↓
(주식시장 조정, 추가 상승)
↓
연준 긴축 3단계(기준 금리 인상 시작)

(주식시장 조정, 추가 상승)
↓
연준 긴축 4단계(기준 금리 인상 지속)
↓
(주식시장 조정, 추가 상승)
↓
실업률 4%(완전 고용) 도달
↓
연준 긴축 5단계(기준 금리 인상 중지, 상방 유지)
↓
(주식시장 조정)
↓
기업 이익 감소
↓
GDP 성장률 하락
↓
실업률 상승으로 전환
↓
(주식시장 대조정 혹은 대폭락)

| 그림 97. 연준의 기준 금리 정책에 영향을 미치는 변수들의 시스템적 연관도 |

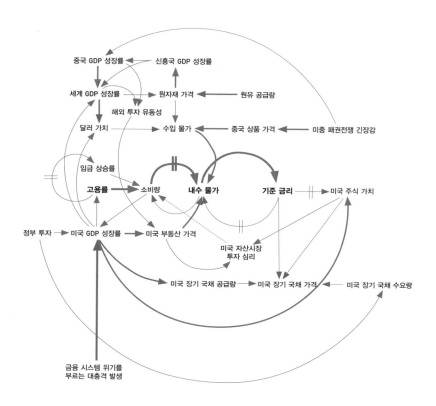

2008년 금융 위기 이후에 연준은 막대한 규모의 양적 완화를 실시했다. 양적 완화 1단계로 기준 금리를 대폭 인하했다. 양적 완화 2단계로는 미국 장기 국채, 주택저당증권Mortgage Backed Securites(MBS) 등 다양한 자산을 직접 매입해서 시중에 유동성 공급을 확대했다.

예를 들어, 2020년 코로나19로 경제가 대충격에 빠지자 연준은 기준 금리를 제로까지 내리고, 매월 1200억 달러 규모의 국채US Treasuries와 MBS를 사들이는 양적 완화 정책을 실시했다(그림 98).

유동성 규모와 회전 속도는 경제에서 중요하다. 사람으로 비유하면, 유동성의 원활한 흐름과 공급은 심장에서 온몸에 피를 활기차게 뿜어주는 것과 같다. 특히 교통사고를 당해 긴급 수술을 하는 환자에게 외부에서 피를 공급해주는 것은 매우 중요한 행위다.

하지만 경제 위기에서 탈출한 후에도 유동성이 정상보다 과다하게 시중에 돌아다니는 기간이 길어지면 부작용이 커진다. 주식이나 부동산 등 투자시장에서 심각한 버블이 발생하고, 화폐 가치도 하락하고, 실물경제에서는 고물가 현상이 일어나면서 소비를 위축시키고 경제가 망가진다. 연준이 시중 자산을 매입하는 만큼 연준의 부채도 늘어나서 신뢰도에 문제가 생긴다(그림 99).

| 그림 98. 연준의 자산 구성과 변화 추세(단위: 1조 달러) |

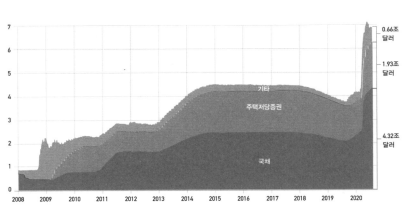

| 그림 99. 연준의 통화 정책과 자산 가격의 시스템적 연관 관계 |

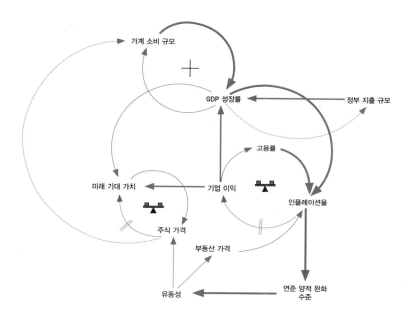

이런 부작용을 최소화하기 위해, 연준은 위기 국면에 뿌린 유동성을 '반드시' 회수해야 한다. 일명 '긴축'이다. 하지만 사람도 갑자기 몸속에서 피가 줄어들면 빈혈이 생기고 뇌에 산소 공급이 줄어드는 등 각종 문제가 발생한다. 시중 유동성도 갑자기 대량 줄어들면 발작이 일어나고 경기가 혼란에 빠진다. 연준은 긴축 발작과 다양한 경제 부작용을 최소화하기 위해서 유동성 회수(긴축)를 단계적으로 서서히 실시한다.

2008년 이후 연준의 긴축 정책은 생각보다 늦어졌다. 2011~2013년 유럽발 금융 위기가 발발했기 때문이다. 유럽 금융 위기가 절정을 벗어나자 연준은 2014년 1사분기에 긴축 1단계(양적 완화 축소)를 시작했다. 긴축 1단계는 현재 연준이 미국 장기 국채, MBS 등 다양한 자산들을 시장에서 직접 매입하던 규모를 매달 줄여가는 작업이다. 2014년 1사분기부터 연준은 매달 매입하는 자산의 규모를 줄여가면서 시장에 유동성 축소 신호를 보냈다. 〈그림 100〉에서 보듯이, 이 단계의 개시 조건은 '실업률과 인플레이션율 추세'다.

연준이 종종 "(기대 인플레이션율이 아니라) 실질 지표를 가지고 판단하겠다"고 말하는 것을 들었을 것이다. 연준이 긴축 1단계를 시작하는 조건은 주요소와 부요소로 나뉜다. 주요소는 실업률이 6% 수준으로 하락하는 것이다. 부요소는 핵심 인플레이션율과 GDP 성장률 추세 등이다.

연준이 긴축 1단계를 실시할 무렵이 되면, 시장에서는 엄청난 유동성이 만든 장기 국채 금리 상승이 먼저 시작된다. 주식시장은 이미 유동성 파티를 신나게 즐기고 있다. 이런 상황에서 연준이 유동성 파티를 끝낼 준비를 한다는 낌새를 보이면 시장은 실망감을 내비친다. 유동성을 먹고 사는 주식시장은 공포에 떨고 긴축 발작taper tantrum을 일으킨다. 신흥국의 외환시장에서는 달러가 빠져나가면서 통화 가치가 하락한다. 곧이어 각국 GDP 성장률도 주춤한다.

연준이 양적 완화 정책의 규모를 점진적으로 축소해가는 행위를 테이퍼링tapering이라고 부른다. 원래 테이퍼링은 지구력이 필요한 마라톤 같은 스포츠 종목에서 고된 훈련으로 지친 몸 상태를 추스르고 시합 당일에 최고 컨디션으로 끌어올리기 위해 선수가 의

도적으로 훈련량을 줄이는 행위다. 2013년 5월(테이퍼링 실시 6개월 전), 당시 연준 의장 벤 버냉키는 의회 증언에서 임시처방으로 사용했던 양적 완화 정책을 점진적으로 축소해나가면서 금융시장을 정상으로 되돌리는 행위를 테이퍼링에 비유했다.

〈그림 100〉을 보면, 연준이 긴축 1단계를 시작하기 직전에 GDP 성장률과 인플레이션율이 하락하는 모습이 보인다. 긴축 발작 현상이다. 연준은 이런 발작이 진정되기를 잠시 기다린 후에 긴축 1단계를 시작한다. 만약 발작 수준이 너무 커지거나 장기화되면, 연준은 장기 국채 금리 안정을 위한 비상조치를 취할 수도 있다. 일명 오퍼레이션 트위스트operation twist다.

오퍼레이션 트위스트는 연준이 보유한 단기 국채를 매각해 만든 재원으로 장기 국채를 매입하는 행위다. 유동성은 추가로 늘리지 않고 장기 국채 금리를 안정시킬 수 있는 장점이 있다. 하지만 연준 입장에서 오퍼레이션 트위스트는 인위적 시장 개입이다. 연준의 기본 철학에도 맞지 않고, 금융시장 비상 수준이 아니면 절대 해서는 안 되는 시장 교란 행위다. 비상 정책으로 단행해도 위험부담이 크다. 장기 국채 금리를 끌어내리는 데 실패하면 (단기 국채를 팔았어도 장기 국채를 샀기에) 단기 금리만 빠르게 상승한다. 단기 금리가 치솟고 변동성이 커지면, 장기 금리 급등보다 시장 부작용은 더 크다. 연준이 단기 금리 통제에 다시 개입해야 하고, 연준의 신뢰도도 추락한다.

그렇기 때문에 연준은 금융시장의 자율성을 훼손하면서까지 인위적으로 개입해야 할 정도의 비상 상황(경기 대침체, 채권시장 붕괴 등)

| 그림 100. 실업률과 근원 인플레이션율 추세에 따른 자산 매입 축소 |

- **연준의 부채(10억 달러)**

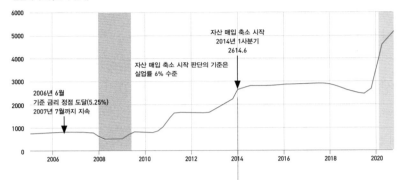

- **실업률과 기준 금리(%)**

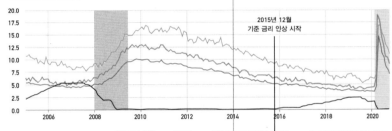

- **인플레이션율(%)**

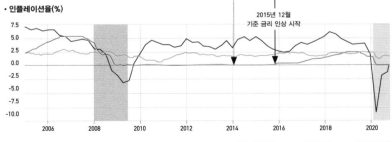

이 아니면 가능한 한 아끼는 카드가 오퍼레이션 트위스트다. 장기 금리가 치솟으며 주식시장에 우려감이 커질 때 오퍼레이션 트위스트를 단행하면 주식시장에는 호재다. 하지만 연준에게 금융시장의 독립은 주식시장의 일시적 환호와 비교할 수 없는 가치다. 더불어 장기채권시장은 주식시장처럼 연준이 직접 개입해서는 안 되는 자본시장에 속한다(그림 101).

긴축 1단계를 개시하는 조건 '실업률 6%'라는 수치는 절대적 기준은 아니다. 핵심 참고 기준이기에 상황에 따라서는 약간의 융통성이 있다. 예를 들어, 2014년 1분기 긴축 1단계는 실업률 6% 부근에서 단행했지만, 2021년 5월에 실업률이 6%에 도달했어도 양적 완화 축소를 실시하지 않았다. 2008년 위기와 2020년 위기가 근본적으로 달랐기 때문이다.

2008년 글로벌 금융 위기는 금융시장에 큰 타격을 주어 미국에서는 수많은 은행과 기업이 파산했다. 실업률이 6% 수준까지 하락하는 데도 4년 이상이 소요됐다. 하지만 2020년 코로나19 대재앙은 실물경제에는 큰 충격을 주었지만, 정부와 연준이 빠르고 강력한 구제책과 부양책을 구사한 결과 은행과 기업의 대규모 파산을 막았다. 전염병 확산을 저지하기 위해 전면적이지만 일시적인 경제 봉쇄를 단행한 것이기에 백신 보급으로 방어선 구축에 성공하자 곧바로 경제 활동이 전면 재개됐다. 당연히 실업률도 역사상 가장 빠른 속도로 6%대까지 하락했다(그림 102).

하지만 각종 변이 바이러스에 대한 위험, 갑작스럽게 치솟은 인플레이션율, 주식시장의 버블 등 다양한 잠재 위험이 남아 있었다.

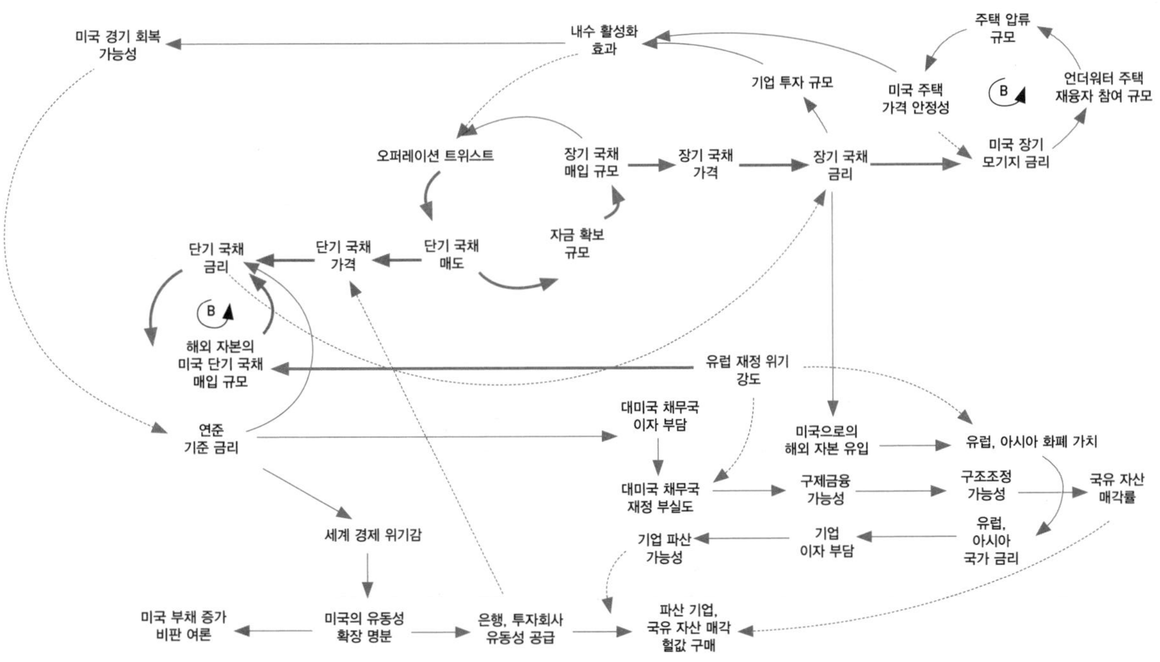

| 그림 101. 연준의 오퍼레이션 트위스트 영향 시스템 지도 |

| 그림 102. 2021년 5월 실업률 상황(%) |

2014년 1사분기
자산 매입 축소 시작

— 실질 기준 금리   — 실업률   — 흑인과 아프리카계의 실업률   — 히스패닉계와 라틴계의 실업률

연준도 긴축 1단계 시점을 신중하게 고려할 필요가 있었다. 즉, 약간의 융통성을 발휘하고 있었던 셈이다.

긴축 1단계를 시작하기 직전 시장에 신호를 보내는 다른 방법도 있다. 예를 들어, 연준이 시중 은행의 자기자본비율 기준을 높일 수 있다. 2021년 3월 말, 미국 장기 국채 금리가 치솟자 시장은 연준이 오퍼레이션 트위스트를 시행해서 장기 국채 금리를 안정시켜주길 강력하게 기대했다. 하지만 연준은 다른 대안을 선택했다. 'SLR 완화 종료'였다. SLR은 보완적 레버리지 비율Supplementary Leverage Ratio의 약자다.

2008년 금융 위기가 발발하자 미국은 2500억 달러가 넘는 연결 자산을 보유한 대형 금융기관에 다양한 자본 규제를 가했다. 그중 하나가 SRL이다. 은행은 자산이 늘어나는 것에 비례해서 추가로 자기자본을 보유해야 한다. 총자산 대비 자기자본비율은 최소 3% 이상이었다.

2020년 3월 코로나19 팬데믹으로 금융시장에 공포감이 치솟자, 미국 정부는 국채 발행을 늘려 시중에 돈을 쏟아부었다. 이때 정부가 부양책 재원을 마련하기 위해 발행한 국채를 누군가 매입해주어야 했다. 연준은 시중 은행이 정부가 발행하는 미국 국채 일부를 매입하기를 바랐다. 하지만 SRL 규제가 문제였다. 대형 은행 입장에서는 국채를 사면 은행 자본이 줄어서 자기자본비율이 일정 수준 이하로 떨어진다. 연준과 의회는 이를 1년간 유예해주기로 했다. 이것이 SLR 완화다.

2021년 3월 유예기간 1년이 끝날 무렵, 시장에서는 유동성 유지를 위해 추가 연장을 원했다. 하지만 연준은 연장을 불허했다. 대형 시중 은행들이 미국 국채 매입 규모를 줄이거나 역으로 매도해 시중 유동성을 줄이게 했다. 장기 국채 금리가 상승하는 부작용이 발생하지만 긴축 신호를 보내는 효과적인 방법이다.

연준의 긴축 2단계는 양적 완화 중지다. 자산 매입을 완전히 종료하는 단계다. 연준이 자산 매입 축소(양적 완화 축소)를 시작해서 완전 종료(중지)하기까지 걸리는 평균 기간은 6개월에서 1년이다. 긴축 속도를 높이고 싶을 경우에는 자산 매입 중지 시점을 6개월로 단축할 수 있지만, 대체로 1년이 많다. 그리고 연준의 긴축 3단계(기준 금리 인상 시작)를 시작하기 전까지 다시 6개월에서 1년 정도의 휴지기를 갖는다. 이것도 대체로 1년이 많다. 이 기간 동안 연준은 자산 매입 중지로 인해 발생하는 경기 하락 충격 진정과 근원 인플레이션율 반등을 지켜본다.

연준의 긴축 3~5단계 개시 조건들도 정리해보자. 필자는 기준 금리 인상 시작부터 기준 금리 인상 전반부를 긴축 3단계, 기준 금리 인상 중반부터 후반부를 긴축 4단계, 기준 금리 인상 중지부터 일정 기간 상방 유지를 긴축 5단계로 분류한다. 단계별 개시 조건들을 살펴보자.

먼저 긴축 3단계인 기준 금리 인상 시작 조건은 한 가지다. 자산 매입 완전 종료 후 기준 금리 인상 시작까지 평균 6개월에서 1년이 소요돼야 한다. 연준은 이 기간 동안 GDP 성장률 하락 진정과 근원 인플레이션율 반등을 지켜본다. 긴축 1~2단계를 통해 유동성 공급을 완전히 중단함으로써 나타나는 후유증에서 시장이 회복되기를 기다리는 것이다. 평균 6개월에서 1년이 지나면 시장이 다시 안정을 되찾고 본격적인 기준 금리 인상 충격을 감당할 심리적·실제적 역량을 회복한다(그림 103).

긴축 4단계인 기준 금리 인상 중반부가 되면, 연준은 자산 규모 축소를 병행하면서 유동성 흡수 속도를 높인다. 참고로 연준의 자산 관점으로 보면 '자산 추가 매입 규모 축소(긴축 1단계) → 자산 추가 매입 중단(긴축 2단계) → 자산 총규모 축소(긴축 4단계)' 순서로 움직인다(그림 104).

긴축 4단계 후반부를 알리는 신호는 실업률이 완전 고용 상태인 4% 미만으로 하락하는 것이다. 〈그림 105〉를 보면, 실업률이 완전 고용 상태에 도달하면 대체로 기준 금리가 정점 부근에 도달했다. 실업률이 6%(긴축 1단계 시작)에서 4% 미만으로 하락하는 데는 평균 2~3년 정도가 소요된다. 즉, 긴축이 시작되어 기준 금리가 정점 부근에 도달하는 긴축 1~4단계가 대략 2~3년 걸린다는 말이다.

| 그림 103. 긴축 3단계 연준의 부채와 기준 금리 인상 관계 |

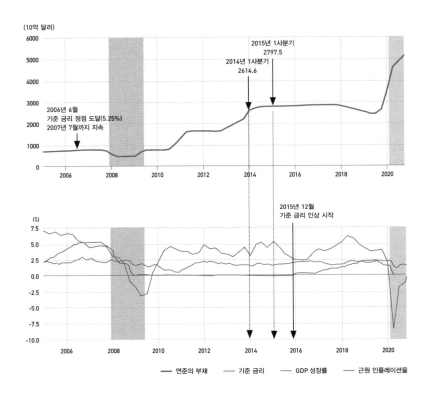

그 기간 중에서 기준 금리 연속 인상과 관련된 순수 기간(긴축 3~4단계)은 평균 1.5~2년이다. 그림을 보면, 긴축 3~4단계 기간이 최장 4년 정도 걸린 경우도 있었다. 이 기간이 평균치보다 늘어난 이유는 트럼프 정부의 무역전쟁, 기대보다 낮은 근원 인플레이션율, 연준에 대한 트럼프 대통령의 압력 등이 영향을 미친 것으로 추정된다.

| 그림 104. 긴축 4단계 기준 금리 인상 중반부 |

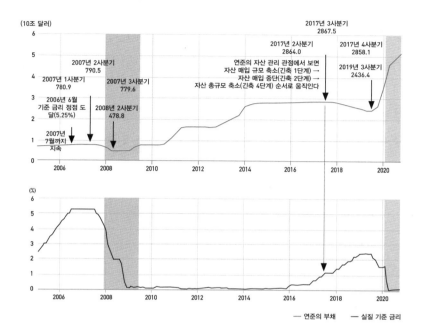

(10조 달러)

2017년 3사분기
2867.5

2017년 2사분기
2864.0

2017년 4사분기
2858.1

2007년 2사분기
790.5

연준의 자산 관리 관점에서 보면
자산 매입 규모 축소(긴축 1단계) →
자산 매입 중단(긴축 2단계) →
자산 총규모 축소(긴축 4단계) 순서로 움직인다

2019년 3사분기
2436.4

2007년 1사분기
780.9

2007년 3사분기
779.6

2006년 6월
기준 금리 정점 도
달(5.25%)

2008년 2사분기
478.8

2007년
7월까지
지속

—— 연준의 부채   —— 실질 기준 금리

| 그림 105. 완전 고용 상태와 기준 금리(%) |

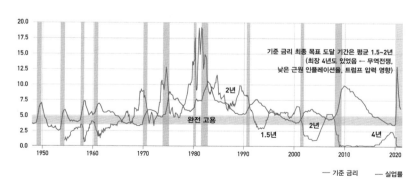

기준 금리 최종 목표 도달 기간은 평균 1.5~2년
(최장 4년도 있었음 ← 무역전쟁,
낮은 근원 인플레이션율, 트럼프 압력 영향)

2년

완전 고용

1.5년

2년

4년

—— 기준 금리   —— 실업률

참고로 이번 기준 금리 인상기에는 완전 고용 상태인 4%에 2022년경이면 도달한다. 코로나19 경제 봉쇄로 인해 일시적으로 치솟은 실업률이 경제 봉쇄 해제 조치만으로 코로나19 이전의 실업률로 빠르게 회귀하는 '매우 예외적'인 상황이기 때문이다. 그래서 이번 기준 금리 인상에서는 실업률 4% 미만이 긴축 4단계 후반부를 알리는 신호로는 사용되지 않을 것이다. 대신 이번에는 실업률 4% 미만이라는 기준이 이미 달성된 상태로 긴축 4단계를 맞이할 것이기 때문에, 연준이 긴축 4단계에 진입한 후 5단계로 넘어가는 속도를 예전보다 높일 가능성이 있다.

긴축 마지막 단계(5단계)는 기준 금리 인상이 멈추고, 상방에서 일정 기간 유지되는 시간이다(그림 106). 완전 고용 상태(실업률 4%) 도달 이후, 기준 금리가 상승은 멈추지만 정점에서 일정 기간 유지되는 이유가 있다. 기준 금리의 상승이 멈춰도 GDP 성장률이나 인플레이션율은 좀 더 긴 시간 강세를 보인다. 심지어 경기가 하방 추세로 전환되어 연준이 기준 금리 인하를 단행해도 근원 인플레이션율은 상승하는 경우가 종종 있다.

〈그림 106〉을 보면, (종합) 실업률은 완전 고용 상태(4%)에 도달했어도 흑인이나 히스패닉계 등 저소득층 실업률은 더 높은 수치를 유지하고 있어서 추가 하락을 계속한다. 저소득층의 일자리 개선과 임금 개선이 계속 진행되기 때문에 경기와 인플레이션율 고공행진이 이어진다. 이런 이유로 연준은 기준 금리 인상을 종결해도 한동안 상방에서 유지하는 경향이 많다. 연준 입장에서는 이 계층의 실업률이 추가로 하락하는 것을 기다리는 셈이다. 흑인, 히스

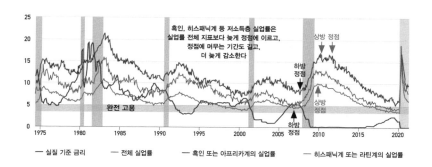

| 그림 106. 완전 고용 상태 도달 후 기준 금리(%) |

흑인, 히스패닉계 등 저소득층 실업률은
실업률 전체 지표보다 늦게 정점에 이르고,
정점에 머무는 기간도 길고,
더 늦게 감소한다

상방 정점

하방
정점

완전 고용

상방
정점

하방
정점

— 실질 기준 금리   — 전체 실업률   — 흑인 또는 아프리카계의 실업률   — 히스패닉계 또는 라틴계의 실업률

패닉계 등 저소득층 실업률이 추가로 하락하는 시간이 필요하기 때문이다

연준의 기준 금리 최종 인상 지점 혹은 최종 목표치는 어떻게 결정될까? 과거 사례들을 분석해볼 때, 중요한 기준이 하나 발견된다. 연준의 최종 기준 금리 인상은 근원 인플레이션율보다 높고, 연간 GDP 성장률보다 낮거나 비슷한 선에서 종결된다(그림 107).

연준이 기준 금리 인상을 멈추고 일정 기간 상방에서 머무른 후에는 어떤 일이 일어날까? 경기가 정점(경기 확장기 정점)에 이르렀으니, 자연스럽게 위축기로 전환된다. 경기 위축기는 2가지로 분류할 수 있다. 리세션을 동반하는 경기 위축기와 리세션이 없는 경기 위축기다.

리세션을 동반한 경기 위축기는 진짜 위축기이고, 리세션이 없는 경기 위축기는 가짜 위축기다. 진짜 위축기는 경제 주체들이 높은 기준 금리를 견디지 못해 파산하면서 기업, 가계, 금융권에 대규

| 그림 107. 연준 기준 금리와 근원 인플레이션율·GDP 성장률 비교(%) |

모 구조조정이 발생하는 상황이다. 가짜 위축기는 경제 분위기만 잠시 침체되는 상황이다. 가짜 위축기에도 연준은 기준 금리 인하를 단행한다. 하지만 극심한 경기 침체가 아니기 때문에, 연준이 기준 금리를 조금만 인하하면 경제가 곧바로 반등한다.

〈그림 108〉에서 보듯이, 가짜 위축기는 리세션을 동반한 진짜 경기 위축기 사이가 길어지는 경우 종종 발생한다. 미국의 경우, 경기 위축기는 대략 6~18개월 정도 진행된다. 한국을 비롯한 신흥국에서 경기 위축기가 발생하면 1~3년 정도 길게 지속된다. 연준의 기준 금리 인하와 관련된 패턴이 몇 가지 더 있다. 연준의 기준 금리 인하는 근원 인플레이션율 하락과 경기 침체 진입보다 선행하고, GDP 성장률 하락보다는 후행한다.

| 그림 108. 리세션 없는 경기 위축기 vs. 리세션 동반 경기 위축기 |

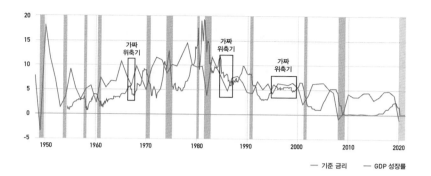

긴축의 단계별 시점

필자가 분석한 연준의 긴축 1~5단계 개시 조건들을 정리해보자.

긴축 1단계

자산 매입 축소 시작은 실업률과 근원 인플레이션율 추세에 달려 있다.

긴축 2단계

자산 매입 축소 시작에서 완전 종료(중지)까지 평균 6개월에서 1년이다.

자산 매입 완전 종료 후 기준 금리 인상 시작까지 평균 6개월에서 1년이다.

(그동안 연준은 GDP 성장률 하락 진정과 근원 인플레이션율 반등을 지켜본다.)

긴축 3단계

기준 금리 인상 시작은 자산 매입 종료 후 6~12개월 뒤다.

긴축 4단계

기준 금리 인상 중반부, 자산 축소 병행으로 유동성 흡수 속도를 높인다.

기준 금리는 완전 고용 상태(실업률 4%)에 도달하면 정점 부근이다.

기준 금리 최종 목표 도달 기간은 1.5~2년(최장 4년)이다.

긴축 5단계

기준 금리는 근원 인플레이션율보다 높게 종결된다.

기준 금리는 GDP 성장률보다 낮거나 비슷하게 종결된다.

양적 완화로 재전환 단계

기준 금리 하락은 근원 인플레이션율 하락보다 선행한다.

기준 금리 하락은 GDP 성장률 하락보다 후행한다.

기준 금리 하락 추세 전환은 경기 침체보다 선행한다.

이 조건들을 참고해서 바이든 정부 4년 동안 연준이 시행할 긴축의 단계별 시점도 예상해보자. 참고로 필자가 지금부터 추정하는 연도는 어림셈으로 추정하는 시점이다.

긴축 1단계(양적 완화 축소, 자산 매입 축소): 2021년 연말~2022년 상반기.

긴축 2단계(양적 완화 중지, 자산 매입 중지): 2022년 연말~2023년 상반기.

긴축 3단계(기준 금리 인상 시작): 2023년 연말~2024년 상반기.

긴축 4단계(기준 금리 인상 중반부, 자산 축소 병행으로 유동성 흡수 속도 가속): 2024년 하반기~2025년 상반기.

긴축 5단계(기준 금리 인상 완료, 일정 기간 상방 유지): 2025년 하반기
~2026년 상반기.

   이 일정을 살펴보면, 2021년에 연준이 줄곧 주장한 긴축 일정과
엇비슷하다. 즉, 보수적인 일정이다. 만약 인플레이션율이 연준의
예상보다 높게 그리고 길게 이어진다면 연준은 언제든지 긴축 일
정과 속도, 그리고 기준 금리 목표치(예상 점도표)도 수정할 수 있다.
만약 연준이 긴축 속도를 높일 경우에는 긴축 2단계에서부터 속도
를 낼 가능성이 높다. 자산 매입 중지 시점을 6개월 정도로 단축하
는 일정이다. 그럴 경우, 연준의 긴축 2단계 시점은 2022년 중반
~2022년 연말로 앞당겨질 수 있다. 그리고 나머지 3~5단계도 자
연스럽게 최소 6개월 정도 앞당겨질 수 있다.

   참고로, 2021년 5월 경기 회복과 인플레이션율 상승 속도가 빨
라지자 글로벌 펀드 매니저들의 첫 번째 금리 인상 예상 시점도 앞
당겨졌다. 2021년 3월 뱅크오브아메리카BoA가 발표한 글로벌 펀드
매니저 서베이FMS에서는 2023년 1월 예상이 가장 많았는데, 5월에
는 2022년 11월을 꼽은 이들이 가장 많았다. 2개월 정도 앞당겨진
셈이다.[42] 같은 시기, 유로달러 선물시장에서는 2023년 3월을 90%
확률로 첫 번째 금리 인상 예상 시점으로 잡았고, 100% 확률로 기
준 금리가 오를 것이라는 시점은 2023년 6월이었다.[43]

   연준도 2021년 6월에 발표한 점도표에서 2023년 기준 금리 인
상 가능성을 드러냈다. 직전까지 발표된 점도표에서는 2023년
까지는 현행 제로 금리 수준을 유지할 것이라는 입장이었지만,

3~5월의 근원 인플레이션율이 최고치를 연달아 경신하자 연준이 '마음을 바꾼' 것이다(역시 연준의 전망은 자주 바뀐다. 필자가 이 원고를 작성하고 있는 중에도 연준이 마음을 바꿨다). 6월 점도표에서는 연방공개시장위원회FOMC 위원 18명 가운데 13명이 2023년 금리 인상을 예상했다. 그중 11명은 최소 두 차례 금리 인상을 전망했다. 2022년부터 기준 금리를 인상해야 한다고 점dot을 찍은 위원도 이전 4명에서 7명으로 늘었다.

그렇지만 연준의 입장은 언제든지 바뀔 수 있다는 것을 잊지 말라. 인플레이션율이 언제라도 연준의 예상보다 낮은 수준으로 내려가면 기준 금리 인상 시점이나 속도를 늦출 수 있고, 목표치도 낮출 수 있다. 심지어 2022~2024년에 예상치 못한 위기가 발발하면 기준 금리를 인하할 수도 있다. 독자들은 기준 금리 인상 시점과 목표치는 연준이 발표하는 점도표는 보조 자료로만 사용하라. 실물경제와 금융경제 지표와 연관된 '긴축 단계별 개시 조건'을 우선적으로 보면서 동시에 거시적 정세 변화를 면밀하게 분석 및 예측해야 한다. 2021년 6월 변화된 점도표를 공개하면서 연준 의장 제롬 파월은 다음과 같이 말하면서 실물 지표가 점도표보다 우선한다는 것을 강조했다.

"점도표는 미래의 기준 금리 움직임을 예측할 수 있는 위대한 지표가 아니다. 너무 불확실하기 때문이다. (…) 위대한 예측 지표는 없다. 점들은 걸러서 봐야 한다. (…) 미래에 대한 우리의 고려사항인 최대 고용과는 거리가 멀다."

또 이런 말도 덧붙였다.

"경제 재개가 계속되면서 수요의 이동이 크고 빠르게 진행되기 때문에 병목 현상이 발생할 수 있으며, 고용난과 기타 제약으로 인해 공급 조정이 빠르게 이루어지는 데 어려움이 계속 있을 수 있어서, 인플레이션율이 예상보다 높고 지속적일 가능성이 커지고 있다."[44]

필자가 독자들에게 조언한 것처럼, 연준도 거시적 정세 변화를 면밀하게 분석 및 예측하는 중이라는 말이다.

기준 금리 인상
최소 3%, 최대 5%

2025년경 연준의 긴축 일정이 5단계에 이를 때, 최종 기준 금리 인상은 어떤 선에서 종결될까? 이에 대한 다양한 가능성을 간단하게 점검해보자. 이를 위해서는 과거의 자료를 살펴보는 것이 도움이 된다. 부채를 가진 경제 주체가 기준 금리가 인상될 때 고려하는 것은 2가지다. 하나는 명목 수치이고, 다른 하나는 부담 배율이다.

명목 수치는 연준이 올린 표면적 숫자다. 〈그림 109〉는 1985년부터 최근까지 미국의 기준 금리, GDP 성장률, 근원 인플레이션율의 명목 수치 변화 추이다. 근원 인플레이션율 1%대, 2% 초반, 2% 중반, 3%대, 4~5%를 기준으로 구간을 나눴다. 해당 구간의 기준 금리 최초 수치는 아래에 별도로 표시했다.

〈그림 110〉과 〈그림 111〉은 1950년부터 현재까지 기준 금리 인상 부담 배율의 변화 추이다. 각 전 저점을 기준으로 다음 최고점

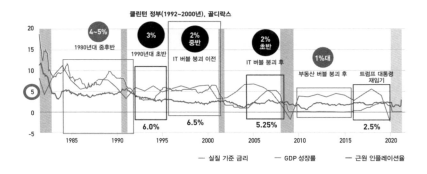

| 그림 109. 1985년 이후 기준 금리, GDP 성장률, 근원 인플레이션율(%) |

까지 인상 배율을 계산했다. 기준 금리 수치가 낮더라도 상승 배율이 높으면 기업이나 가계 파산 확률이 높아진다. 지금처럼 부채의 절대적 규모가 클 때는 배율 부담이 매우 중요하다. 명목 수치가 낮더라도 부담 배율이 높으면, 연준이 기준 금리를 인상할 수 있는 여력이 줄어든다.

한 가지가 더 있다. 초저금리 상황에서는 명목 수치와 부담 배율 2가지 모두가 조금만 상승해도 채권시장에 위험한 상황이 발생할 수 있다(우량 채권 문제 → 제1금융권 위기, 주식시장 대폭락 → 외환 위기 → 비우량 채권 문제 → 제2금융권 위기, 주식시장 대폭락 → 유동성 문제 → 주식시장 조정).

필자는 앞에서 살펴본 명목 수치와 부담 배율, 초저금리 상황에서 기준 금리 인상의 위험, 바이든 정부 4년 동안 근원 인플레이션율, GDP 성장률, 실업률 등을 종합 고려한 '미국 기준 금리 최종 종결 시나리오'를 〈그림 112〉와 같이 산정했다.

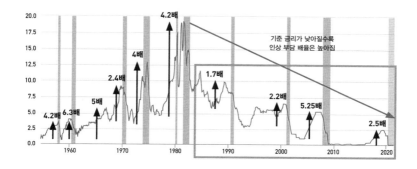

| 그림 110. 1950년~현재, 미국의 기준 금리 인상 부담 배율(%) |

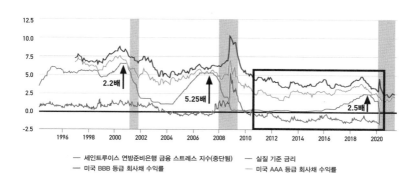

| 그림 111. 1990년~현재, 미국의 기준 금리 인상 부담 배율과 채권 금리 추세(%) |

확률적으로 가장 높은 미래는 기준 금리 3~4% 정도다. 부실기업이라면 이 정도는 매우 위험한 수준이 된다. 경기 초강세 시나리오라면, 연준이 기준 금리를 최대 5%까지 상승시킬 수 있을 것이다. 하지만 확률은 낮다. 그 전에 금융시장에 문제가 발생할 가능성이 높기 때문이다. 우량기업이 버틸 수 있는 최대 수준은 4.5%

| 그림 112. 2025년 중반~2026년 초, 미국 기준 금리 최종 종결 시나리오 |

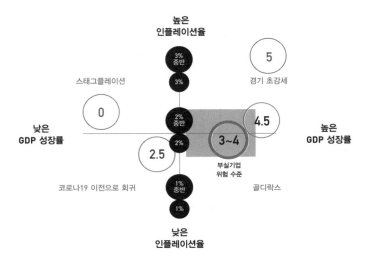

정도일 것으로 추정된다. 부실기업이 근근이 버틸 수 있는 수준은 2.5% 정도가 될 것이다.

BIDEN

2부

바이든 시대 4년, 세계 경제의 미래

OMICS

중국 경제,
예전 같지 않다

2020년 코로나19 발생 이후 중국 정부가 위안화 가치 강세로 고민 중이다. 〈그림 113〉을 보자. 중국은 수출 경쟁력을 확보하기 위해 2000년대 초반까지 위안화 약세 정책을 고수했다. 하지만 미국과 유럽의 압박과 기축통화 국가로 도약하고자 하는 야심이 맞물리면서 2005년 6월 변동환율제를 채택했다. 위안화 가치도 빠르게 상승하면서, 2014년 12월 달러당 6위안까지 도달했다. 하지만 2014년 위안화 가치가 갑자기 약세로 재전환됐다. 그러다가 2020년 코로나19 팬데믹 대재앙이 전 세계 경제를 강타하자 중국 위안화 가치는 빠르게 강세로 되돌아갔다.

코로나19 이후 중국 위안화가 강세로 전환된 것은 중국 정부가 강력한 사회적 거리두기와 국경 봉쇄를 단행하면서 경제적 피해를 최소화했기 때문이다. 이런 이유만 보면, 위안화 강세 전환이 나쁜

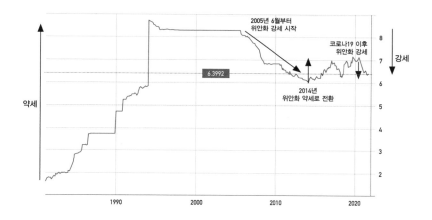

| 그림 113. 달러 대비 위안화 환율(위안) |

2005년 6월부터
위안화 강세 시작

코로나19 이후
위안화 강세

강세

6.3992

2014년
위안화 약세로 전환

약세

모양새는 아니다. 그런데 중국 정부는 왜 고민을 하는 것일까? 이유는 다른 곳에 있다. 중국 경제가 예전 같지 않기 때문이다.

〈그림 114〉를 보자. 2005년 6월부터 위안화 가치가 상승했지만, 무역 수지 흑자도 크게 증가했다. 덕분에 외환 보유고는 해마다 2천억~5천억 달러씩 증가해서 4조 달러까지 쌓였다. 중국 경제가 폭발적으로 성장하자 외국인 투자도 빠르게 증가했다. 이때까지만 해도 중국 정부는 투기 자금 유입과 위안화 강세를 어떻게 막아야 할지 고민해야 했다.

하지만 2014년을 지나면서 중국 경제에 이상 신호가 하나둘 나타나기 시작했다. 그림에서 보듯이, 외환 보유고가 빠르게 감소했다. 단 2년 만에 1조 달러가 줄어들었다.

외환 보유고가 갑자기 급감한 이유는 무엇일까? 달러 유입보다

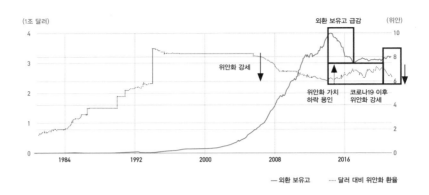

| 그림 114. 중국의 외환 보유고와 위안화 가치 |

(1조 달러)
외환 보유고 급감
(위안)

위안화 강세

위안화 가치 하락 용인　코로나19 이후 위안화 강세

1984　1992　2000　2008　2016

— 외환 보유고　···· 달러 대비 위안화 환율

유출이 커졌기 때문이다(그림 115~117).

달러 유입 통로는 크게 2가지다. 수출을 통해 달러를 벌어들이는 것과 외국인 직접 투자 유치다. 2014년 이전에는 2가지가 모두 급상승했다. 하지만 2014년 이후 중국 수출 기업이 해외에서 벌어들이는 달러 규모 증가세가 멈췄다. 심지어 2016년부터는 규모 자체도 감소했다. 2015년 8월 이후로는 교역 조건도 불리해졌다.

교역 조건은 수출 상품과 수입 상품의 교환 비율이다. 이 차이가 줄어들수록 무역 이익 크기가 감소한다. 수출 증가세가 둔화되자, 주식시장도 폭락하면서 금융 부문 불안정성도 증가했다. 비슷한 시점부터 외국인 직접 투자액도, 증가 추세도 약해졌다.

반면에 중국 자본의 해외 투자는 증가하면서 달러 유출이 커졌다. 2014~2016년, 외국인이 중국에 직접 투자한 규모는 1200억~1300억 달러 선에 머물면서 증가 추세가 둔해졌으나, 중국인

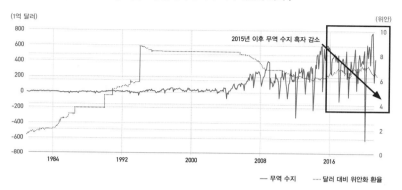

| 그림 115. 중국의 무역 수지와 위안화 가치 |

(1억 달러)

800
600
400
200
0
-200
-400
-600
-800

2015년 이후 무역 수지 흑자 감소

(위안)
10
8
6
4
2
0

1984   1992   2000   2008   2016

— 무역 수지   ······ 달러 대비 위안화 환율

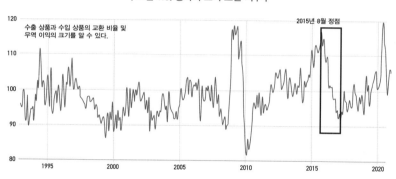

| 그림 116. 중국의 교역 조건 지수 |

120

110

100

90

80

수출 상품과 수입 상품의 교환 비율 및
무역 이익의 크기를 알 수 있다.

2015년 8월 정점

1995   2000   2005   2010   2015   2020

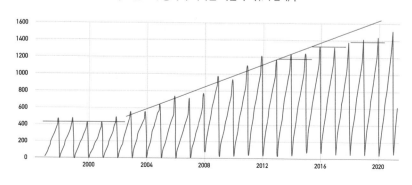

| 그림 117. 중국의 외국인 직접 투자(1억 달러) |

1600
1400
1200
1000
800
600
400
200
0

2000   2004   2008   2012   2016   2020

이 미국과 유럽 등 외국에 직접 투자한 규모는 증가세가 커지면서 2016년 1612억 달러에 이르렀다. 중국 경제 불확실성이 커지면서 위안화 가치도 하락하자 중국 기업들이 달러와 유로화 자산을 확보하기 위해 해외 기업의 인수합병에 공격적으로 나섰고, 부동산 투자 비중도 늘렸기 때문이다. 2016년 중국인의 해외 투자액(1612억 달러)의 20%가 부동산 투자에 사용됐다.

중국 무역 수지 증가율이 감소한 이유는 무엇일까? 중국 내 인건비 상승이 가팔라지면서 상품의 가격 경쟁력이 서서히 약해졌기 때문이다. 수출 상품의 국제 경쟁력이 약화되자, 중국 기업들의 이익 성장률도 정체되기 시작했다.

〈그림 118〉과 〈그림 119〉를 보자. 중국 정부는 2008년에 법인세율을 대폭 낮췄다. 기업의 이익은 급증했다. 하지만 수출 경쟁력 약화가 드러나기 시작한 2015년부터 기업 이익 증가세도 멈췄다. 기업 이익 증가세가 멈추자 중국 정부의 수입 규모도 함께 멈췄다.

중국 수출 기업의 매출과 이익이 줄어들자, 중국 내 산업 생산 증가율도 고전을 면치 못했다. 〈그림 120〉은 건설업을 제외한 중국 내 산업 생산 증가율이다. 2010년까지는 주기적으로 전년도 대비 플러스 성장을 기록했다. 하지만 2011년부터는 마이너스와 제로 사이를 거의 벗어나지 못하고 있다. 같은 기간에 미국, 한국, EU 기업들의 산업 생산 증가율도 대체로 약세를 보였지만, 중국의 약세는 좀 더 컸다.

2014년부터는 수출과 수입 규모의 차이가 벌어지는 일도 발생했다. 경제 위기가 발생하면, 수출 증가세 감소보다 수입 증가세 감소

| 그림 118. 중국의 법인세율과 기업 이익 |

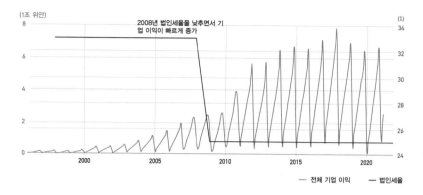

| 그림 119. 중국의 정부 수입과 기업 이익(단위: 1조 위안) |

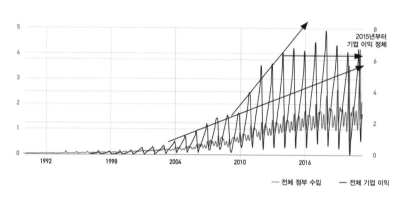

가 더 커진다. 환율 하락으로 수출 경기는 상대적으로 선방하지만, 환율 상승은 수입 물가를 급하게 상승시켜 수입 규모를 줄이기 때문이다. 설상가상으로, 경제 위기가 발생하면 내수 소비도 줄어서 수입 규모 감소를 악화시킨다. 2008년 글로벌 금융 위기 때가 그랬다.

하지만 〈그림 121〉을 보면, 중국에서는 2014~2017년에도 같은 현상이 발생했다. 이 시기에는 유럽 금융 위기가 진정되면서 글로벌 경제 상황이 호전되는 중이었다. 중국 경제는 거꾸로 간 셈이다.

| 그림 120. 미국, 한국, EU, 중국의 연간 산업 생산 증가율(%) |

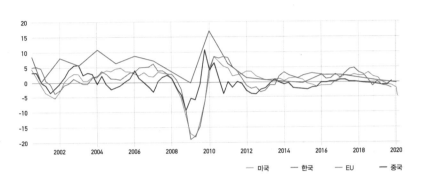

| 그림 121. 중국의 수출과 수입 증가 비교(단위: 1조 달러) |

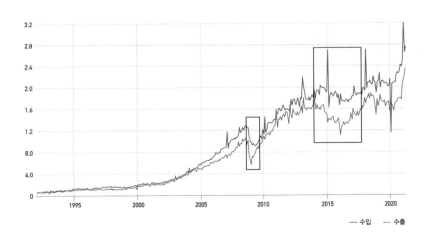

무역 수지 악화는 경상 수지 악화로 이어졌다. 〈그림 122〉를 보자. 2011년 유럽발 금융 위기가 발발하면서 중국 무역 수지는 정체에 빠졌다. 경상 수지도 급감했다. 2015년에 무역 수지가 일시적으로 증가하자 경상 수지 감소도 잠시 멈췄다. 하지만 2016년부터 무역 수지가 감소하자 경상 수지도 다시 하락했다.

2011~2019년 미국, 한국, 대만 등의 무역 수지와 경상 수지 추세를 비교해보면 중국의 감소가 심상치 않다는 것을 알 수 있다(그림 123~125).

달러 유입세가 약해지고 중국 내 기업 생산과 이익이 동시에 악화되는 상황에서, 국가 간 금융자산 이동을 보여주는 자본 흐름은 계속 마이너스에 머물렀다. 달러를 벌어들이는 규모는 줄었는데, 중국 밖으로 빠져나가는 달러 규모는 계속 늘어난 것이다.

〈그림 126〉을 보자. 2004년 미국 부동산 버블이 커지기 시작할 무렵부터 중국 금융자산이 해외로 빠져나가는 규모가 커졌다.

| 그림 122. 중국의 무역 수지와 경상 수지 |

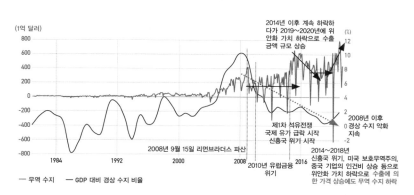

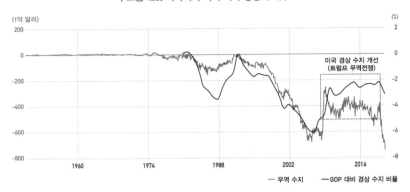

| 그림 123. 미국의 무역 수지와 경상 수지 |

(1억 달러) / (%)

미국 경상 수지 개선
(트럼프 무역전쟁)

1960 1974 1988 2002 2016

— 무역 수지   — GDP 대비 경상 수지 비율

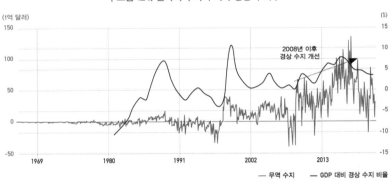

| 그림 124. 한국의 무역 수지와 경상 수지 |

(1억 달러) / (%)

2008년 이후
경상 수지 개선

1969 1980 1991 2002 2013

— 무역 수지   — GDP 대비 경상 수지 비율

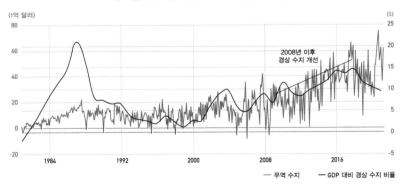

| 그림 125. 대만의 무역 수지와 경상 수지 |

(1억 달러) / (%)

2008년 이후
경상 수지 개선

1984 1992 2000 2008 2016

— 무역 수지   — GDP 대비 경상 수지 비율

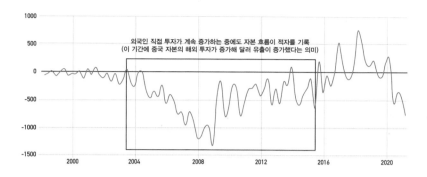

| 그림 126. 중국의 자본 흐름(국가 간 금융자산 이동) |

외국인 직접 투자가 계속 증가하는 중에도 자본 흐름이 적자를 기록
(이 기간에 중국 자본의 해외 투자가 증가해 달러 유출이 증가했다는 의미)

2008년 글로벌 금융 위기로 미국에 대한 불안감이 커지면서 중국으로 금융자산 유입이 늘어났지만, 자본 흐름은 여전히 마이너스 상태였다. 중국의 자본 흐름 역전은 중국 정부가 2016년 11월부터 500만 달러 이상 해외 송금과 환전, 해외 인수합병에 대한 사전 심사를 강화하고 2017년 1월부터 개인의 외화 환전 심사까지 강화하는 등 중국인의 해외 투자에 제동을 걸면서 겨우 진정됐다. 2016년은 중국의 외환 보유고가 1조 달러 급감하면서 위기감이 고조되던 시점이다.

물론 중국 기업들이 이런 상황에 처한 것은 중국 정부가 펼친 '공급측개혁供給側改革'의 영향도 있다. 2016년부터 중국 정부는 공급 과잉과 부실기업 부채 문제를 해결하기 위해 민간 좀비 기업으로 가는 돈줄을 묶고, 고정자산 투자율을 줄이고, 산업 구조조정을 시작했다.

2010~2015년 중국 내 실질 고정자산 투자율은 연평균 17.1%

씩 증가했지만, 2016~2017년에는 연평균 4.4% 수준으로 급감했다. 중국 GDP 성장률도 6%대로 하락했다. 하지만 중국 정부의 이런 행위가 직접 원인은 아니다. 기업 경쟁력 약화가 먼저 일어났고, 이를 방치하다가는 갑작스럽게 금융 위기를 맞을 수 있다는 위기감이 이어졌다. 이에 중국 정부가 선수를 쳤을 뿐이다. 그 결과, 1997년 한국이 당했던 '최악의 상황(기업의 연쇄 부도로 시작된 금융 위기와 외환 위기 발발)'은 겨우 피하는 중이다.

〈그림 127〉을 보면 중국의 GDP에서 건설을 포함한 산업 생산이 차지하는 비중이 2011년부터 계속해서 줄어들고 있었다.

| 그림 127. 각국 GDP에서 산업 생산이 차지하는 비율(%) |

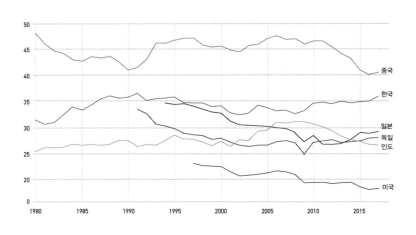

중국 정부의
또 다른 고민

위안화 공급을 늘리면 2가지 효과를 동시에 본다. 위안화 가치를 낮춰서 수출 상품 경쟁력을 끌어올릴 수 있다. 실물경제 부양 효과도 발생한다.

2011년 말 유럽발 금융 위기가 발발하자, 중국 정부는 2가지 효과를 기대하면서 지급준비율을 연속해서 내렸다. 하지만 시장은 중국 정부의 기대와 반대로 움직였다. 시중 유동성 공급으로 실물경제를 안정시키는 데는 효과가 있었지만, 환율시장에서 위안화 강세는 멈추지 않았다. 미국과 유럽 경제가 위기 상황이었기 때문에 상대적으로 안전하다고 평가되는 중국으로 외국 자본이 밀려들어왔기 때문이다. 그 결과 외환 보유고 증가 추세도 빠르게 살아났다.

2014년 5월, 중국 외환 보유고는 4조 달러에 육박했다. 역사상 최대치였다. 2014년 11월, 중국 정부는 자본시장 개방을 결단하고 후강통滬港通(상하이-홍콩 증시 교차 거래 제도)을 열고 기준 금리도 인하했다. 곳간에 달러가 가득하고 미국과 유럽 경제가 주춤하자, 제1기축통화 국가로 가는 기반을 마련하기 위해 과감한 조치를 취한 것이다.

2015년 1월, 중국 정부는 지급준비율도 추가로 인하했다. 하지만 한 가지 의아한 현상이 나타났다. 지급준비율과 기준 금리를 동시에 인하하자 시중 유동성이 증가하면서 위안화 강세가 꺾이고 약세로 전환됐다. 위안화 가치 약세는 중국의 수출 기업들에 호재다.

그런데 중국 정부는 2015년 3월부터 5개월 동안 환율시장에 개입해서 인위적으로 위안화를 절상시키고 묶어버렸다. 왜 그랬을까? 중국 경제가 강하다는 자신감과 미국을 대체할 시장임을 과시하기 위해 후강통을 열고 자본시장을 야심차게 개방했는데, 위안화 가치가 빠르게 약화되면 축제 분위기를 망치기 때문이었다. (통화 가치 상승은 해당 국가의 경제와 금융 시스템이 강하다는 신호가 된다. 자국 통화 강세는 수출 기업에는 불리하지만 수출 증가세가 꺾이지 않으면 그만큼 해당 국가 경제가 강하다는 신호로 전환된다. 그리고 자국 통화 가치 약세가 가파르게 진행되면 추가 하락을 우려한 외국 자본이 이탈하면서 '위안화 약세 → 달러 자금 유출 → 외환 보유고 감소 → 위안화 약세'의 악순환이 가속화된다.)

위안화의 가치를 강세에서 일정 기간 묶어두고 시중 유동성을 계속 확대하자, 외국 자본과 내부 유동성의 힘으로 중국 주식시장은 2배 급상승했고 채권시장도 호황을 누렸다(그림 128~130).

| 그림 128. 중국의 기준 금리와 위안화 가치 |

| 그림 129. 중국의 기준 금리와 주식시장 |

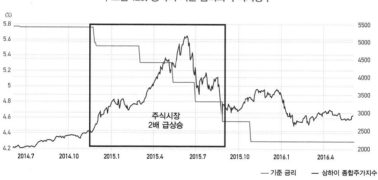

| 그림 130. 중국의 기준 금리와 10년물 국채 금리(%) |

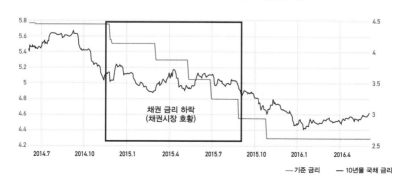

하지만 세상사는 그렇게 쉽지 않다. 축제는 오래가지 못했고, 다른 곳에서 문제가 발생했다. 미국 경제가 빠르게 살아나자, 연준은 긴축 속도를 높이고 기준 금리를 3.5%까지 인상할 것이라고 예고했다. 신흥국에서 자본 탈출이 시작됐다. 긴축 발작이었다. 중국도 '신흥국에서 미국으로 자본 이동 흐름'을 피할 수 없었다.

설상가상으로 2015년 8월 19일부터 3일 동안 중국 정부가 환율 시장에 개입해 위안화 평가절하를 단행했다. 후강통을 열고 자본 개방을 하는 축제가 끝나면서 IMF 특별인출권SDR 편입을 위한 협상력 제고, 위안화의 고평가 해소를 통한 국내 내수 및 수출 경기 부양, 단기 자본 유출입 조절을 통한 외환 보유고의 급격한 변동 해소 등을 위한 조치였다. 그러자 자본 유출 리스크는 더욱 커졌다.[45]

달러가 중국을 탈출하면서 위안화 가치가 자연스럽게 약세로 돌아섰다. 위안화 약세가 수출 기업에는 좋았지만 중국 경제 전체의 분위기나 중국 정부가 원하는 방식과 속도의 약세가 아니었다. 달러 유출로 위안화 가치는 너무 빠르게 하락하고, 강달러 추세로 위안화 가치 하락 악순환이 지속되고, 중국이 보유한 미국 국채 가격마저 하락하자, 중국 정부는 방어를 위해 6개월 연속 미국 국채를 매각해서 달러 확보에 나섰다. 중국 외환 당국은 확보한 달러를 팔아 한편으로는 위안화를 사들여 위안화 가치 하락에 대응하고, 다른 한편으로는 외국으로 빠져나가는 자본의 달러 환전 요구에 대응하는 등 우왕좌왕했다. 위안화 환율이 하락해도 무역 수지는 하락했고, 자본 이탈로 경상 수지도 하락했다. 중국은 서둘러 기준 금리와 지급준비율을 동결했지만 역부족이었다(그림 131~133).

| 그림 131. 중국의 지급준비율과 위안화 가치 |

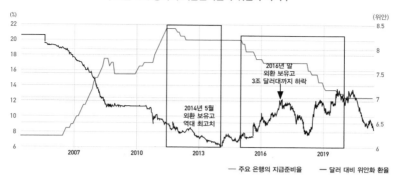

— 주요 은행의 지급준비율　— 달러 대비 위안화 환율

| 그림 132. 중국의 지급준비율과 외환 보유고 |

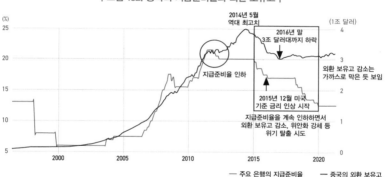

— 주요 은행의 지급준비율　— 중국의 외환 보유고

| 그림 133. 중국의 지급준비율과 기준 금리(%) |

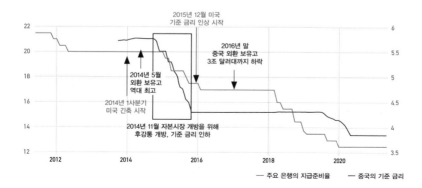

— 주요 은행의 지급준비율　— 중국의 기준 금리

설상가상으로 '헤지펀드의 대부'로 불리는 조지 소로스를 중심으로 글로벌 헤지펀드사들이 위안화 약세에 베팅하면서 공격적으로 나섰다. 중국 금융 당국은 헤지펀드와의 전쟁을 선포하고 달러를 팔아서 위안화 환율 방어에 나섰다. 중국 정부의 강한 의지로 추가적인 위안화 평가절하 위기는 막았지만, 그만큼 외환 보유고 추가 감소는 피하지 못했다.

2016년 말 외환 보유고는 3조 달러대까지 줄어들었다. 위기감을 느낀 중국 정부는 미국 국채를 다시 사들였다. 기저효과도 겹치면서 위안화는 다시 강세로 전환됐다. 하지만 위안화 변동성은 진정되지 않았다.

2018년 트럼프 대통령이 중국 수출품에 관세를 때리면서 무역전쟁을 시작했다. 중국 수출 기업이 크게 흔들렸다. 위안화는 다시 약세로 돌아섰다. 이번에도 중국 정부가 원하는 방식이 아니었다. 같은 해 중국 정부는 구조조정을 보류했다. 지급준비율을 추가로 떨어뜨려 긴급 유동성을 공급해서 내수 시장을 진정시켰다. 2019년, 위안화는 강세와 약세를 반복했다.

2020년 코로나19 대재앙이 전 세계 경제를 강타하자, 중국 위안화는 다시 강세로 급변했다. 중국이 상대적으로 코로나19 통제에 빠른 성과를 내 경제 피해는 적고 회복세는 빨랐기 때문이다. 코로나19 경제 충격에 대응하기 위해 중국 정부가 신규 대출 확대를 허가해 시중 유동성이 증가했지만, 위안화 가치는 강세를 유지했다. 중국 채권시장으로 외국인 투자금 유입이 늘어났고, 중국 정부가 2020년 6월 금융시장을 추가로 개방한 것(적격 외국 기관 투자자에게 주식 및 채권 투자 한도 폐지) 것 때문이었다.

한 나라의 통화 가치가 너무 약하면 외환시장이 위험에 빠진다. 너무 강하면 손해를 보거나 견제를 당한다. 중국도 이 원리를 잘 안다. (물론 적정선을 한마디로 규정하기는 어렵다. 해당 국가 경제의 기초 체력과 주변 환경에 따라 달라지기 때문이다.)

지난 10년 동안 중국 정부는 눈물겹게 위안화 '초강세' 억제 노력을 했다. 어떤 때는 실패하고 어떤 때는 성공했지만, 결과적으로는 양쪽 모두 수출 상품 경쟁력 향상에는 도움이 되지 못했다. 미국과 글로벌 경제의 변화가 중국 정부의 조치를 압도했기 때문이다.

그나마 위안거리가 있다면, 외환 보유고 마지노선 붕괴 정도는 가까스로 막은 듯 보인다는 점이다. 참고로 필자가 생각하는 중국의 외환 보유고 마지노선은 2조 5천억 달러 선이다. 중국의 경제 규모, 달러를 제외한 외환 표시 자산 가치 하락분, 단기 외채 상환분, 배당의 해외 송금 준비금, 수출입 대금, 외환시장 및 금융시장 1일 거래량 등을 고려한 규모다. IMF 표준 권고 규모도 이와 비슷한 수준이다.

일부에서는 중국 입장에서 위안화 '초강세'도 나쁘지 않다고 말한다. 틀린 말은 아니다. 위안화 강세가 지속되면, 그만큼 돈을 더 풀어 시중에 유동성을 공급할 여력이 늘어난다. 수입 물가가 낮아진다. 자본 이탈 가능성이 낮아지면, 과감하게 자본시장을 개방할 수도 있다. 하지만 이런 모든 효과는 수출 경쟁력이 탄탄하고 가계, 기업, 정부 부채가 안정적일 때 마음 편히 누릴 수 있는 효과다.

〈그림 134〉를 보자. 중국의 외채 규모 증가 추세가 2010년,

2014년에 한 단계씩 빨라졌다.

　지난 10년 동안 중국 정부가 지급준비율과 기준 금리를 인하하면서 시중에 돈을 풀 때마다 가계, 기업, 정부 부채도 증가했다. GDP 대비와 총규모, 둘 다 매우 빠른 증가세다. 중국 중앙은행인 인민은행人民銀行이 발표한 자료에 따르면, 2020년 기준 중국의 가계, 기업, 정부 부채를 모두 합한 총부채 규모는 GDP 대비 276.8%에 달한다.[46]

　중국의 싱크탱크 국가금융발전실험실NIFD은 코로나19 발발 직전인 2019년 6월에 중국 총부채 비율이 249.5%로 2009년 6월 말 166.4%에서 10년 만에 83%p가량 증가했다고 분석했다. 매년 10%p씩 증가한 속도다. 중국 정부의 고강도 부채 절감 노력으로 총부채 비율은 2017년 말 244%에서 2018년 말 243.7%로 약간 감소했다.

| 그림 134. 중국의 외국인 직접 투자와 외부 부채 |

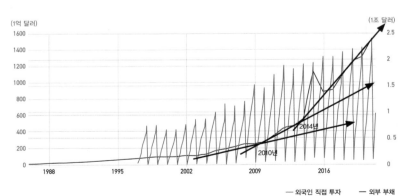

중국 내부에서 발표하는 자료만으로도 부채 규모가 작지 않다. 더 큰 문제는 중국의 자료를 그대로 믿는 외국 전문가들이 많지 않다는 점이다. 국제금융협회IIF는 중국의 총부채 비율을 2019년 3월 말 기준 303%로 추정했고, 글로벌 투자은행 매쿼리Macquarie는 최소 350%를 넘었을 것으로 추정한다.

〈그림 135〉를 보자. 코로나19가 발발한 2019년 4사분기부터 2020년 3사분기까지 주요 국가들의 늘어난 부채 규모다. 중국의 총부채 증가 규모는 5위다. 하지만 기업 부채 증가는 미국과 영국보다 많고, 일본과 비슷한 수준이다.

중국은 '숨겨진 부채'로 불리는 그림자 금융 규모도 만만치 않다. 글로벌 신용평가사 스탠더드앤드푸어스S&P는 중국 지방 정부 숨겨진 부채가 2017년 중국 GDP의 60% 규모일 것으로 추정했다.

| 그림 135. 2019년 4사분기~2020년 3사분기 각국의 GDP 대비 부채 비율(%) |

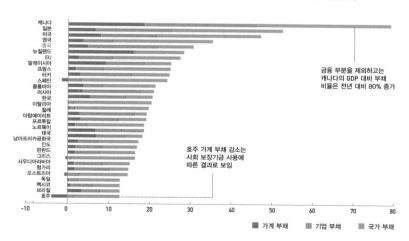

그림자 금융shadow financing은 은행권 밖에서 감독 당국의 규제 사각지대를 이용해 복잡한 금융 거래나 파생상품을 통해 은행과 유사한 신용중개 기능을 수행하는 금융 영역을 총칭한다. 2007년 미국 투자회사 PIMCO의 폴 매컬리가 처음으로 지칭했다.

중국의 그림자 금융은 감독 규제를 받지 않는 증권화 업무(은행부 외 업무 포함), 위탁 대출, 소액 대출 전문회사, 담보회사, 신탁회사, 재무회사, 금융리스회사의 투자예금 업무, 민간 금융인 민간 대출(사채/지하금융), 금융업 점포, 전당포 등으로 나뉜다.

중국의 중소기업들은 정부의 긴축 정책으로 자금난에 직면하자 대출이 용이하다는 이유로 그림자 금융을 이용하고, 대형 국유기업은 정규 은행에서 싼 이자로 얻은 대출금(은행 기준 대출 금리 6%)을 이용해서 중소기업에 연평균 24% 금리로 재대부(기업 간 편법 대출, 위탁 대출)해 고금리 차익을 얻으면서 그림자 금융의 주체가 된다. 심지어 일부 시중 은행도 정부의 대출 규모 축소 정책이 반복되자 새로운 수익 창출을 위해 고금리 민간 대출과 연계한다. 중국의 부동산시장에 유입된 그림자 금융 규모는 제도권 은행 총대출 규모의 20%에 달할 것으로 추정된다(그림 136).[47]

그림자 금융은 부실 발생 확률이 대략 20~25%로 추정되는 등 위험성이 매우 높기 때문에 중국 정부도 단속을 강화 중이다. 그 결과 중국 내 그림자 금융 규모가 2018년에 감소세로 전환되었지만, 2019년부터는 재상승으로 되돌아섰다(그림 137).

중국 기업의 수출 경쟁력이 약화되고 미국의 견제가 심해지고, 위안화 강세가 좀처럼 꺾이지 않자, 중국 정부는 경제 성장 전략을

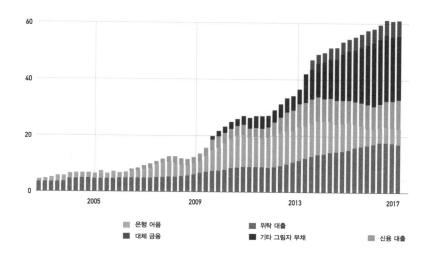

| 그림 136. 중국 GDP 대비 그림자 금융 비율(%) |

은행 어음　　위탁 대출
대체 금융　　기타 그림자 부채　　신용 대출

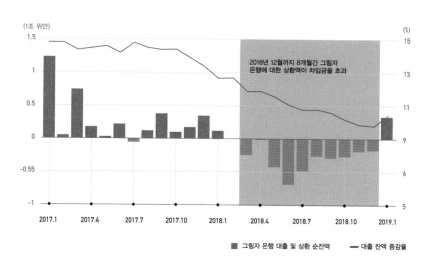

| 그림 137. 중국 그림자 금융 규모 변화 |

(1조 위안)

2018년 12월까지 8개월간 그림자
은행에 대한 상환액이 차입금을 초과

그림자 은행 대출 및 상환 순잔액　　대출 잔액 증감율

내수 중심 전략으로 전환했다.

위안화 강세는 수입 물가가 낮아져서 내수 소비 진작에 도움이 되지만, 정답은 아니다. 내수 소비를 증진시키는 '근본적 해법'은 근로자의 임금 상승이다. 하지만 이는 시간이 오래 걸리고 추가 임금 상승을 견딜 정도의 기업 경쟁력 회복이 전제돼야 한다. 쉽지 않다. 내수 소비 시장을 키우는 다른 방법은 없을까?

있다! 자산 버블을 일으키면 된다. 부동산과 주식 시장에서 버블을 일으켜 자산 효과를 빠르게 키우면 된다. 임금 소득 증가가 더디더라도 부동산과 주식 가격이 상승하면 소비를 늘릴 여력이 만들어진다. 만약 자산 가격이 폭등해도 소비 증가율은 더디고 부채만 빠르게 증가한다면 어떻게 될까? 현재, 중국 상황이 그렇다.

〈그림 138〉~〈그림 141〉을 보자. 2010년 이후 중국 서비스업 GDP 규모는 계속 성장했다. 하지만 GDP에서 서비스업 성장세가 차지하는 비율은 빠르게 증가하지 않고 있다. 코로나19 이전 5년

| 그림 138. 중국 서비스업 GDP(단위: 위안) |

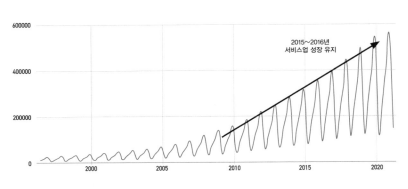

| 그림 139. 중국 산업 비중 변화(%) |

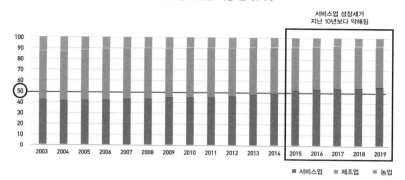

서비스업 성장세가
지난 10년보다 약해짐

■ 서비스업   ■ 제조업   ■ 농업

| 그림 140. 중국의 소매판매지수(%) |

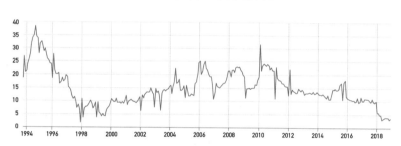

| 그림 141. 중국의 GDP 대비 가계 부채 비율과 M2 공급량 |

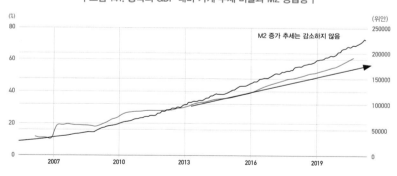

M2 증가 추세는 감소하지 않음

── GDP 대비 가계 부채 비율   ── M2 공급량

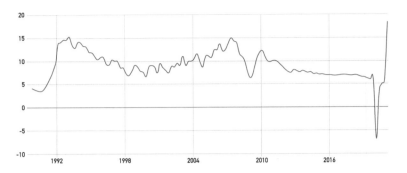

| 그림 142. 1990년 이후 중국의 연간 GDP 성장률(%) |

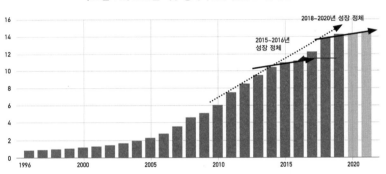

| 그림 143. 1996년 이후 중국의 GDP(단위: 1조 달러) |

2018~2020년 성장 정체

2015~2016년
성장 정체

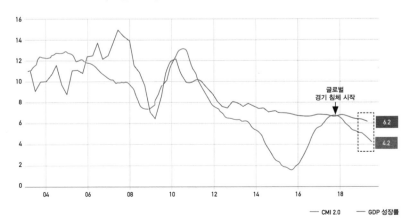

| 그림 144. 중국 모멘텀 지표(CMI) 및 GDP 성장률 |

글로벌
경기 침체 시작

6.2

4.2

—— CMI 2.0 —— GDP 성장률

동안 서비스업 성장세는 그 전의 10년 성장세보다 약했다. 소매판매 증가율 감소도 생각보다 빠르다. 2015년 이후 중국 제조업, 광업, 농업 분야의 성장세도 정체되거나 감소했다. 반면 2016년부터 가계 부채 증가 속도는 빨라졌고, M2 증가 속도도 줄어들지 않고 있다.

중국 연간 GDP 성장률은 6%대로 낮아졌고, 2015~2016년과 2018~2020년에는 GDP 규모 증가 속도도 정체됐다(그림 142~143). 일부 전문가들은 2019년 중국의 실제 GDP 성장률을 정부 발표치보다 2% 정도 낮게 추정하기도 한다.

필자도 중국 정부의 GDP 성장률 발표치를 그대로 믿지 않는다. 그대로 믿어주더라도, 연간 GDP 성장률의 절반 이상(3~4%)이 정부 지출로 만들어낸 것에 불과하다.

〈그림 145〉~〈그림 147〉을 보자. 2015년부터 정부의 재정적자 규모가 빠르게 증가한다. 2018년 미국과 중국의 무역전쟁이 시작

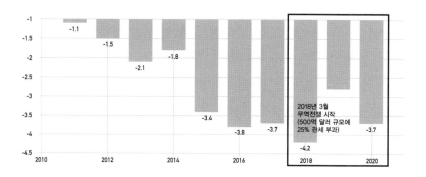

| 그림 145. 중국의 GDP 대비 정부의 재정 비율(%) |

| 그림 146. 중국의 정부 지출과 GDP 대비 정부 부채 비율 |

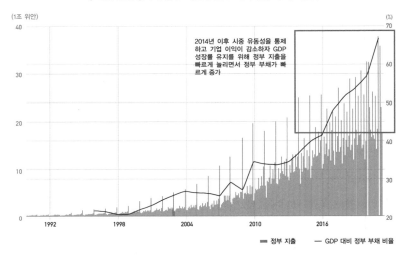

(1조 위안)

2014년 이후 시중 유동성을 통제하고 기업 이익이 감소하자 GDP 성장률 유지를 위해 정부 지출을 빠르게 늘리면서 정부 부채가 빠르게 증가

■ 정부 지출　—— GDP 대비 정부 부채 비율

되자 중국 정부의 재정적자는 −4.2%까지 증가했다. 기업 이익이 감소하고 소비 시장 성장이 기대보다 늦어지자 중국 정부는 신규 일자리를 계속 창출해내기 위해 GDP 성장률 방어에 나서야 했다. 세수가 정체된 상황에서 지출을 크게 늘리다 보니 정부 부채가 빠르게 증가했다.

IMF가 2021년 발표한 〈글로벌 금융 안정 보고서〉를 보면, 코로나19가 발발하자 모든 나라의 금융 위험성이 급등했다가 빠르게 안정세를 회복했지만, 중국은 기업과 은행의 부채 증가가 상대적으로 커서 금융 위험성이 여전히 높다고 평가됐다(그림 147).

| 그림 147. 각국의 재정 상태 지수 |

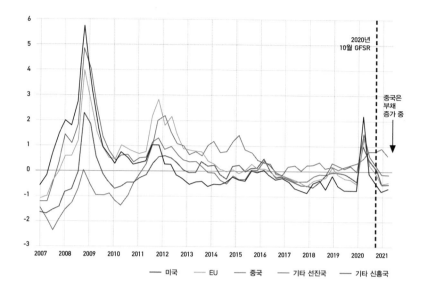

2020년
10월 GFSR

중국은
부채
증가 중

━━ 미국   ━━ EU   ━━ 중국   ━━ 기타 선진국   ━━ 기타 신흥국

중국은 긴축을
시작했다

중국은 내수 중심 성장 전략이 성공하기 전까지 위안화 초강세 억제 시도를 계속할 가능성이 높다. 중국 입장에서는 위안화 강세가 1개의 이익을 준다면, 위안화 약세는 2~3개의 이익을 준다.

위안화 강세를 용납하면, 자본시장 개방 속도를 높일 수 있고, 수입 물가 하락으로 내수 물가를 낮추고 소비를 진작시키는 이득을 얻을 수 있다. 하지만 수출 경쟁력이 약화된다. 중국 정부는 매년 900만 명 넘게 배출되는 대학 졸업생을 비롯해 농촌에서 도시로 몰려오는 농민공農民工에게 일자리를 제공해야 한다. 중국에서 일자리는 정권의 생존 문제다. 제조업 경쟁률 회복은 일자리 유지에 필수다. 연평균 GDP 성장률 6% 유지도 수출 경쟁력의 회복 없이는 불가능하다. 인건비 경쟁력을 상실한 중국 기업에 수출 경쟁력 회복의 유일한 길은 위안화 가치 하락뿐이다.

그러나 중국의 막대한 부채를 감안하면, 은행 대출을 통해 시중 유동성을 확대해 자연스럽게 위안화 가치가 떨어지도록 하는 것은 부담이 크다. 중국 정부가 환율시장에 직접 혹은 국영은행을 통해 우회 개입해 환율 조작을 시도하는 것이 좀 더 안전하다.

2021년 5월 31일, 인민은행은 시중 은행 등 금융기관에 외화 예금 지급준비율을 기존 5%에서 7%로 인상하라고 명령했다. 중국 정부가 개인과 기업의 해외 자산 매입 축소 압박을 유지하고 있는데, 중국 국영은행들의 해외 달러 자산 매입도 늘었다.[48] 외화 지급 준비율이 높아지면, 그만큼 은행이 중앙은행에 쌓아두어야 할 달러 규모가 커지면서 시중에서 달러 유동성이 줄어든다.

국영은행들이 보유한 달러를 가지고 해외 자산을 매입해도 시중 달러 유동성이 줄어든다. 달러 유동성이 줄어들면, 달러 가치는 상승하고 위안화 가치는 하락한다. 바이든 정부 4년 동안 중국은 이런 방식의 환율시장 개입 행위들을 시도하면서 위안화 초강세 억제 시도를 계속할 것이다.

하지만 미국 재무부가 두 눈을 부릅뜨고 감시하고 있기 때문에 중국 정부의 환율시장 개입은 긴급하고 특별한 상황에서만 사용하는 비상수단이다. 평소에는 시중에 위안화 유동성이 늘어 자연스럽게 위안화 강세가 억제되도록 해야 한다. 시중 대출을 통하지 않고 가능한 방법은 무엇일까? 바로 정부 재정 활용이다. 정부가 계속해서 막대한 재정 지출을 하면, 시중에서 자연스럽게 위안화 강세 억제 효과가 나고 GDP 성장률 상승에도 도움이 된다. 일거양득이다.

이런 모든 상황을 고려하면, 바이든 정부 4년 동안 중국 정부의 재정 정책은 '확장' 유지, 통화 정책은 '긴축'이 기본이 될 것이라는 예측이 나온다. 지난 10년의 경험으로 볼 때, 재정 확장 정책으로 연간 GDP 성장률을 유지하는 시도는 검증된 전략이다. 반면 기준금리나 지급준비율을 활용한 통화 완화 정책은 부채 위험과 자산 버블만 키울 뿐이다. 중국의 현 상황(공급 과잉과 높은 좀비 기업 비율)을 감안하면 통화 정책이 실물경기를 부양시키는 효과는 줄어들고 있다.

미국은 중국의 중앙은행이 정부의 지시에 따라 움직인다는 것을 잘 안다. 섣부른 통화 정책으로 시장을 조작해 위안화 약세를 유도하면 '환율 조작국'이라는 공격 빌미만 준다. 통화 완화를 통한 위안화 약세 유도 전략은 미국이 긴축을 실시하면 실패할 확률도 높다.

참고로 〈그림 148〉~〈그림 154〉는 2012년, 2015년, 2018년에 중국의 주요 은행들이 지급준비율을 내려서 유동성을 확대할 때의 상황이다. 연간 소매판매는 거꾸로 감소했다. 서비스업 및 제조업의 구매관리자지수PMI는 상승과 하락을 반복했다. 하지만 지급준비율 하락이 서비스 PMI와 제조업 PMI 하락 추세를 막아주고 있는 것처럼도 보인다. 대신 주택 가격과 주식시장 상승에는 효과가 분명했다. 같은 기간 저축률은 크게 하락했고, 정부 부채 비율도 50% 이상 증가했다.

결국 중국은 통화 완화 정책을 구사해도 자산 버블만 증가하고, 실물경제에 미치는 효과는 미미해서, 중국 GDP 성장률의 상당 부분을 정부 지출(정부 부채)에 의지해야 하는 상황이었다.

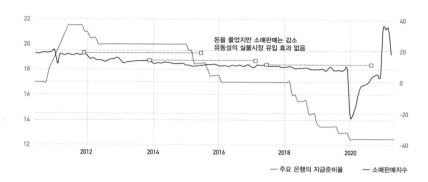

| 그림 148. 중국의 지급준비율과 소매판매지수(%) |

돈을 풀었지만 소매판매는 감소
유동성의 실물시장 유입 효과 없음

— 주요 은행의 지급준비율   — 소매판매지수

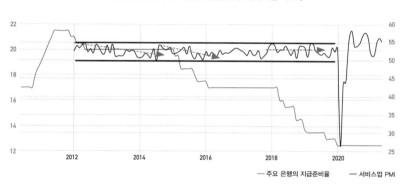

| 그림 149. 중국의 지급준비율(%)과 서비스업 PMI |

— 주요 은행의 지급준비율   — 서비스업 PMI

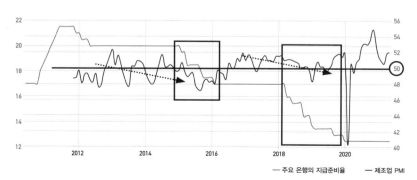

| 그림 150. 중국의 지급준비율(%)과 제조업 PMI |

— 주요 은행의 지급준비율   — 제조업 PMI

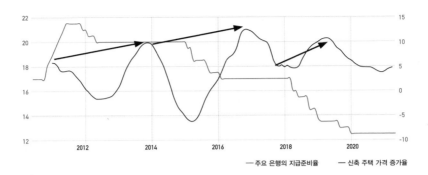

| 그림 151. 중국의 지급준비율과 신축 주택 가격 증가율(%) |

—주요 은행의 지급준비율   —신축 주택 가격 증가율

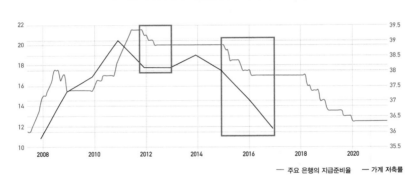

| 그림 152. 중국의 지급준비율과 가계 저축률(%) |

— 주요 은행의 지급준비율   — 가계 저축률

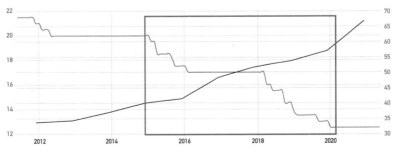

| 그림 153. 중국의 지급준비율과 GDP 대비 정부 부채 비율(%) |

—주요 은행의 지급준비율   —GDP 대비 정부 부채 비율

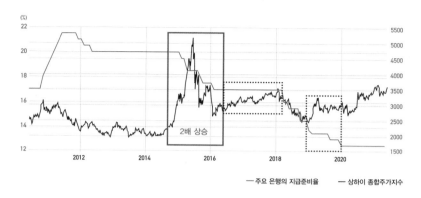

| 그림 154. 중국의 지급준비율과 종합주가지수 |

주요 은행의 지급준비율   상하이 종합주가지수

　바이든 정부 4년 동안 중국 통화 정책의 기본이 '긴축'이 될 이유가 더 있다. 미국의 기준 금리 인상은 '이미 정해진 미래'다. 연준이 긴축으로 정책 전환을 하면, 대부분의 나라에서 자본 이탈이 일어난다. 중국도 예외가 아니다. 자본 이탈이 일어나는 과정에서 경제 규모가 작거나 부채가 많은 나라는 자산시장 폭락과 금융시장 위기가 발생할 수도 있다.

　중국은 미국이 긴축으로 전환하더라도 한순간에 자산시장과 금융시장이 붕괴될 나라는 아니다. 하지만 일정 수준의 충격은 받을 수밖에 없다. 필자가 앞에서 분석했듯이, 중국 경제는 예전 같지 않다. 이런 상황에서 금융시장과 자산시장, 실물경제에서 충격이 발생하면 중국 정부의 정책 선택 폭이 줄어든다. 미중 패권전쟁 수행에도 불리해진다.

　중국의 부채 문제는 안전한 상황이 아니다. 전 세계에서 부채 금액이 가장 큰 나라는 미국이다. 하지만 GDP 대비로 보면 중국이 미국을 추월한다. 지난 10년 동안 부채 증가율을 보더라도 중국이 미국보다 몇 배 빠르다.

〈그림 155〉~〈그림 158〉은 전 세계 주요 국가의 부채 비중과 지난 10년 동안 미국과 중국의 정부 부채와 가계 부채 증가율이다. 정부 부채는 중국은 2배가 증가했지만, 미국은 20% 증가에 그쳤

| 그림 155. 주요 국가들의 GDP 대비 정부 부채 비율 |

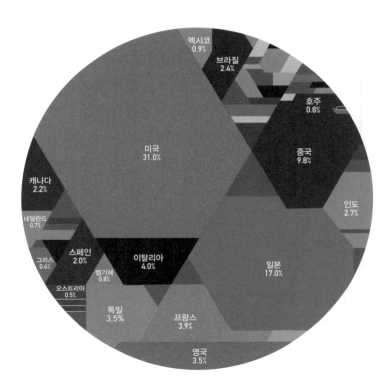

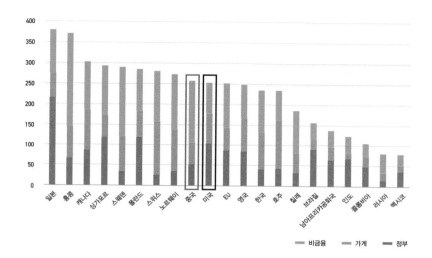

| 그림 156. 2019년 3사분기 GDP 대비 비금융 부문 부채 비율(%) |

비금융　　가계　　정부

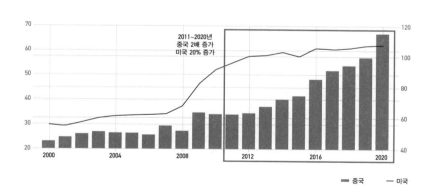

| 그림 157. 중국과 미국의 GDP 대비 정부 부채 비율(%) |

2011~2020년
중국 2배 증가
미국 20% 증가

중국　　미국

| 그림 158. 중국과 미국의 GDP 대비 가계 부채 비율(%) |

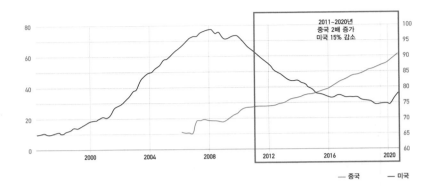

다. 가계 부채는 중국이 2배 증가했지만, 미국은 15% 감소했다.

　중국 기업 부채는 문제가 더 심각하다. 높은 수준의 부채는 GDP 대비 153%로 중국 경제의 약점이다. 특히 세계 최고 수준에 이른 기업 부채는 치명적 약점이다. 단기적으로는 미국이 기준 금리를 인상하면 중국 정부의 운신 폭이 좁아진다. 장기적으로는 미중 패권전쟁 수행에도 약점으로 작용할 수 있다.

　2019년 3사분기 기준 GDP 대비 기업 부채는 미국은 70% 수준이지만, 중국은 150%가 넘는다. 코로나19 이후 중국 비금융 기업 부채 비율은 GDP 대비 160.3%까지 증가했다.[49] 중국 기업 부채는 GDP 대비 비율과 총금액 모두 미국을 앞선다. 총금액으로는 전 세계 최고다.

　중국 기업 부채의 문제는 GDP 대비 비율과 세계 최고 수준의 총금액 규모만이 아니다. 중국 기업 부채를 분석하면, 고차용채무

highly leveraged debt 비율도 전 세계에서 가장 높다. 미국이 기준 금리를 인상하면, 중국의 기업 부채 위기가 도마 위에 오를 가능성이 높다. 중국 정부도 기업 부채에 대한 우려가 깊다.

〈그림 159〉를 보면, 2016년 이후 기업 부채 증가세가 현저히 줄었다. 중국 정부가 기업 부채 문제의 심각성을 인식하고 부실채권 처리와 기업 구조조정을 시작했기 때문이다. 예를 들어, 2020년 한 해에 중국 중앙은행이 시중 은행에 있는 부실채권을 매입(자산 매입 방식)해 3조 1천억 위안(540조 원)의 부실을 처리했다.

2016년 이후 중국 정부는 GDP 성장률 하락을 감수하고 기업 구조조정을 시작했다. 구조조정 방식은 은행 대출을 관리해 부실기업의 돈줄을 묶어서 파산을 시키거나, 정부가 직접 개입해 기업 간 인수합병을 유도했다. 중국 상장기업 중 70~80%는 국영기업이다. 상하이거래소는 80% 이상 국영기업이다. 중국 정부는 국가가 최대 지분을 보유한 국영기업들을 강제로 합병한 후, 국영은행을 통해 대출을 해 숨통을 틔워줬다. 국영기업의 구조조정은 기업 부실도가 높은 것도 이유지만, 신용도가 높은 국영기업들도 강제로 합병되고 있다. 중국 내의 공급 과잉을 해소하고, 산업 자체의 구조조정과 국제 경쟁력 강화를 의도한 듯하다.

예를 들어, 북대방정그룹北大方正集团, 융청석탄永城煤电, 칭화유니그룹紫光集团 등은 신용등급 'AAA'를 받을 정도로 우량기업이었다.[50] 중국 정부가 이런 우량기업을 부도 처리한 것은 실제로는 신용등급이 낮고 내부 부실도가 높았기 때문일 수도 있다. 중국 정부는 신용도가 높은 국영기업 채권도 디폴트시켜서 강력한 구조조정 의

| 그림 159. 중국과 미국의 GDP 대비 기업 부채 비율과 기업 부채액 |

• 기업 부채 비율(%)

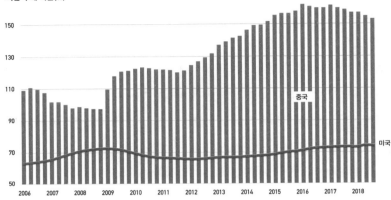

• 기업 부채액(1조 달러)

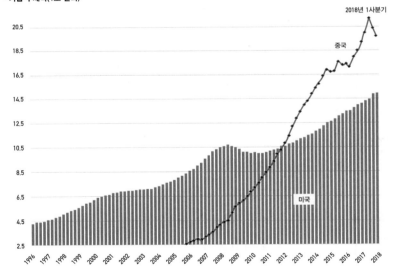

지를 시장에 알리고, 신용대출 증가 속도도 늦추는 효과를 냈다. 결과적으로 간접적 긴축을 실시한 셈이다.

반면 중국 정부는 개인과 민간기업에 대한 대출 부문에서는 지속적으로 '긴축' 정책을 고수했다. 〈그림 160〉을 보면, 2009년에 지급준비율을 인하했을 때는 대출 증가율이 2배 가까이 폭발적으로 상승했다. 2008년 미국발 금융 위기가 발발하자 중국 경제 전반이 동시에 흔들렸다. 중국 정부는 국영기업, 민간기업, 개인을 망라하고 전방위적으로 대출을 늘려주었다. 하지만 2016년에 지급준비율을 인하했을 때는 대출 증가율이 겨우 1%p 증가했다. 2018년에는 0.5%p 미만 증가에 그쳤다. 전방위적 대출이 발생하지 않았다는 의미다.

중앙은행이 기준 금리를 낮추면 저축 금리와 대출 금리도 낮아진다(그림 161). 지급준비율을 낮추면 대출 조건도 낮아진다. 현재 중국 은행에 돈을 맡기면 저축 금리가 0.35%에 불과하다. 은행에 돈을 맡기면 이익이 거의 없다. 대출 금리는 4.35%다. 중국 GDP 성장률 6%보다 낮다. 당연히 대출 성장률이 증가해야 한다. 하지만 특정 시점을 제외하고 중국 정부가 철저하게 시중 은행의 대출을 관리 감독했기 때문에 대출 성장률은 계속 감소하고 있다. 중국 정부가 속도 조절을 하는 것으로 추정된다(그림 162).

물론 중국 정부의 집중 관리에도 불구하고, 2020년에도 중국의 중소기업과 가계는 연평균 GDP 성장률보다 낮은 대출 금리를 이용한 부동산 투기를 멈추지 않고 있어서 민간 부문 대출 총규모는 계속 증가 중이다.

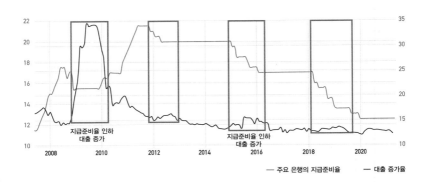

| 그림 160. 중국의 지급준비율과 대출 증가율(%) |

지급준비율 인하
대출 증가

지급준비율 인하
대출 증가

— 주요 은행의 지급준비율   — 대출 증가율

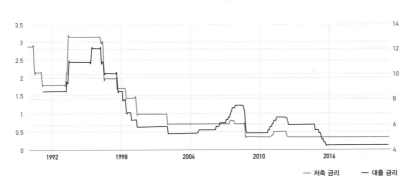

| 그림 161. 중국의 저축 금리와 대출 금리(%) |

— 저축 금리   — 대출 금리

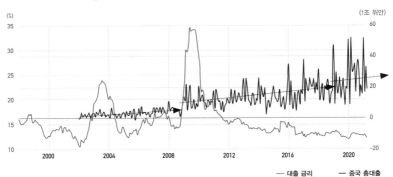

| 그림 162. 중국의 대출 증가율과 민간 부문 대출액 |

— 대출 금리   — 중국 총대출

중국 정부가 겉으로는 2014년 11월 이후 자본 개방도를 높이면
서 양적 완화를 하고 있지만, 뒤에서는 '선택적 긴축'을 하고 있다
는 증거가 더 있다. 〈그림 163〉과 〈그림 164〉를 보자. 중앙은행이
시중 은행에 지급준비율을 낮춰주는 시점에, 중앙은행은 거꾸로

| 그림 163. 중국 중앙은행의 대차대조표와 지급준비율 |

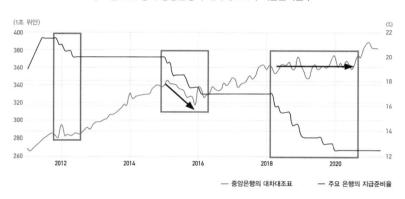

| 그림 164. 중국 중앙은행의 대차대조표와 대출 우대 금리 |

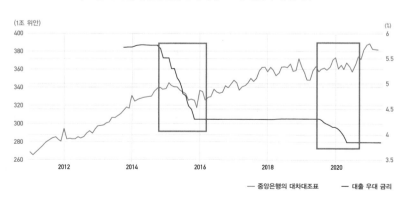

자산을 축소하거나 추가 매입을 보류했다. 중앙은행이 자산 매입을 늘리면 그만큼 시중 유동성이 확대되는데, 그런 행위를 중지하거나 거꾸로 자산을 축소해서 시중의 유동성을 흡수해버렸다.

이런 모든 상황을 종합해보면, 중국 정부의 조치들이 중구난방처럼 보인다. 근본적 해법을 시도하다가도, 갑자기 '언 발에 오줌 누기' 식 문제 해결을 시도했다. 언뜻 보면 상충되는 행동도 했다. 중국 외부에서는 미국과 유럽 등의 경제 상황이 불확실하고 급변했으며, 중국 내부에서는 다양한 문제와 복잡한 이슈들이 맞물려 있기 때문이다. 그럼에도 불구하고 필자는 중국 정부가 2015년부터 이미 '선택적 긴축'을 일관되게 시행 중이라고 평가한다.

연준이 기준 금리를 인상할 때 중국은 버틸 수 있을까?

2015년 미국이 긴축을 시작할 때, 중국 기업은 이익 정체로 부채 위험이 증가했다. 무역 수지 흑자가 감소하고 자본 이탈이 증가하면서 위안화의 가치는 하락하고 외환 보유고도 감소했다. 부동산 버블은 전국을 돌면서 기승을 부렸다. GDP 성장률도 계속 하락했다. 금융 시스템 위기감이 확산됐다.

중국 정부는 은행의 지급준비율을 낮춰서 은행 건전성 기준을 낮춰주었다(은행 부실 방지). 동시에 은행의 기업 대출 회수 규모를 줄이도록 유도했다(파산 방지). 기준 금리를 내려 기업과 가계 이자율 부담을 줄여주고(파산 방지), 중앙은행 자산 증가율을 감소시켜 시중 유동성 공급을 조절하면서(긴축), 민간은행을 통제해 부동산 투기로 흘러가거나 좀비 기업의 생명줄을 연장하는 대출을 줄였다(긴축). 정치적 압력도 가해 민간 유동성의 투기시장 유입과 해외 유출도 통제했다(긴축). GDP 성장률 유지(지속적인 일자리 창출)를 위해 위안화 초강세 억제 노력을 하고 정부 부채 증가를 무릅쓰고 지출을 빠르게 늘려서 시장 침체를 막아왔다.

바이든 정부 4년, 중국 정부 정책의 기본 방향은 크게 바뀔 가능성은 낮다. 재정 정책은 '확장', 통화 정책은 '선택적 긴축'을 유지할 것이다. 만약 달라지는 것이 있다면, 선택적 긴축에서 일정 기간 전방위 긴축으로 강화될 가능성이 있다. 미국의 기준 금리 인상이라는 큰 산이 예고되어 있기 때문이다.

코로나19 이전 중국 가계와 정부 부채는 기업 부채에 비해서 안정적이었다. 하지만 코로나19를 지나면서 달라졌다. 단기간에 위험에 빠질 수준은 아니지만, 부채 증가 속도를 조절해야 할 구간에 진입했다.

2021년 3월 4일부터 일주일간 열린 중국 양회两会(전국인민대표대회와 전국인민정치협상회의를 통칭하는 말로, 중국 정부의 경제·정치 운영 방침이 정해지는 최대 정치 행사)에서 '유동성 완화'에 대한 표현은 사라졌다. 필요한 곳에 돈을 주고, 시장 유동성을 급격하게 줄이지 않는 등 정책 급커브를 밟지는 않지만, 2021년부터는 금융 시스템 안정성을 위협하는 고레버리지를 줄이고 총부채 비율 관리를 목표로 제시했다.

정부의 재정 부양 강도를 낮추겠다는 신호도 보냈다. 2020년 중국 정부의 재정적자는 -3.7%였다. 2021년에는 -3%를 목표치로 제시했다. '긴축' 방향에 대한 분명한 의지의 재확인이다. 〈그림 165〉를 보자. 중국의 재정적자 규모는 2015년부터 이전의 2~3배

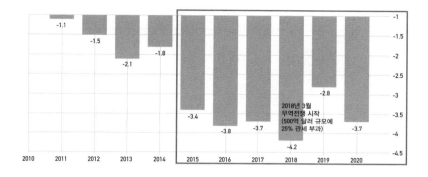

| 그림 165. 중국의 GDP 대비 정부 재정 비율(%) |

로 늘었고, 2019년을 제외하고는 −3.4~−4.2%를 유지했다. 2021년 −3.2% 재정적자는 긴축이 맞다.

중국 GDP 성장률에 정부 재정과 지급준비율이 어느 정도 영향을 미치고 있는지를 살펴보자. 정부 재정은 재정 정책이고, 지급준비율은 통화 정책에 해당한다.

〈그림 166〉을 보자. 1992년 이후 중국 GDP 성장률 추이다. 1992년부터 아시아 외환 위기 발발 직전까지는 '중국 경제 부상기'였다. 낮은 임금 경쟁력의 최고 혜택기였다. 경제 발전 초기였기 때문에 정부가 재정 지출을 늘려서 산업을 뒷받침했다. 하지만 높은 금리와 높은 지급준비율은 유지했다. 기준 금리는 8.5~12%였고, 지급준비율은 13%였다. 정부 재정적자도 1992년(−3%)부터 계속 감소했다.

높은 금리와 지급준비율, 정부 재정 지출 감소에도 불구하고 중

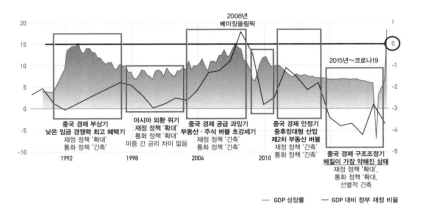

| 그림 166. 중국 GDP 성장률·GDP 대비 정부 재정 비율·지급준비율(%) |

중국 경제 부상기
낮은 임금 경쟁력 최고 혜택기
재정 정책 '확대'
통화 정책 '긴축'

아시아 외환 위기
재정 정책 '확대'
통화 정책 '확대'
미중 간 금리 차이 없음

중국 경제 공급 과잉기
부동산·주식 버블 초강세기
재정 정책 '긴축'
통화 정책 '긴축'

중국 경제 안정기
중후장대형 산업
제2차 부동산 버블
재정 정책 '긴축'
통화 정책 '긴축'

2008년
베이징올림픽

2015년~코로나19

중국 경제 구조조정기
체질이 가장 약해진 상태
재정 정책 '확대',
통화 정책 '확대',
선별적 긴축

— GDP 성장률   — GDP 대비 정부 재정 비율

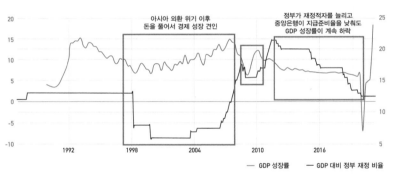

아시아 외환 위기 이후
돈을 풀어서 경제 성장 견인

정부가 재정적자를 늘리고
중앙은행이 지급준비율을 낮춰도
GDP 성장률이 계속 하락

— GDP 성장률   — GDP 대비 정부 재정 비율

국 경제는 고성장했다. GDP 성장률 최고치 기록도 이때 나왔다. 산업 자체의 성장 동력이 강력했다는 의미다. 이 시기 정부 기조를 요약하면, 재정 정책은 '확대'였고 통화 정책은 '긴축'이었다.

하지만 1997년 아시아 외환 위기가 발발하면서부터 중국 경제의 체질 약화가 시작된다. 정부는 재정적자를 -2.5~-3%대로 다시 늘리고, 기준 금리와 지급준비율을 파격적으로 내렸다. 하지만

GDP 성장률은 1997~2002년 연평균 8%대로 주저앉았다. 정확히 말하면, 정부 재정적자를 -2.5%~-3%대로 늘리고, 기준 금리와 지급준비율을 파격적으로 내린 덕분에 그나마 연평균 8%대 GDP 성장률이라도 만들 수 있었다. 이 시기는 위기 탈출을 위해 재정과 통화 모두 '확대' 기조를 선택했다.

2003년 이후 중국 GDP 성장률은 회복세를 보인다. 중국 정부의 재정적자도 계속 줄어 2007년에는 0.58% 흑자를 기록한다. 공식 집계를 시작한 이후 최초이자 유일한 사건이었다(2007년 중국 GDP 성장률은 14.19%라는 놀라운 성과를 냈다). 2008년 미국발 금융 위기가 발발하자, 중국을 비롯한 전 세계 경제가 추락했다. 중국 정부의 재정적자도 -2.8%를 기록했다. 기준 금리와 지급준비율도 내렸다. 그 힘으로 GDP 성장률이 반등하며 위기 탈출에 성공했다.

2003~2007년에는 아시아 외환 위기가 끝나고 기저효과와 살아남은 기업들을 중심으로 한 빠른 성장이 이어졌다. 전 세계가 돈을 풀어 경기를 띄우는 분위기여서 모든 영역에서 공급이 넘쳐났다. 재정과 통화 모두 '긴축'을 해야 할 정도로 공급 과잉기, 부동산·주식 버블 초강세기였다. 이 당시에 중국은 2008년 베이징올림픽까지 개최하면서 재정과 통화 확대가 절정에 달했다. 중국 주식시장은 베이징올림픽 직전까지 3년 동안 5배가 상승할 정도로 엄청난 버블이 형성됐다.

2008~2010년에는 글로벌 금융 위기 탈출을 위해 재정과 통화 모두 '확대'했다. 2011~2014년 중국 경제는 잠시 안정기에 접어든다. 2008년 글로벌 금융 위기를 기회로 삼아 선진국에서 매물로 나

온 자동차, 조선, 철강, 전기전자, 건설 등 중후장대형 산업군의 기업들을 대거 인수합병한 효과가 나타났다.

산업이 안정되자 중국 정부도 재정 지출을 줄여 재정적자 규모가 감소했다. 중앙은행도 기준 금리와 지급준비율을 상승 전환시킬 수 있었다. 즉, 긴축을 해도 경제가 성장하는 시점이었다. 이런 자신감을 바탕으로 자본시장도 개방하기 시작했다. 이 시기 정부 기조를 요약하면, 재정 정책과 통화 정책 모두 '긴축'이었다.

중국 경제의 진짜 문제는 2015년부터 시작됐다. 이때부터 현재까지 중국 경제는 체질이 가장 약한 시점이다. 중국 기업의 수출 경쟁력은 하락했고, 가계·기업·정부 모두 부채가 크게 증가했으며, 모든 산업 영역에서 구조조정이 필요한 상태다.

중국 정부가 역사상 가장 많은 재정 지출을 하고, 기준 금리와 지급준비율을 모두 대폭 하락시켰음에도 GDP 성장률이 6%대로 추락했다. 정확히 말하면, 정부 재정적자를 -3.4~-4.2%(역대 최고치)까지 늘리고, 중국 역사상 가장 낮은 기준 금리와 지급준비율을 기록한 덕분에 그나마 연평균 6%대 GDP 성장률이라도 만들 수 있었다. 이 시기 중국 정부의 기조를 요약하면, 재정 정책은 '확대'이고 통화 정책은 기본이 '확대'인데 구조조정을 위해 '선별적 긴축'을 부수적으로 사용했다.

지금부터는 중국 경제에 대한 환상을 버리는 것이 좋다. 중국 경제는 지표상으로 나타난 수치와 실제 내부 경제는 차이가 있다는 것이 중론이다. GDP 성장률, 인플레이션율, 실업률 등은 지표보다 더 낮을 가능성이 높고, 부채와 부실채권, 기업 파산 등은 발표 수치보다 높을 가능성이 크다. 즉, 현재 중국 경제 상황이 생각보다 좋지 않을 가능성이 높다.

이런 상황에서 미국이 기준 금리를 올리면 중국의 실물경제와 금융경제가 동시에 큰 어려움에 봉착할 수 있다. 필자는 앞에서 미국 연준의 긴축 순서와 단계별 시점을 예측했다. 기준 금리 인상 시작은 긴축 3단계에 해당하는데 2023년 연말부터 2024년 상반기 사이가 유력하다. 기준 금리 인상 목표치는 최소 3%, 최대 5%까지도 가능하다.

2023년 연말부터 2024년 상반기까지, 미국 연준이 기준 금리를 올리면 중국 인민은행은 어떤 움직임을 보일까? 지난 30년, 중국과 미국의 기준 금리 움직임 방향을 비교 분석해서 미래를 예측해보자.

〈그림 167〉은 미국과 중국의 기준 금리 격차 변화와 움직임 비교표다. 검은 화살표로 표시한 시점은 중국과 미국의 기준 금리 움직임이 서로 달랐던 시기다. 언뜻 봐서는 중국과 미국의 기준 금리 방향은 서로 상관없이 반대로 움직인 경우가 대부분인 것처럼 보인다. 그래서 2023년 연말부터 2024년 상반기 사이에 미국이 기준 금리 인상을 시작해도 중국 정부가 같이 따라서 올리지 않거나, 미국과 반대로 기준 금리 인하를 단행할 수도 있다고 생각할 수 있다. 정말 그럴까? 지난 30년 동안 중국의 기준 금리 움직임과 방향 선택에 대해서 좀 더 자세히 분석해보자.

필자가 '중국 경제 부상기(1992년부터 아시아 외환 위기 발발 직전)'라고 분류했던 시기에, 중국은 미국 연준의 기준 금리 정책과 상관

| 그림 167. 중국과 미국의 기준 금리 움직임(%) |

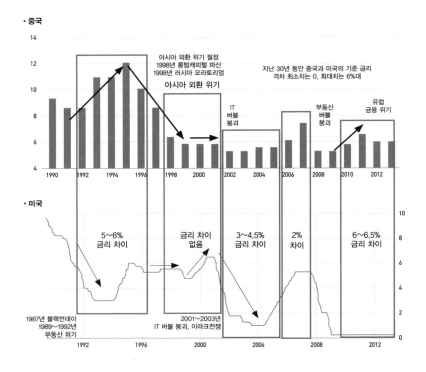

없이 움직인 것이 확실하다(비동기화). 이 시기에 중국은 자국 내 상황만 고려해 기준 금리 정책을 결정했다. 중국 정부는 산업 육성에 필요한 자금을 모으기 위해 금리를 올려서 저축을 유도했다. 기준 금리가 높아지면 기업 부담이 커지지만 당시에는 GDP 성장률이 그 이상으로 받쳐주었기에 견딜 수 있었다.

'아시아 외환 위기' 때는 미국은 기준 금리를 상방에서 유지하거나 인상했다. 하지만 중국은 기준 금리를 절반 가까이 떨어뜨려서 기업과 가계에 유동성을 공급하면서 위기 탈출을 시도했다(비동기화). 중국도 아시아 외환 위기의 범위 안에 들었기 때문이다.

'IT 버블 붕괴 시기'에는 미국이 5% 이상 기준 금리를 인하했지만 중국은 0.5%정도만 인하했다. 이번에는 미국이 위기의 중심지였고, 중국은 글로벌 경제 위축 영향만 받았기 때문이다.

'중국 경제 공급 과잉기(2003~2007년)'에는 대부분의 선진국에서 유동성 잔치가 벌어졌다. 이 시기에 미국과 중국은 둘 다 기준 금리를 인상해 자산시장 버블 확대에 대응했다(동기화). 2008~2009년 미국발 서브프라임 모기지 사태가 터지자 중국은 미국을 따라서 기준 금리를 인하했다(동기화). 중국도 미국만큼 부동산 버블이 컸고, 미국발 위기가 전 세계 금융시장을 흔들어놓았기 때문에 비슷한 대응을 해야 했다. 2010년 중국은 미국 경제가 위기에서 벗어나 수습 국면에 들어가자 기준 금리를 올렸다(비동기화). 같은 시기에 미국은 기준 금리 인상을 유보했다.

필자가 '중국 경제 구조조정기'라고 평가한 2015~2019년 미국이 기준 금리를 올려도 중국은 기준 금리를 내렸다(비동기화). 2019년과 2020~2021년 코로나19 정국에서는 미국과 중국이 모두 기준 금리를 인하했다(동기화).

위 사례들을 정리해보자. 중국이 미국의 기준 금리 방향과 반대로 움직인 것(비동기화)은 크게 네 번이다. 두 번은 미국이 기준 금리를 인하할 때 중국은 기준 금리를 인상한 경우다. 중국 산업이 매출, 이익, 기초 체력(펀더멘털) 등 모든 것이 좋았던 1990년대 초반과 2010년대 초반이다. 이 시기에 중국 정부도 긴축 재정을 기본으로 삼을 정도로 자국 경제 상황에 대한 자신감이 넘쳤다.

나머지 두 번은 미국이 기준 금리를 인상할 때 중국은 기준 금리를 인하한 경우다. 아시아 외환 위기 국면과 2015~2018년 중국 내 구조조정과 미중 무역전쟁이 벌어진 때다. 이 시기에 중국 정부는 재정 확대 정책을 펴면서 자국 GDP 성장률 하락을 방어했다. 이런 움직임을 통해 중국 정부가 기준 금리 정책을 어떻게 결정하는지, 그 기본적인 전략을 파악할 수 있다.

1. 재정 정책과 통화 정책을 긴축 모드로 해도 될 만큼 자국 산업이 탄탄하고 경제 전반에 대한 자신감이 넘칠 때는 기준 금리 인상 쪽으로 비동기화한다.
2. 재정 정책과 통화 정책을 확장 모드로 해야 할 만큼 경제 전반이 위험에 처해 있고 자국 산업의 경쟁력과 기초 체력이 약해졌을 때는 기준 금리 인하 쪽으로 비동기화한다.
3. 미국과 유럽 등 주요 선진국이 동시에 호황이거나 불황에 빠질 때는 기준 금리 움직임이 동기화된다.

중국 정부가 위 3가지 기본 전략 외에도 한 가지 더 고려하는 것이 있다. 미국 기준 금리와 자국 기준 금리의 격차 범위다. 중국은 경제 규모는 세계 2위지만 기축통화국도 아니고 금융 시스템이 상대적으로 취약하다고 평가받는 신흥국에 속한다. 신흥국은 미국 연준이 기준 금리를 인상하는 시기에 자본 이탈 위험에 처한다. 자본 이탈을 막거나 최소화하려면 미국과 일정한 수준의 기준 금리 격차를 유지해주어야 한다. '최소한 어느 정도 격차를 유지해야 하느냐'는 자국의 경제 규모와 펀더멘털에 따라 다르다.

중국은 어느 정도가 최소치일까? 필자가 〈그림 167〉에 표시해두었듯이, 지난 30년 동안 중국과 미국의 기준 금리 격차 최소치는 0%p이고, 최대치는 6%p대다. 2021년 현재 중국의 기준 금리는 3.85%다(그림 168). 지난 30년간 미중 기준 금리 최소 격차가 '0'이니, 앞으로 미국이 기준 금리를 3%대까지 인상해도 중국이 기준 금리를 인상하지 않고 버티거나 반대로 추가 인하를 할 여력이 충분하다는 생각이 든다. 정말 그럴까?

이런 생각이 설득력을 얻으려면 현재 중국 경제가 과거처럼 정부가 재정과 통화 정책 둘 다 긴축해도 높은 GDP 성장률을 기록할 정도로 탄탄해야 한다. 참고로 미중 간 기준 금리 격차가 '0'까지 줄어들었을 때는 2000년 IT 버블 붕괴 직전이었다. 이때 중국을 비롯한 아시아는 경제 위기에서 벗어나 외국 자본이 회귀하던 시기였다. 같은 기간에 미국과 유럽 금리도 각각 5~6%, 3~5%대에서 움직였다. 이런 이유로 중국의 기준 금리가 6%대 밑으로 떨어져서 미중 기준 금리 차이가 없어도 '금리 차로 인한 자본 탈출 위기 가능성'이 줄어들 수 있었다.

아쉽게도 현재 중국 경제는 예전과 다르다. 중국 정부가 역사상 가장 큰 재정적자를 기록하면서 재정을 투여하고, 낮은 금리와 지급준비율을 유지하면서 시중에 일정 수준의 유동성을 공급해야 겨우 5~6%대 GDP 성장률을 기록할 수 있다. 이런 상황이 2015년부터 두드러지기 시작했으니, 자본 이탈 위험을 피할 수 있는 미중

| 그림 168. 미국과 중국의 기준 금리 차이(%) |

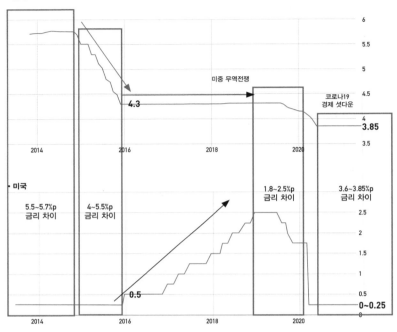

간 기준 금리 격차도 최근으로 좁혀서 계산해야 한다.

2014년 초 미국의 기준 금리는 0~0.25%, 중국은 5.77%였다. 중국과 미국의 기준 금리 차이는 5.52~5.77%였다. 중국은 2014년 11월부터 기준 금리를 인하했다. 2015년 11월(미국 기준 금리 인상 직전), 미국의 기준 금리는 0~0.25%, 중국은 4.3%였다. 양국의 기준 금리 차이는 4.05~4.3%였다.

미국이 2015년 12월부터 기준 금리를 인상할 때 중국은 기준 금리를 인상하지 않고 동결했다. 중국과 미국의 기준 금리 차이는 1.8%까지 줄었다. 2020년 코로나19 대재앙이 실물경제를 강타하자 미국은 제로 수준(0~0.25%)까지 기준 금리를 낮췄다. 중국 중앙은행도 3.85%까지 추가 인하를 단행했다.

2021년 현재, 중국과 미국의 기준 금리 차이는 3.6~3.85%다. 즉, 현재 중국의 경제 상황을 고려할 때 미중 간 기준 금리 격차 최소치는 1.8%로 늘어나고 최대치는 3.85%로 줄어든다(지난 30년 전체로는 최소치 0%, 최대치 6%).

위 계산을 근거로 하면, 2023년 연말부터 2024년 상반기 사이에 미국 연준이 기준 금리를 올리면 중국은 미중 기준 금리 격차가 1.8%로 좁혀질 때까지 동결하거나 추가 인하를 단행할 수 있다. 시간으로 환산하면, 대략 1년 정도 '버틸 여유'를 가진다. 하지만 이것은 어디까지나 이론적인 수치다. 1.8% 차이까지 버틴다 해도 다른 곳에서 무언가를 희생해야 버틸 수 있다.

2015년 12월 미국이 기준 금리를 인상하기 시작해도 중국은 기준 금리를 인상하지 못하고 4.3%에서 오랫동안 동결하며 버텼다. 공급 과잉과 부실채권 문제로 기업 구조조정을 진행하고 있었고, 가계와 기업의 부채 규모가 빠르게 증가하고 있어서 미국을 따라 기준 금리를 인상할 수 없었기 때문이다.

그 대가는 컸다. 중국 인민은행이 기준 금리를 인하하고 미국이 기준 금리를 인상할 때 동결로 버텼던 단 2년 동안 외환 보유고는 8500억 달러 감소했다. 2015~2016년 중국 정부는 -3.4%, -3.8% 재정적자를 내야 했다. GDP 성장률도 2013~2014년보다 1%p 하

| 그림 169. 중국 외환 보유고와 중국과 미국의 기준 금리 |

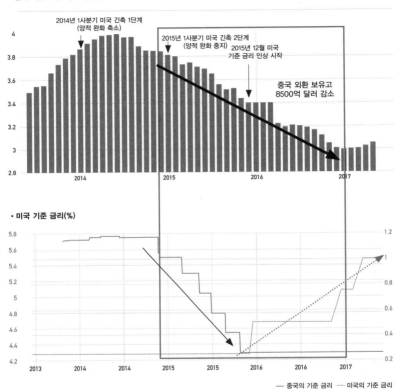

• 중국 외환 보유고(1조 달러)

• 미국 기준 금리(%)

— 중국의 기준 금리 ⋯⋯ 미국의 기준 금리

락을 감내해야 했다(그림 169).

뒤집어보면, 단 2년 동안 외환 보유고는 8500억 달러 감소, 2015~2016년 재정적자 -3.4%/-3.8%, 미국과의 기준 금리 격차 5.52~5.77%에서 3.4%까지 줄어드는 희생을 하고서 GDP 성장률을 방어했다.

중국은 긴축하지 않으면
외환 위기에 빠질 수 있다

2015~2016년에 중국 외환 보유고 8500억 달러가 썰물처럼 빠져 나간 이유에 대해서 "혹시 중국 정부가 일부러 미국 국채를 매각해서 생긴 일이 아닐까?"라는 질문을 할 수 있다. 중국이 미중 패권 전쟁에서 유리한 고지를 차지하기 위해 미국 국채를 매각한 금융 공격 아닐까 하는 추측이다.

아니다. 2015~2016년은 오바마 2기 정부 후반이다. 패권전쟁 중이긴 했지만 겉으로는 심각한 갈등 수준이 아니었다. 미국과 중국 사이 패권전쟁이 격렬해진 것은 트럼프가 대통령에 당선된 후다. 미중 간에 서로 극심한 말 폭탄과 실제적 경제 공격을 주고받은 시점은 2018년에 미중 무역전쟁이 본격화된 때부터다. 미국 국채 매각 공격 현실화도 이때쯤 부각된 이슈다. 2015~2016년은 아니다.

중국이 미국 국채를 내다파는 행위는 '큰 폭'의 외환 보유고 감소와도 상관이 없다. 미국 국채를 내다팔면, 그만큼 달러가 유입된다. 달러가 유입되면 외환 보유고가 다시 채워진다. 미국 국채 매각과 매각 대금으로 달러가 재유입되는 사이에 격차가 있더라도 8500억 달러 규모의 외환 보유고가 사라질 정도는 아니다.

필자는 중국이 미국과 경제전쟁을 벌이더라도 대규모 미국 국채 매각은 국운을 걸고 벌이는 최후의 수단이라고 평가한다. 만약 중국이 엄청난 규모의 미국 국채를 짧은 시간에 내다팔면, 아직 팔지 못한 미국 국채 가격도 동시에 하락해서 중국도 큰 손해를 본다. 중국의 미국 국채 매각은 '칼집에서 칼을 빼지 않고 있을 때' 가장 위협적인 무기다. 칼집에서 칼을 빼는 순간, 위력은 반감한다. 심지어 생각만큼 위력적이지 않을 경우 역공을 맞으며 중국 금융 시스템 전체가 무너질 수 있다.

그렇다면 2015~2016년에 중국 외환 보유고 8500억 달러가 썰물처럼 빠져나간 근본적 원인은 무엇일까? 해외 자본이 신흥국에서 탈출하는 이유는 여러 가지가 있지만, 크게 2가지로 압축할 수 있다. 하나는 그 나라 경제에 대한 기대감 상실이다. 다른 하나는 그 나라보다 더 좋은 수익률을 올릴 수 있는 대체 국가의 출현이다.

해외 자본이 신흥국으로 유입되는 이유는 정반대다. 〈그림 170〉을 보자. 1990년 이후 '중국 경제 부상기'에는 해외 자본 입장에서 중국 경제에 대한 미래 기대감이 커지고 있었다. 중국 정부가 위안화 절하를 단행해서 수출이 늘고, 14억 인구를 가진 중국의 미래

| 그림 170. 중국 외환 보유고와 수출량·위안화 가치 |

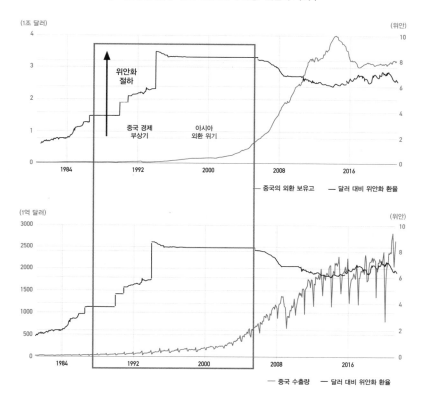

경제에 대한 환상이 활짝 피어나는 시기였다. 해외 자본은 물밀듯 중국으로 향했다. 해외 자본 입장에서는 중국 위안화가 절하되면 같은 달러라도 더 많은 위안화로 교환할 수 있다. 수출도 늘고, 위안화 교환 비율도 좋고, 중국의 주식시장과 부동산시장 모두 호황기로 접어드니 투자 수익률도 좋다. 뭐 하나 나쁜 것이 없다. 해외 자본이 밀려들고, 수출로 벌어들인 달러가 쌓이니, 외환 보유고는

쑥쑥 늘어난다.

〈그림 171〉은 중국 경제 부상기의 거시경제 시스템이 작동하는 모습이다. 회색 화살표는 두 변수의 증감이 같은 방향으로 움직이는 것을 표시한다. 붉은색 화살표는 두 변수의 증감이 반대 방향으로 움직이는 것을 표시한다.

중앙은행이 통화 정책 완화를 지속하면서 위안화 가치가 초약세를 기록했지만, 중국 경제의 고성장과 수출 경쟁력 초강세 등으로 달러 자본 투자 유입이 늘면서 외환 보유고가 계속 증가했다. 시중에 유동성이 증가해도 중국 내 자산투자의 안정성과 수익률이 높아지면서 달러 유출이 줄지 않았다.

| 그림 171. 중국 경제 부상기, 위안화 초약세 |

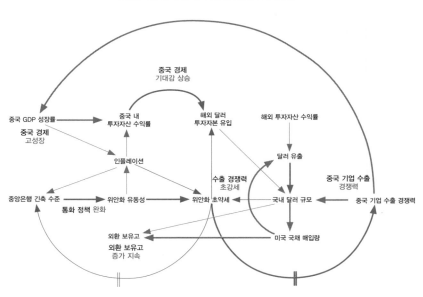

중국은 오랫동안 '고정환율제'를 고수해 '위안화 초약세'를 유지하면서 온갖 이익을 누렸다. 중국이 고정환율제를 포기하고 '관리변동환율제'를 시행한 것은 2008년 베이징올림픽을 앞둔 2005년 7월 21일이었다. 관리변동환율제는 정부가 환율을 자국에 최대한 유리한 선에 고정하는 고정환율제와 시장에서 환율이 자유롭게 정해지는 '자유변동환율제'의 중간 단계다.

중국이 환율 관리 방식을 바꾼 것은 당시에 달러 인덱스가 1970년 이후 가장 낮게 내려가면서 초강세 추세를 보인 것과도 관련이 있다. 〈그림 172〉를 보면, 같은 시기에 원-달러, 원-위안 환율도 매우 강한 추세였음을 알 수 있다. 한국 주식시장도 20년간의 오랜 정체기를 끝내고 코스피가 한 단계 높이 상승하는 시기였다. 이는 중국과 한국을 비롯한 아시아 주요 신흥국의 수출이 강세를 보이고 물가도 상승하기 시작했기 때문이었다.

중국 정부가 관리변동환율제를 선택한 배경에는 미국 달러가 초강세를 보이고, 중국이 무역흑자를 늘려가고, 물가는 상승하고 (위안화 강세면 수입 물가 하락), 베이징올림픽이라는 세계적 행사를 앞둔 상황 등이 있었다. 여기에 자국 경제와 금융 시스템의 위상을 전 세계에 알리면서 세계 중심국으로 부상하고 싶어 하는 중국 정부의 욕구가 복잡하게 맞물린 결과였다.

관리변동환율제를 시행하자 중국 위안화 가치는 빠르게 강세로 전환됐다. 화폐 교환 비율로만 본다면, 위안화 강세는 외국 투자자들에게는 달갑지 않다. 같은 달러를 가지고도 이전보다 더 적은 위안화로 교환되기 때문이다. 이렇게 위안화 가치가 강세로 전환되

| 그림 172. 원-달러 환율 vs. 원-위안 환율 |

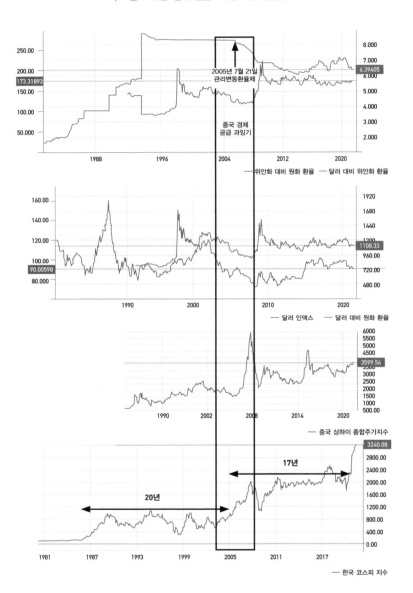

면서 환율 교환 비율에 손해가 발생해도 중국의 미래 경제에 대한 기대감이 유지되고, 중국보다 더 좋은 수익률을 올릴 만한 대체 국가가 나타나지 않으면 외국 자본은 중국에 머물고 추가 유입도 계속된다.

2015년 7월 21일 이후 한동안은 그랬다. 2008년에 베이징올림픽 특수가 기다리고 있었고, 중국 수출 기업의 경쟁력도 여전히 유지됐다. 중국 경제가 공급 과잉기에 있었기 때문에 주식과 부동산, 기타 인프라 투자 시장에서 수익률도 여전히 좋았다.

하지만 2008년 이후에 상황이 묘하게 반전되기 시작했다. 미국에서 부동산 가격이 대폭락해서 금융 위기가 발생했고, 미국 경제에 대한 불안감이 커졌다. 2011~2014년에는 유럽이 금융 위기로 크게 흔들렸다. 전 세계에서 믿을 만한 나라는 중국뿐인 것처럼 보였다. 당연히 위안화 강세 분위기가 더 커졌다. 중국 경제도 경공업 중심 산업체계에서 벗어나 중후장대형 산업체계로의 전환에 성공하면서 위안화 초강세 분위기가 만들어졌다. 위안화 가치가 역사상 최고 수준까지 절상되면서 외국 투자자 입장에서는 환율 교환 비율 손해도 가장 커졌다.

하지만 미국과 유럽 경제가 크게 흔들려서 중국을 대체할 나라가 없어 보였다. 미국과 유럽은 위기 탈출을 위해 기준 금리도 내렸다. 미국은 제로 금리, 유럽은 1% 금리였다. 이에 반해 중국은 2008년에도 5.5%였고 2011년에는 6.5%까지 기준 금리를 올렸다. 미국과 유럽에서 초저금리로 돈을 빌려 중국 금융시장에 투자하면 앉은 자리에서 4.5~6.5% 수익을 올릴 수 있었다.

2014년까지는 중국 기업의 수출액도 계속 증가했다. 주식시장은 예전만 못했지만 그런대로 회복 기미를 보이고 있었다. 위안화 초강세라는 불리함을 상쇄할 만한 다양한 요소들이 남아 있었다. 외국 자본이 중국에 머물고 추가 유입이 계속되는 형세가 유지됐다. 중국 기업이 자력으로 달러를 벌어들이는 능력도 유지되고 있어서 외환 보유고 증가세는 계속됐다. 그리고 2014년 6월 중국 외환 보유고는 4조 달러에 육박하면서 역사상 최고 정점에 이르렀다(그림 173).

그다음에는 어떻게 되었을까? 필자가 앞에서 상세하게 설명했으므로 이 글을 읽는 독자들은 잘 알고 있을 것이다. 중국 경제의 화려한 절정기는 2014년이 끝이었다. 2014년 11월, 자신감 충만했던 중국 정부는 G1과 기축통화국 야심을 이루기 위한 징검다리로 자본시장을 추가 개방하고 후강통을 실시했다. 기준 금리와 지급준비율도 대폭 인하하면서 자본시장에 축제 분위기를 만들어주었다. 시장에 막대한 유동성을 공급하면 위안화가 약세로 돌아선다. 그러면 수출 기업에는 호재다. 하지만 지금은 그것이 중요한 게 아니었다. 자본시장 개방으로 중국 경제와 금융 시스템의 자신감과 선진성을 보여주는 시점에 위안화가 갑자기 약세로 돌아서면 영달갑지 않다. 중국 정부는 환율시장에 개입해서 위안화 약세를 막았다.

2015년이 되자 2014년 수출 증가와 후강통 기대감이 주식시장에 반영되면서 주가가 2007년 이후 9년 만에 5천 포인트 선을 회복했다. 부동산시장도 다시 들썩였다. 하지만 축제는 오래가지 못

| 그림 173. 중국의 수출액과 외환 보유고·주가지수 |

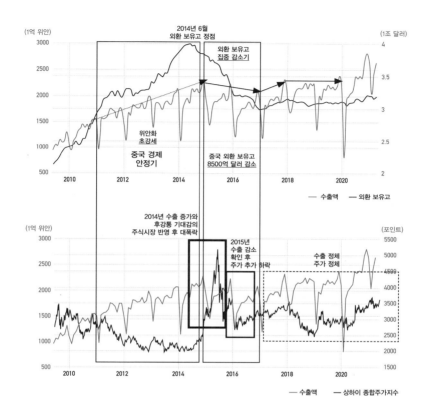

했다.

2015년 상반기부터 중국 기업의 수출 감소가 지표상에 뚜렷하게 나타났다. 외환 보유고도 일시적 조정 수준을 넘어서 계속 감소하기 시작했다. 외부 상황도 중국에 불리하게 돌아갔다. 2015년부터 유럽이 금융 위기에서 완전히 벗어났다. 특히 미국 경제가 빠르게 살아나면서 기준 금리 인상을 앞두고 있었다. 중국 투자를 대체할 나라가 등장한 것이다.

이렇게 위안화 강세로 인한 환율 교환 비율 손해를 상쇄해줄 요소들이 하나둘 사라져가자 중국 내 불안 요소가 부각됐다. 가장 큰 불안 요소는 급격한 인건비 상승으로 인한 중국 수출의 글로벌 경쟁력 약화였다. 중국 기업의 수출 감소는 중국 정부의 구조조정 영향도 있었다. 하지만 중국 정부가 실시한 구조조정은 후행적 사건이다. 그전에 이미 수출 기업의 경쟁력은 약화되고 있었고, 부실채권도 늘어나고 있었다. 중국 정부의 구조조정은 이런 기업들 때문에 어느 날 갑자기 금융 위기를 맞을 수 있다는 위기감이 커지면서 일어난 후행적 사건인 것이다. 중국 기업과 가계 부채의 급증과 부실도 증가, 정점으로 치닫는 부동산 버블이 언제 붕괴할지 모른다는 우려도 외국 투자자를 불안하게 했다.

위기감을 인지한 중국 정부는 2015년 8월 19일부터 3일 동안 환율시장에 인위적으로 개입해 위안화 가치를 절하시켰다. 중국 정부가 위안화 약세를 용인하자 위안화의 가치는 빠르게 하락했다. 하지만 외환 보유고 감소 추세는 멈추지 않았다. 주식시장도 급락했다. 외환 보유고 감소가 멈추지 않고 주식시장과 실물시장이 모두 흔들리자, 중국 정부는 기준 금리와 지급준비율을 계속 인하했다.

위안화 약세는 더 빨라지면서 2008년 금융 위기 이전 수준을 넘어섰다. 중국 경제 안정기(2011~2014) 당시 위안화 강세분을 전부 토해냈다. 외국 투자자 입장에서 환율 교환 비율이 다시 좋아졌다. 중국 정부도 미국 국채 매입을 늘려 외환 보유고 급감은 2016년 말이 되자 극적으로 멈췄다. 위안화 약세가 커지면서 중국 수출 기업의 가격 경쟁력도 다소 회복되고, 미국과 유럽 경제가 호황을 보이면서 2017년부터는 중국의 수출 규모 감소 추세도 멈췄다.

〈그림 174〉는 중국 경제 구조조정기의 시스템이 작동하는 모습이다. 경제 작동 구조는 똑같지만, 강화되는 영역이 중국 경제 부상기 시절과 다르다. 시중에는 유동성이 너무 많고, 미국 등 해외 자산 투자의 안정성과 수익률이 높아지면서 달러 유출이 늘어나 위안화 가치는 변동성이 커지고 불안정하다. 수출 경쟁력은 약화되고 중국 경제에 대한 기대감은 이전만 못해서 해외 자본 유입이 줄어들어 외환 보유고는 감소했다. 외환 보유고 감소를 그대로 방치

| 그림 174. 중국 경제 구조조정기, 위안화 강세·약세 반복 |

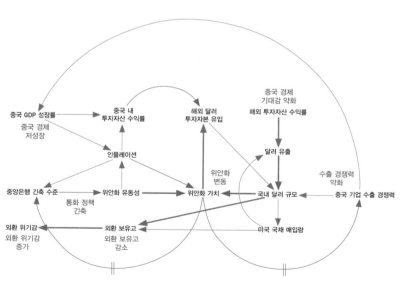

하면, 연준이 기준 금리를 인상해 신흥국에서 달러 자본 이탈이 발생하면 외환 위기감이 커지는 원인이 된다.

우리의 궁금증으로 다시 돌아와보자. 우리는 "2023년 연말부터 2024년 상반기 사이에 미국 연준이 기준 금리를 올리면, 중국이 외환 보유고 감소를 대가로 미중 기준 금리 격차가 1.8%로 좁혀질 때까지 자국 기준 금리를 동결하거나 추가 인하할 수 있을까?"라는 질문을 던졌다. 지금까지 필자가 한 분석을 기반으로 하면 답은 이렇다. "그렇게 하기 힘들다!"

2021년 5월 기준 중국 외환 보유고는 3조 2천억 달러 정도다. 2015~2016년처럼 추가로 8500억 달러 정도 외환 보유고 감소라는 희생을 할 수 없다. 중국 경제에 대한 외국 자본의 기대감이 예전 같지 않다. 2014년 이후 외국 자본의 움직임을 보면 예전과 다른 심리적 변화가 분명히 있다.

필자가 앞에서 밝혔듯이, 중국 외환 보유고의 마지노선은 2조 5천억 달러 선이다. 현재 기준으로 7천억 달러 정도의 여유밖에 없다. 2조 5천억 달러 선이 무너지면 금융 위기가 발생할 수 있다. (일부에서는 1조 8천억 달러를 마지노선으로 보기도 한다.)

중국의 외환 보유고 수준을 평가할 때는 몇 가지 고려할 사항이 있다. 첫째, 중국 외환 보유고 전체가 달러로 채워져 있지 않다. 모든 나라가 마찬가지다. 외환 보유고 전체를 현금(달러)으로 보관하면 유동성은 최고다. 하지만 현금은 시간이 갈수록 가치가 하락한다. 현금 가치 하락에 대응하기 위해 미국 국채로 바꿔두면 정기적인 이자 수익을 올릴 수 있다. 금이나 선진국 주식으로 바꿔두면 가치 상승으로 인플레이션에 대응할 수 있다. 이런 이유로 각국의 외환 보유고는 다양한 자산으로 구성된다. 그렇다 보니 자산의 현금 유동화 수준이 다르다. 경제 위기가 발생하면 외환 보유고 전체가 얼마인가는 중요하지 않다. 외환 보유고 중에서 단기에 달러 현금으로 유동화할 수 있는 비율이 얼마인가가 중요하다.

달러 유동화가 가장 높은 자산은 미국 국채와 금이다. 2021년 3월 기준 중국의 미국 국채 보유량은 1조 1천억 달러이고, 금 보유량은 1874톤(2009년 기준)이다. 외환 위기는 '정확히 말하면' 달러 유동성 위기다. 외환 보유고 전체 규모와 상관없이 달러 유동성이 고갈되면, IMF에서 달러 구제금융을 받아야 하고 국내에 있는 금을 다 모아 팔아서 달러를 구해야 한다. 1997년 한국의 외환 위기때 일어난 일이다.

둘째, (그런 의미에서) 중국 외환 보유고의 구성 상태를 들여다보아야 한다. 미국 재무부 자료에 따르면, 중국 외환 보유고가 4조 달러에 육박했을 시점(최고 정점 도달)에 중국의 미국 국채 보유 규모는 약 1조 8200억 달러였다. 외환 보유고 전체의 45% 상당이다. 나머지 55%는 무엇으로 채워져 있었을까? 중국이 유럽을 통해 보유한 미국 국채, 미국과 일본 그리고 유럽 등 선진국의 주식, 금 등이었다.

일부 전문가는 이런 자산 중에서 1조 달러 정도의 출처가 불분명하다고 의심한다.[51] 예를 들어, 외환 보유고에는 국채나 주식 등으로 표기되어 있지만 실크로드 기금과 아시아인프라투자은행AIIB 등을 통해 위험성이 높은 곳에 투자된 정황이 있고, 중국 정부가 자원 개발 가속화를 위해 아프리카와 중남미에 투자한 돈 가운데 상당액이 외환 보유고에서 나왔을 것으로 추정된다. 자원 개발에 들어간 투자금은 장기간 묶인 돈이고, 투자 회수도 불확실하다. 중국의 외환 보유고 일부는 단기적으로 위기가 발생할 때 즉시 달러화로 바꿀 수 없는 돈일 수 있다.

셋째, 중국은 경제 규모가 큰 만큼 외환 보유고 착시현상도 크다. 중국인이 해외여행을 다니면서 달러를 쓰고 온다고 가정해보자. 중국 중산층은 대략 1억 명 이상으로 추정된다. 중국 상류층을 한국 상류층 비율(3%) 기준으로 추산하면 대략 4천만~5천만 명이 된다. 중국의 해외여행 대상자는 1억~1억 5천만 명인 셈이다. 코로나19 이전 한국인의 연간 해외여행객 수가 2869만 명(2018)이었다. 한국의 중산층과 상류층을 합하면 대략 전체 인구의 50%가 된다. 한국인 2500만 명 중에서 해외여행객이 연간 2869명이라면, 중국도 연간 1억~1억 5천만 명이 해외여행을 다닐 것으로 추정된다. 이들이 해외여행을 하면서 1만 달러씩만 환전해도 1조~1조 5천억 달러의 외환이 필요하다.

넷째, 중국 정부가 외환 유출입을 강하게 통제하더라도 금융 시스템에는 구멍이 많다. 위기가 발생했을 때 중국 내외의 투기자본이 달러를 해외로 유출할 방법은 많다. 이런 요소들까지 감안하면, 외환 보유고 3조 2천억 달러는 안심할 만한 규모가 아니다.

중국은 지금 외환 보유고를 더 늘려야 할 형편이다. 수출 경쟁력은 예전만 못하고, 정부 부채는 GDP 대비 66.8%다. 지난 5년 동안 -3.5~-4.2% 수준의 재정적자를 기록 중이다. 앞으로도 이 수준을 넘어서는 재정적자를 단행하기는 어렵다.

GDP 성장률은 6% 선이 계속 위협받고 있다. 2014년 이후 중국의 자본 개방도는 계속 높아졌다. 위기가 발생하면 자본이 이탈하거나 헤지펀드의 공격을 받을 가능성이 커진다는 의미다. 이런 상황을 고려하면, 최근 미중 간 기준 금리 격차 최소치 1.8%는 안전하지 않다. 중국 경제가 예전 같지 않은 것처럼, 중국 금융 시스템도 미국의 기준 금리 인상에 매우 취약해진 상황이다.

미국이 기준 금리 인상을 시작할 때, 외환 보유고의 급격한 감소를 방어하려면 위안화 환율은 어느 정도가 되어야 할까? 필자의 예측으로는, 해당 시기에 중국 수출이 2015~2016년처럼 감소세로 전환되면, 달러당 6.5위안을 넘어섰을 때 외환 보유고 감소 위험이 발생할 수 있다. 만약 해당 시기에 중국 수출이 감소세로 전환되지 않고 잘 버텨준다면, 달러당 7위안을 넘을 정도로 약세를 보이지 않을 경우 외환 보유고 급감은 피할 수 있을 듯하다.

위안화 가치가 달러당 7위안을 넘어선 것은 트럼프와 무역전쟁을 벌일 때였다. 당시 중국 외환 보유고는 수출 감소와 투자자 불안으로 다시 감소세로 전환됐다(그림 175).

필자의 분석으로는, 미국이 기준 금리를 인상할 시기나 혹은 그 전에라도 중국 정부가 전면적 긴축으로 전환해야 한다. 긴축을 하지 않으면 미국이 기준 금리를 인상한 후에 외환 위기 위험에 빠질 수 있다. 긴축을 하지 않고 위안화 약세와 유동성 확대로 수출 기업을 지원하는 것은 모험이다.

최근 코로나19 선방과 기저효과로 중국의 수출은 증가 추세로

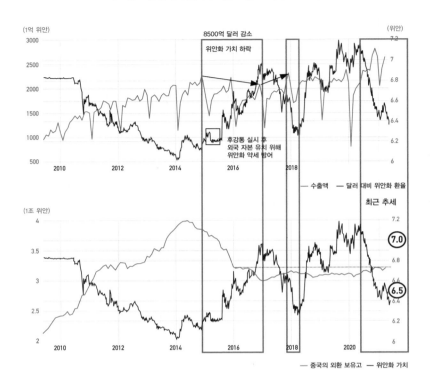

| 그림 175. 중국 수출액과 외환 보유고 · 위안화 가치 |

뚜렷한 전환을 보였다. 위안화도 달러당 6.4위안까지 상승했다. 이에 힘입어 외환 보유고도 2016년 이후 가장 많이 쌓였다. 하지만 중국의 수출 증가 추세가 리바운드 효과가 끝난 후에도 지속될지는 의문이다.

수출 변수를 제외하고, 외환 보유고를 유지하려면 중국이 미국 국채 매입을 추가로 늘리거나, 위안화 가치를 달러당 6.5위안 이상의 강세에서 머물게 해야 한다. 중국 정부가 '인위적으로' 위안화 약세를 유도하면 미국에 환율 조작국 지정 빌미를 주거나 무역 전쟁 재발의 불씨가 된다. 반면 중국이 미국 국채를 사주면 미국이 중국 제품을 계속 구매하도록 유도하는 효과가 있다.

바이든 정부가 인프라 투자를 진행하면 중국 수출 업체에도 도움이 될 것이라는 기대가 있다. 이런 기대도 미국과 중국의 무역 관계가 좋아야 한다는 전제가 먼저 충족되어야 한다. 바이든 정부에서도 미중 간 기 싸움은 팽팽하다. 바이든 정부는 트럼프 대통령이 부과한 중국산 제품에 대한 관세도 철회하지 않고 있다. 인프라 투자 계획을 발표하면서도 미국산 제품 구매를 강조했다. 미국 의회와 기업, 국민 모두 대중 무역적자에 불만이 많다. 90년 만에 최대 규모 인프라 투자의 혜택 일부를 중국이 가져가려면 이들을 납득시킬 대가가 필요하다. 중국의 미국 국채 매입 확대는 미국에 줄 수 있는 최고의 선물이다.

중국의 외환 보유고 내용 면에서도 미국 국채가 가장 안전하다. EU 채권은 상대적으로 불안하고, 부동산이나 주식과 연관된 자산은 리스크가 크다. (참고로 중국 국가외환관리국에 따르면, 현재 외환 보유고 중 34.1%가 미국 국채다.)[52] 중국 입장에서는 '당분간' 위안화 강세 유지와 미국 국채 매입이 유리한 전략인 셈이다.

미국 국채 추가 매입과 위안화 강세 유지, 둘 다 긴축을 기본으로 한다. 예를 들어, 중국 정부가 미국 국채를 사려면 달러로 미국 국채를 매입해야 한다. 외환 보유고에 쌓아둔 달러로 미국 국채를 사는 것은 외환 보유고 증가 효과가 크지 않다. 위안화를 팔거나 달러 차입을 늘려서 미국 국채를 매입해야 한다. 달러 차입을 늘리면 부채가 증가한다. 시중에 돌아다니는 위안화를 활용해서 달러를 사 미국 국채를 매입하면 그만큼 위안화 유동성이 줄어서 긴축 효과가 난다. 시중 유동성을 그대로 둔 채 중앙은행이 추가 유동성을 이끌어내서 달러를 사 미국 국채를 매입하면 그만큼 위안화 약세 요인이 된다. 위안화 약세 요인을 상쇄하려면 긴축을 통해 시중에서 위안화 유동성을 흡수해야 한다. 이래저래 미국 국채 매입은 긴축을 불러온다.

2021년 1~2월에 중국 내 은행들의 신규 대출 증가율이 16%로 높아졌다. 그러자 중국 당국은 인민은행을 통해 1사분기 총대출 증가율을 작년 1사분기와 비슷한 수준으로 유지할 것을 명령했다.

2021년 3월 양회에서 중국 정부가 선제적으로 '긴축' 발언을 내놓은 것도 주목해야 한다. '이미 정해진 미래'인 미국 연준의 양적완화 중지와 기준 금리 인상에 따른 후폭풍에 대한 철저한 대비를 염두에 둔 발언이다. 중국 정부는 미국이 기준 금리 인상을 시작하기 전에 중국 내부에 쌓인 기업 부실과 부동산 버블도 일정 수준 이하로 안정시켜야 한다. 여기에도 긴축이 필수다.

그렇다고 긴축을 너무 강하게 하면 부채 위기가 발생하고 수출 기업에 악재가 되어 외국 자본이 이탈한다. 2023년까지 만기가 도래하는 중국의 기업 사채 규모는 2조 1400억 달러(약 2400조 원)에 이른다.[53]

바이든 정부 시대, 위안화 가치와 중국 기업의 수출 경쟁력 사이에 매우 민감한 조율과 균형이 필요하다. 위안화 초강세도 위험하고, 달러당 7위안을 넘어서는 초약세도 위험하다. 조절에 실패하면 외환 보유고에 문제가 생긴다. 그러면 글로벌 헤지펀드들이 벌떼처럼 달려들어 공격할 것이다. 그 후에는 어떤 일이 일어날지 아무도 장담할 수 없다.

중국의 GDP 성장률
경로 예측

2020년 중국의 GDP는 선진국(G20) 중에서 유일한 플러스 성장
(2.3%)을 했다. 경제 전문가들의 전망치 2.1%보다 높았다. 소매판
매가 전년 대비 3.9%포인트 감소했지만, 전 세계에서 코로나19 경
제 충격을 가장 빨리 극복해서 경제 침체를 최소화했고, 중국 내
온라인 판매 성장(2020년 10.9% 성장)과 해외 수출 증가가 경제를 견
인했다.

2020년 중국의 연간 수출 증가치는 3.6%, 연간 무역흑자는
5350억 달러를 기록하면서 최근 5년 내 최대치였다. 해외 각국에
서 코로나19 대응을 위한 방역용품 주문이 밀려들어왔고, 미국과
유럽에서 코로나19로 생산이 멈추자 중국이 의학 부품 기계 생산
을 대신하는 기회를 얻었고, 언택트 환경으로 인한 전자제품 등에
서 글로벌 수요가 급증한 덕분이다.[54]

2021년 중국의 GDP 성장률은 어떤 모습일까? 2021년에도 높은 GDP 성장률이 기본적으로 예상된다. 리바운드 효과로 인한 중국 내 경기 회복 모멘텀 자체가 견고하고, 최대 수출 대상국인 미국 경제의 폭발적 성장세 덕을 볼 것으로 예측되기 때문이다.

중국 사회과학원이 2021년 중국 GDP 성장률을 7.8%, 중신증권은 8.9%, 노무라증권은 9%, IMF는 8.4%, 세계은행은 7.9%로 전망했다. 종합하면, 2021년 중국 GDP 성장률 전망치는 최소 7.9%, 최대 9%다. 높은 인플레이션율을 감안하면, 10%까지도 가능할 수 있다. 이런 장밋빛 전망에도 불구하고, 중국 정부는 2021년 양회에서 2021년 GDP 성장률 목표를 '6% 이상'이라고만 발표했다. 왜 그랬을까?

〈그림 176〉과 〈그림 177〉을 보자. 1962년 이후 중국의 GDP 성

| 그림 176. 1962년 이후 중국의 GDP 성장률(%) |

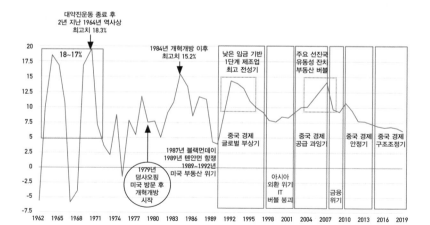

장률 변화와 1988년 이후 중국 정부의 재정적자 추이다. 현대 중국 역사상 가장 높은 GDP 성장률 기록은 마오쩌둥이 대약진운동(1958~1962)을 끝낸 뒤 2년이 지난 1964년의 18.3%다. 1979년 덩샤오핑이 미국을 방문해 지미 카터 대통령과 역사적인 미중 정상회담을 하고 중국 경제가 개혁개방으로 전환한 후로는 1984년에 달성한 15.2%가 최고치다. 그다음으로 높은 GDP 성장률 기록은 '중국 경제 (글로벌) 부상기'였던 1992년 14.3%, '중국 경제 공급 과잉기'였던 2007년 14.19%였다.

1990년 이후 중국 경제가 연평균 성장률 10%를 넘는 위력을 연속 4~5년 동안 발휘한 기간은 두 번이다. 1992~1995년(4년)과 2003~2007년(5년)이다. 전자는 '중국 경제 부상기'로서 낮은 임금 기반으로 중간재를 수입해 조립한 뒤 전 세계로 되판 제조업 1단계 최전성기 시절이었다. 후자는 '중국 경제 공급 과잉기'로서 중국, 미국, 유럽 등 주요 선진국과 신흥국에서 중앙은행이 중심이 되어 엄청난 유동성 잔치를 펼치면서 부동산 버블이 치솟은 시절이었다. 전자는 제조업의 힘으로, 후자는 유동성과 부동산 버블의 힘으로 10% 이상의 GDP 성장률을 만들었다.

전자와 후자 모두 GDP 성장률이 높아지면 재정적자가 감소하고, GDP 성장률이 낮아지면 재정적자가 증가하는 패턴을 보였다. 2008~2009년 글로벌 금융 위기 이후, 필자가 '중국 경제 안정기'로 분류한 시기에 GDP 성장률은 2010년 10.6%를 찍은 후 2011년 9.5%, 2012년 7.9%, 2013년 7.8%를 기록하면서 뚜렷한 하향 곡선을 그리기 시작했다.

필자가 '중국 경제 구조조정기'로 분류하는 2014년부터 코로나 19 발발 직전인 2019년까지 중국의 GDP 성장률을 살펴보자(그림 178). 2014년에는 7.3%를 기록하면서 24년 만의 최저치라는 평가를 받았다. 2015년 중국 GDP 성장률은 6.9%, 2016년에는 6.7%를 기록했다. 미중 무역전쟁이 시작되기 직전인 2017년 중국의 GDP 성장률은 6.8%였다. 미중 무역전쟁이 시작된 2018년에는 6.6%로, 당시 28년 만의 최저치라는 평가를 받았다. 코로나19 발발 직전인 2019년에는 6.0%를 기록했다. 미중 무역전쟁이 계속됐다는 점을 생각하면 나쁘지 않은 수치다. 하지만 2010년 이후 시작된 GDP 성장률의 뚜렷한 하향 곡선은 계속됐다.

〈그림 178〉은 2002~2019년 GDP 성장률을 로그 추세선으로 전환한 것이다. 중국 경제 공급 과잉기에는 로그 기울기 각도 변화가 3회나 있었다. 로그 기울기 각도가 변했다는 것은 성장 속도에 변화가 있었다는 의미다. 중국 경제 안정기와 중국 경제 구조조정기

| 그림 177. 중국의 GDP 대비 정부 재정 비율(%) |

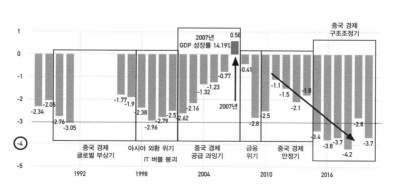

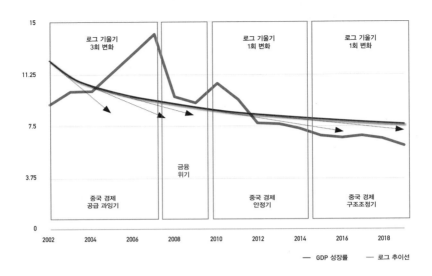

| 그림 178. 2002년 이후 중국 GDP 성장률(%)과 로그 추이선 |

로그 기울기
3회 변화

로그 기울기
1회 변화

로그 기울기
1회 변화

금융
위기

중국 경제
공급 과잉기

중국 경제
안정기

중국 경제
구조조정기

— GDP 성장률   — 로그 추이선

에는 로그 기울기가 각 1회 변했다. 로그 기울기로 환산한 수치가 보여주는 의미는 '시간이 갈수록 성장률 변화는 완만하게 움직이면서 안정되었지만, 하향 추세가 고착화되고 있다'는 것이다.

지난 60년간(1962~2021), 중국 경제는 하락 추세(직전 고점에서 반등 직전까지)가 최장 7년 이상 지속되지 않았다. 하지만 2007년 14.19%로 최고점을 찍은 후 2020년까지 14년 동안 계속 하향 추세가 이어졌다. 이것이 의미하는 것은 무엇일까?

현재 중국 경제는 코로나19 이전 추세를 반전시킬 뚜렷한 추가 성장 동력이 보이지 않는다. 반면 미국은 코로나19 이전 추세로의 복귀를 늦출 추가 성장 동력을 마련했다. 2021년에 1조 9천억 달러 추가 부양책, 수조 달러 규모의 인프라 투자라는 추가 동력이다. 중국 정부는 이런 규모의 재정 부양책을 구사하기 힘들다.

코로나19 이전부터 재정적자 규모가 과거 평균치를 훌쩍 넘어섰다. 중국 내부의 인프라 투자 및 주택 건설 등에서 과잉 투자 문제도 해결되지 않았다. 이런 상황이기 때문에, 중국은 미국과는 달리 리바운드 효과가 끝나면 코로나19 이전 추세선으로 복귀할 가능성이 높다.

중국은 2020년 2.3% 플러스 성장률을 기록했다. 미국은 -3.5%를 기록하면서 1946년 이후 가장 낮은 수치를 냈다. 2020년에 중국이 미국보다 선방했다는 것은 단기적 호재일 뿐이다. 〈그림 179〉와 〈그림 180〉을 보자. 2020년 코로나19 제1차 대유행기에 중국의 GDP 성장률 반등은 미국보다 1분기 정도 빨랐다. 하지만 충격 이후 첫 분기 GDP 성장률 반등 수치는 미국보다 낮았다. 작은 충격을 받았기 때문에 기저효과도 상대적으로 적었다. 반면 미국은 중국보다 큰 충격을 받았다. 충격 이후 첫 분기 GDP 성장률 반등 수치도 매우 컸다. 비율로 계산해보면, 미국의 회복력이 중국과 큰 차이가 없는 셈이다.

중국의 2020년 GDP 성장률 수치는 조삼모사에 불과하다. 중국은 2020년에 플러스 GDP 성장률을 기록해서 웃었지만, 미국은 2021년 GDP 성장률 반등이 중국보다 강해서 웃는다. 오히려 2021년부터는 미국 경제 상황이 중국보다 더 나을 가능성이 높다.

필자가 박스로 표시한 반등기의 세 번째 분기를 보라. 중국은 직전 분기와 거의 비슷했다. 하지만 미국은 1조 9천억 달러의 추가

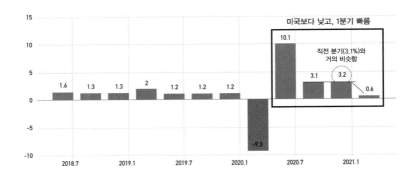

| 그림 179. 코로나19 전후 중국의 GDP 성장률(%) |

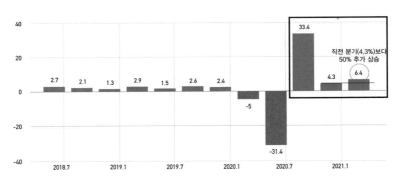

| 그림 180. 코로나19 전후 미국의 GDP 성장률(%) |

부양책 효과로 직전 동기 대비 중국보다 50% 높은 수치를 기록했다. 2022년 경제 분위기는 미국이 중국보다 더 좋을 수 있다. 명목 수치는 중국이 더 높을지 모르지만, 중국은 코로나19 직전 수준인데 비해 미국은 코로나19 직전 수준을 넘어서는 수치가 나올 가능성이 높기 때문이다.

참고로 중국과 미국의 서비스 PMI도 비교했다(그림 181). 중국이 먼저 뛰었다가 가라앉았고, 미국이 시차를 두고 상승했다. 이런 현상은 제조업 PMI와 식품 물가 움직임도 마찬가지다(그림 182와 그림 183).

2021년 중국의 GDP 성장률이 최소 7.9%, 최대 9% 사이를 기록하더라도 코로나19 직전 성장률 6.1%보다 30~50% 추가 성장이다. 미국은 최소 6.5%에서 최대 8.1% 사이를 기록하면 코로나19 직전 2.3%보다 3~3.5배 높은 성장률이다. 미국의 2018년 수치인 2.9%와 비교해도 2.3~2.8배나 높다. 미국은 2022년에도 성장률이 최대 4%까지 나올 수 있다. 이럴 경우, 2022년에도 코로나19 직전보다 40~70% 추가 성장이다.

필자가 앞에서 분석했듯이, 중국은 2021~2023년 미국 기준 금리 인상에 대비한 선제적 긴축을 단행해야 할 형편이다. 중국 정부

| 그림 181. 중국과 미국의 서비스업 PMI |

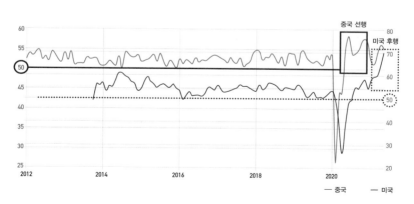

| 그림 182. 중국과 미국의 제조업 PMI |

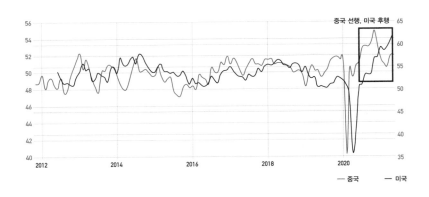

| 그림 183. 1952년 이후 중국과 미국의 식품 인플레이션율 |

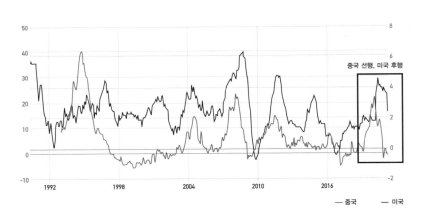

가 기업과 개인의 투기적 부동산 대출 규제, 부동산 개발사업을 통한 지방 정부 GDP 견인을 규제하고, 지급준비율이나 기준 금리 인상 등 각종 통화 긴축 정책을 꾸준히 지속하면 GDP 성장률은 억

제될 수밖에 없다. 2021년 3월 양회에서 중국 정부가 2021년 경제 성장률 목표를 '6% 이상'이라고만 조심스럽게 발표한 데는 이런 배경이 깔려 있을 것이다.

2022년 중국의 GDP 성장률은 어떤 모습일까? 111 리바운드 효과 끝나고, 긴축과 구조조정이 진행되고, 중국 정부의 재정적자를 −3%대로 추정하고, 미국이 실시한 대규모 추가 부양책이나 뉴딜 정책 투자도 없다면, 코로나 이전의 6~5%대 후반으로 수렴할 가능성이 높다. 만약 구조조정과 긴축 강도가 커지면 그보다 낮을 가능성도 배제하기 힘들다.

참고로 2020년에 중국 정부는 5G 이동통신망 구축, 인터넷 데이터 센터 건설 등을 중심으로 '신新 인프라' 투자 확대안을 발표했다. 중국 지방 정부도 2020년에만 4400억 위안을 투자한 윈난성을 비롯해 허난성, 푸젠성, 쓰촨성, 충칭 직할시, 산시성, 허베이성 등 7개 성급 지방 정부가 총 3조 5천억 위안(600조 원) 규모의 프로젝트 투자 계획을 발표했다.[55] 하지만 중국이 실시하는 인프라 투자 규모는 미국의 3차 추가 부양책(1조 9천억 달러)에도 못 미친다.

〈그림 184〉와 〈그림 185〉를 보자. 한국과 중국의 GDP 성장률 추이다. 한국의 GDP 성장률 상방 부근이 15~10%를 기록한 기간은 1968~1999년의 32년이다. 이런 수준의 GDP 성장률은 신흥국이 경공업과 제조업 1단계(낮은 임금을 무기로 중간재를 수입해 조립한 뒤 선진국으로 수출하는 방식. 일명 '세계의 공장' 역할)에 있을 때 나타나는 수치다. 중국도 1978~2010년의 23년 동안 상방이 15~10%에서 움직였다. 산업 방식도 1968~1999년 한국과 거의 비슷했다.

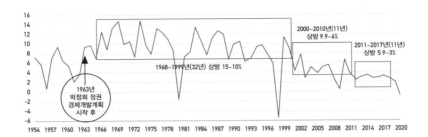

| 그림 184. 1954년 이후 한국의 GDP 성장률(%) |

2000~2010년(11년)
상방 9.9~6%

2011~2017년(11년)
상방 5.9~3%

1968~1999년(32년) 상방 15~10%

1963년
박정희 정권
경제개발계획
시작 후

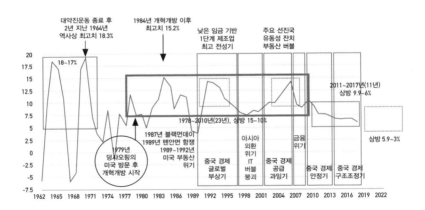

| 그림 185. 1962년 이후 중국의 GDP 성장률(%) |

대약진운동 종료 후
2년 지난 1964년
역사상 최고치 18.3%

1984년 개혁개방 이후
최고치 15.2%

낮은 임금 기반
1단계 제조업
최고 전성기

주요 선진국
유동성 잔치
부동산 버블

2011~2017년(11년)
상방 9.9~6%

18~17%

1978~2010년(23년), 상방 15~10%

상방 5.9~3%

1979년
덩샤오핑의
미국 방문 후
개혁개방 시작

1987년 블랙먼데이
1989년 톈안먼 항쟁
1989~1992년
미국 부동산
위기

아시아
외환
위기
IT
버블
붕괴

금융
위기

중국 경제
글로벌
부상기

중국 경제
공급
과잉기

중국 경제
안정기

중국 경제
구조조정기

1997~1998년 외환 위기 이후 한국 경제는 체질을 개선한다. 경공업과 제조업 1단계 기업들이 대규모 구조조정을 당하거나 중국과 동남아로 생산거점을 옮긴다. 대신 살아남은 대기업은 주력산업을 중후장대형 산업으로 개편한다. 이것이 제조업 2단계다. 이시기 한국의 GDP 성장률은 9.9~6%로 떨어졌다. 산업 구조조정

때문이기도 하지만, 경제 총규모가 커졌기 때문에 성장률 수치가 이전보다 낮아지는 것도 정상이었다. 2000~2010년의 11년 동안 GDP 성장률은 9.9%와 6%사이에서 움직였다.

2008년 글로벌 금융 위기가 발발하면서 중국에서도 비슷한 일이 전개됐다. 경공업과 제조업 1단계 기업들이 대규모 구조조정을 당하거나 중국 내륙이나 동남아로 생산거점을 옮겼다. 대신 살아남은 중국의 대기업들도 글로벌 금융 위기에 미국, 한국, 유럽 등에서 매물로 나온 자동차, 전기전자, 조선, 석유화학 등 중후장대형 산업체들을 인수합병하면서 제조업 2단계로의 산업 체질 개선에 성공했다. 이 시기에 중국 경제 총규모도 커졌기 때문에 성장률 수치는 상방 9.9~6%대로 내려앉았다. 중국은 이 수준의 성장률로 2011년부터 11년을 유지하면서 한국 기업을 추월하고 미국을 쫓아가는 형국을 만들었다.

필자가 말하고자 하는 것은 이것이다. 중국에 추월당하고, 기업들이 해외로 속속 탈출하고, 소득 증가는 둔화되고, 부동산 가격만 오르고, 가계 부채는 치솟으면서 한국 GDP 성장률은 상방이 5.9~3%대로 하락했다. 필자는 중국의 현재 상황에서 2011년 이후 한국의 모습이 보인다.

2022년 중국 경제가 코로나19 직전(2019) 6.1% GDP 성장률보다 높은 수치를 달성할 가능성은 충분하다. 그러나 IMF가 세계 경제 전망 보고서를 발표하면서 중국의 GDP 성장률을 2021년에는 8.4%로 상당히 높게 잡았지만('6% 이상'이라고만 발표한 중국 양회보다 긍정적인 전망), 2022년에는 5.6%로 상당히 낮춘 전망치를 발표한 데도 주목해야 한다. 세계은행도 중국의 GDP 성장률을 2021년에는 8.5%로 높게 잡았지만, 2022년에는 5.4%로 대폭 하향 전망했다.

2023~2024년 중국의 GDP 성장률은 어떠할까? 미국과 유럽 등에서 생산 정상화가 완료되고, 미국이 동맹국과 함께 대중국 견제를 재가동하고, 글로벌 공급망 재편이 시작되면 반짝했던 중국의 수출 증가세가 다시 제자리걸음을 할 가능성이 있다. 당분간 중국 경제는 '글로벌 부상기'처럼 강력한 수출 역량을 보여줄 수도 없다. '중국 경제 공급 과잉기'처럼 과잉 공급도 할 수 없다. 미국 기준 금리 인상이 얼마 남지 않았기 때문에, '중국 경제 안정기'와는 다르게 선별적이든 전면적이든 긴축과 기업·가계 부채 조정을 해야 한다.

수년 내에 찬란했던 과거 GDP 성장률로 갑자기 되돌아갈 가능성은 매우 낮다. 2023~2024년에 중국 정부가 재정적자 규모를 -4% 이상 유지해서 유동성을 시장에 투입한다면 6%대를 겨우 유지할 수 있을지 모르겠다. 그렇지 않으면, 6%가 무너지는 것은 시간문제다. 참고로 OECD는 2021년 중국의 GDP 성장률을 7.8%까지 전망했지만, 2022년에는 4.9%로 크게 하락할 것으로 예측했다.

중국은 미국을 추월할 수 있을까?

2020년 미국 경제는 -3.5%라는 혹독한 성적표를 받았다. 중국은 G20 국가 중에서 유일하게 플러스 성장(2.3%)을 했다. 코로나19 팬데믹 첫해인 2020년에 중국 정부의 대응이 미국보다 뛰어났다는 방증이다. 그러자 중국이 미국을 제치고 세계 1위 경제 대국이 될 것이라는 전망이 다시 고개를 들고 있다.

2020년 12월 26일, 영국의 싱크탱크 경제경영연구소CEBR는 2021년을 전망하는 연례 보고서에서 중국이 미국을 제치는 시기를 2028년으로 앞당기고, 코로나19 팬데믹으로 미중 패권전쟁에서 중국이 유리해졌다는 평가를 내렸다.

중국이 2028년에 미국을 추월한다는 전망을 한 근거는 무엇일까? CEBR은 코로나19 이후 중국의 연평균 GDP 성장률은 2021~2025년 5.7%, 2026~2030년 4.5%를 기록하지만 미국은

2021년에는 기저효과를 누리지만, 2022년부터는 GDP 성장률이 급격히 하강하면서 2024년까지 연평균 1.9% 성장에 머무르고, 2025~2030년에는 1.6%로 추가 하락할 것이라고 추정했다.[56]

2021년 2월 뱅크오브아메리카의 이코노미스트 헬렌 차오는 중국이 미국 GDP를 추월하는 시점으로 2027~2028년을 전망했다.[57] 중국 내부는 물론이고 미국 브루킹스연구소와 일본 노무라증권에서도 2028년에 중국이 미국을 추월할 것이라는 전망이 나온다.[58] 과연 그럴까?

필자는 이들의 예측과 전혀 다른 미래를 전망한다. 2008년 미국에서 부동산 버블이 붕괴했다. 미국 경제는 위기에 빠졌다. 2008~2010년 미국 GDP 성장률이 -0.1%, -2.5%, 2.6%를 기록하고 중국은 9.62%, 9.23%, 10.63%를 기록하자 '중국의 미국 추월론'이 쏟아졌다. 2011년 4월 IMF는 2016년에 중국이 미국을 추월해 세계 최고 경제 대국으로 올라설 것이라고 전망했다. 2008~2010년의 3년간 미국과 중국의 GDP만 보면, IMF의 전망에 고개를 끄떡일 수밖에 없었다. 하지만 당시 필자는 다른 예측을 제시했다.

중국의 명목 GDP가 미국을 뛰어넘는 시점은 2016년이 아니라, 빨라야 2048년이라고 예측했다. 10년이 지난 지금, 어떤 미래가 현실이 되었을까? 2016년에 미국 시대의 종말을 전망한 IMF의 예측은 보기 좋게 빗나갔다(그림 186).

코로나19라는 또 다른 경제 충격이 발발했다. 2020년 중국의 GDP 성장률은 2.3%인 데 반해 미국은 -3.2%를 기록했다.

| 그림 186. IMF가 2011년 예측한 미국 시대의 종말(%) |

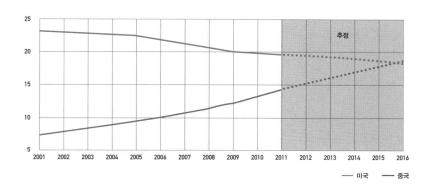

2008년 위기보다 더 큰 충격과 하락이었다. 이번에도 '중국의 미국 추월론'이 쏟아지고 있다. 하지만 이번에도 필자는 다른 미래를 예측한다. 필자는 중국의 미국 추월이 2050년에나 가능할 것으로 예측을 조정한다. 필자가 2011년 예측했던 2048년보다 2년 정도 더 늦어질 것이라는 예측이다.

〈그림 187〉을 보자. 2011년 IMF의 '중국 추월론'이 나온 이후 2012~2019년 미국과 중국의 실제 GDP 성장률이다.

2008~2010년 중국은 9.62%, 9.23%, 10.63%를 기록했지만, 2012년 7.75%로 크게 하락한 후 매년 하락을 거듭해서 2019년에는 6.1%에 이르렀다. 미국의 GDP 성장률은 2008~2010년 -0.1%, -2.5%, 2.6%를 기록했지만, 2012~2019년 평균 2.3%의 성장률을 유지했다. 2011년 IMF가 양국의 향후 10년 GDP 성장률과 전혀 다른 실제 성장률이었다.

| 그림 187. 2011년 이후 미국과 중국의 실제 GDP 성장률(%) |

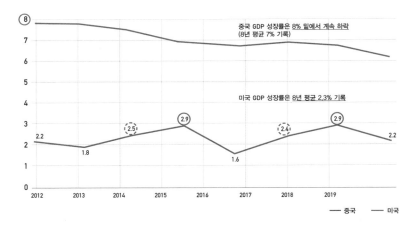

〈그림 188〉을 보자. 필자는 미국과 중국의 GDP 격차 변화 추이를 직관적으로 파악하기 쉽도록 임의의 기준 폭을 설정했다. 필자가 선택한 기준점은 2개다. 하나는 검은색 화살표로, 2000년 미국과 중국의 GDP 격차를 기준값으로 정했다. 다른 하나는 붉은색 화살표로 2014년 미국과 중국의 GDP 격차다.

첫 번째 기준값인 검은색 화살표(2000년 격차)를 보자. 2000년을 기준으로 미국과 중국의 GDP 격차는 계속 벌어지다가 2009년부터 줄어들기 시작했다. 그리고 2010년에는 2000년 격차와 같은 수준으로 좁혀졌고, 2012년을 기점으로 기존 격차 폭보다 더 줄어들었다.

이제 2014년 신규 기준값을 가지고 2019년까지 격차를 비교해보자. 거의 좁혀지지 않고 있다. 2018년에 '약간' 좁혀졌다가 2019년에 다시 같은 격차로 복귀했다. 2014~2019년의 6년 동안

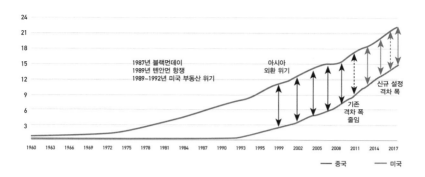

| 그림 188. 1960년 이후 미국과 중국의 GDP(단위: 1조 달러) |

1987년 블랙먼데이
1989년 텐안먼 항쟁
1989~1992년 미국 부동산 위기

아시아
외환 위기

신규 설정
격차 폭

기존
격차 폭
줄임

— 중국 — 미국

미중 간의 GDP 격차는 제자리걸음이었다.

〈그림 189〉는 1960~2019년 양국의 GDP 격차 선형 그래프를 로그값으로 변환해 기울기 추세를 비교한 것이다. 2000년 이후 기울기값이 서서히 좁혀졌지만, 2014년부터는 거의 같은 기울기값으로 평행을 유지하며 나가는 것을 볼 수 있다.

IMF의 예측이 실패한 이유는 간단하다. 2008~2010년 양국의 GDP를 근거로 중국의 미래는 과대평가했고, 미국의 미래는 과소평가했다. '중국은 미국과 다르다'는 착각이 반영된 계산법이었다 (그림 190).

당시에도 필자는 양국의 GDP 격차가 서서히 좁혀지는 것은 맞지만, 역전이 이뤄지는 건 2048년에나 가능할 것이라고 예측했다 (그림 191). 필자는 '중국은 미국과 다르지 않다'는 전제를 가지고 예측했다. 중국도 경제 규모가 커지면 성장률은 하락하는 '정상적이고 이치에 맞는 패턴'을 따라갈 것이라고 전제했다. 경제 규모가

| 그림 189. 1960~2019년 미국과 중국의 GDP 로그 변환값 |

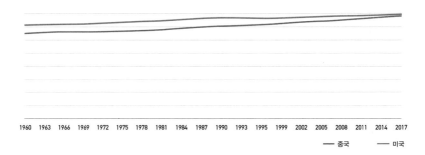

1960 1963 1966 1969 1972 1975 1978 1981 1984 1987 1990 1993 1995 1999 2002 2005 2008 2011 2014 2017

—— 중국   —— 미국

| 그림 190. 2011~2019년 미중 간의 실제 GDP 격차 |

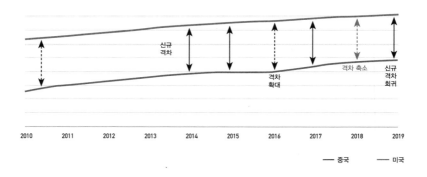

2010   2011   2012   2013   2014   2015   2016   2017   2018   2019

—— 중국   —— 미국

| 그림 191. 2011년 제시한 '가장 현실적인 미래 시나리오' |

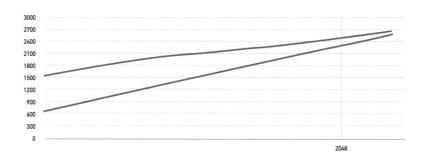

커지는데도 불구하고 높은 성장률을 계속 유지하는 것은 자연의 이치에 어긋난다.

선진국의 경우, GDP 성장률 3% 선이 무너지더라도 오랫동안 2~3%대 연평균 성장률을 만들어낼 수 있다. 필자가 "만들어낼 수 있다"고 한 것에 주목하라. 정부가 매년 재정적자를 감수하고 지출 규모를 늘리면, 추가 GDP 성장률 1.5~2%는 얼마든지 만들어낼 수 있다. 대신 그만큼 정부 부채가 늘어난다. 미국, 한국, 일본, 유럽 등 대부분의 선진국이 이런 방식으로 2~3%대의 GDP 성장률을 오랫동안 만들어낸다. 관건은 어떤 나라가 더 오래 버틸 수 있느냐다. 답은 당연히 제1기축통화 국가로서 달러를 마음대로 찍어낼 수 있는 미국이다.

2011년에 미국과 중국의 미래를 예측하면서 필자는 중국의 GDP 성장률은 서서히 하락하는 추세를 기본으로 삼고, 미국은 2%대 GDP 성장률을 오랫동안 방어할 가능성을 기본으로 삼았다. 필자의 예측대로 2012~2019년 미국은 평균 2.3%의 성장률을 유지했고, 중국은 8%로 하락하다가 6.1%까지 추락했다. 2012~2019년의 8년 동안 성장률 평균도 7%에 불과했다.

2020년 코로나19로 미국 GDP 성장률이 2008~2010년 금융 위기 때(-0.1~-2.5%)보다 더 낮은 -3.5%를 기록했다고 미중 간의 미래가 달라질 것이라고 보지 않는다. 필자가 지금까지 바이든 정부 4년 동안 미국과 중국 경제의 미래를 예측한 시나리오들을 기억하라. 그리고 몇 가지 중장기적 요소들을 더 추가해보라. 예를 들면, 2019년 기준으로 중국의 인구 증가율은 0.4%이고, 미국은 0.5%

다. 2018년 기준으로 중국 출산율은 1.69%이고, 미국은 1.73%
다. 2040년까지 중국의 경제 인구(20~64세)는 감소하지만 미국
은 굳건하게 유지한다. 중국의 총인구는 2030년에 정점을 찍고
2100년까지 계속 감소한다. 미국은 2100년까지 총인구가 계속 증
가한다(그림 192).

중국 GDP 성장률의 상방이 9.9~6%를 유지한 기간은 11년이
다. 한국도 GDP 성장률의 상방 9.9~6%를 기록한 시기는 2000~
2010년의 11년이었다. 그 후에 한국 GDP 성장률 평균선은 추가
하락했다. 앞으로 중국도 GDP 성장률 상방이 5.9~3%를 오가는

| 그림 192. 중국과 미국의 총인구 변화 비교 |

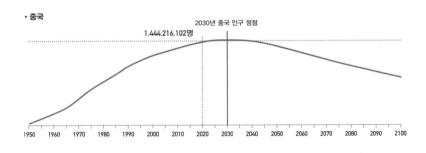

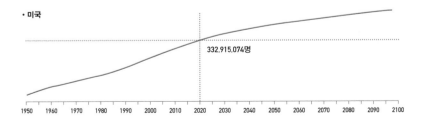

시기로 접어들 가능성이 높다.

　물론 중국 정부가 재정적자를 4% 이상 유지하는 정책을 오랫동
안 견지하면서 인위적으로 GDP 성장률 6%를 고수하거나, 지방
정부의 과잉 생산을 눈감아주거나, 기준 금리와 지급준비율을 추
가로 낮춰서 기업과 가계가 부채를 늘려 부동산 투자와 소비를 늘
리도록 장려한다면 달라진다. 이럴 경우, 중국 GDP가 미국을 추월
하는 건 10년 이내에 충분히 가능하다. 하지만 부채 위에 부채, 과
잉 공급 위에 과잉 공급을 쌓고, 더 많은 좀비 기업을 양성하는 결
과가 함께 따라온다. 결국 금융 위기나 외환 위기라는 극단적 대가
를 치르게 된다.

　중국은 미국처럼 달러를 자기 마음대로 찍어낼 수 있는 나라가
아니다. 중국의 위안화는 미국의 달러화, EU의 유로화, 일본의 엔
화보다 신뢰도가 낮다. 국가 부채가 일정 수준을 넘어서면, 외환 보
유고가 일시에 급감하는 것을 막을 방법이 별로 없다. 중국은 앞으
로 10년 동안 미국을 비롯한 자유진영의 연합 공격도 견뎌야 한다.
바이든 정부 4년, 미국은 중국과 불공정 무역, 지식재산권 침해 등
을 놓고 첨예하게 대립할 가능성이 높다. 바이든 정부는 미국의 안
보와 직결된 산업의 공급망 재편, 미국 제조업의 부활, 바이 아메리
칸Buy American(미국산 우선 구매, 외국 기업의 미국 정부 조달 제한 등)과 미
국 내 기업에 대한 정부 지원 강화 등을 추진한다.

　바이든 대통령이 재선에 성공하면 이런 추세는 4년 더 연장된다.
2021년 바이든 정부는 트럼프 정부가 실시했던 동맹국과의 무역
전쟁은 즉각 철회했다. 하지만 중국에 대한 관세와 무역전쟁은 종

결하지 않았다. 오히려 동맹국과 관계를 개선해 중국 산업에 대한 연합전선을 펼치겠다고 선언했다. 바이든 정부는 중국만을 겨냥한 수입 장벽을 세우는 일은 덜할 것이다. 하지만 WTO 등 다자간 무역체제와 혈맹으로 맺어진 동맹국들과 공동 압박 전략을 구사할 것이다.

중국 정부의 아킬레스건인 인권, 노동, 환경 등을 통상과 연계해서 한 차원 높은 고도의 무역전쟁을 전개할 가능성이 높다. 앞으로 중국은 트럼프 정부보다 전략적이고 강한 미국 정부를 상대해야 한다.

중국 정부도 이런 상황을 잘 알고 있다. 막대한 부채 문제는 미국과 경제전쟁을 수행하는 데 가장 큰 약점이다. 현재 중국 정부가 가장 우려하는 것은 연평균 GDP 성장률 6%가 무너지는 것이 아니다. 미국을 비롯한 전 세계가 기준 금리를 인상하기 시작할 때, 자국 기업과 가계에 쌓인 막대한 부채에 불이 붙어서 금융 시스템 전체가 무너지는 위험이다. 바이든 정부 4년 동안 중국 정부가 GDP 성장률을 1~2% 추가로 늘리려고 이런 약점을 방치하는 어리석은 길을 갈 가능성은 낮다.

2021년 3월 개최된 양회에서 중국 정부가 2021년 중국 GDP 성장률을 '6% 이상'이라고만 발표한 데도 이런 속내가 깔려 있다. 2021년 기저효과로 GDP 성장률이 6% 이상 치솟는 것은 어쩔 수 없다. 하지만 2022년부터 중국 GDP 성장률이 코로나19 이전 추세로 되돌아가는 것은 막지 않을 것이다. 필자는 중국 정부가 다가오는 위기에 대비하기 위해 '선제적 긴축'을 선택하면, GDP 성장률 6%가 무너지는 것도 허용할 수 있다고 생각한다. 앞으로 중국의 GDP 성장률 전망은 이런 모든 것들을 반영해야 한다. 반면 미국은 생각보다 선방할 가능성을 반영해야 한다.

　미국은 GDP 성장률 상방 9.9~6%를 1985~2005년 21년 동안 유지했다. 중국보다 10년 이상 길었다. GDP 성장률 상방 2.9~2%도 2006년부터 14년째 유지 중이다(그림 193).

　필자는 앞에서 2021~2024년 바이든 정부 4년의 미국 경제가 예전과는 전혀 다른 상승세를 보일 가능성이 높다고 전망했다. 2021년 미국 GDP 성장률이 연준의 보수적 전망치 6.5%를 기록해도 1984년(7.2%) 이후 최고치다. 만약 최대 7.5~8%를 기록하면, 제2차 세계대전 이후 최고치다. 2022년에도 미국 경제가 4% 성장률을 기록한다면, 2000년(4.1%) 이후 최고치다.

　미국은 바이든 정부 4년의 '특별한 호황기'를 지난 후에도 최소

| 그림 193. 1961년 이후 미국의 GDP 성장률(%) |

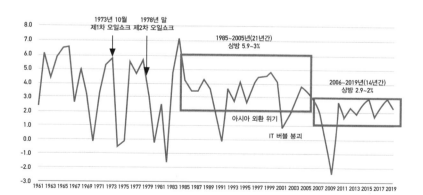

6~7년은 현재 수준의 GDP 성장률 평균선(상방 2.9~2%, 2012~2019년 평균선 2.3%)을 유지할 수 있다. 이런 모든 조건과 이치를 반영해서 필자가 미중 간의 GDP 격차를 시뮬레이션한 결과는 〈그림 194〉와 같다.

중국의 GDP가 2021년 7%, 2022~2025년 5.5%, 2025년 -2%(경제 위기), 2026년 2%, 2027~2030년 4.5%, 2031~2040년 4%, 2041년부터 2.9%를 기록한다. 미국 GDP는 2021년 7%, 2022년 4%, 2023년 2.9%, 2024년 2.5%(바이든 경제 호황기), 2025년 0%(경제 위기), 2026년 3%, 2027~2030년 2.3%(코로나 직전 평균 성장률 적용), 2031년부터 2%를 지속한다. 이런 가정에서, 중국이 미국을 추월하는 것은 2050년이다.

2050년경에나 중국 명목 GDP가 미국을 추월할 수 있다면, '부富의 척도'라고 불리는 1인당 국내총소득GNI 추월 시점은 더 오래 걸리거나 혹은 영원히 불가능할 수도 있다. 2020년 IMF의 자료 기준으로, 미국의 1인당 GNI는 6만 3051달러, 중국은 1만 582달러다.

| 그림 194. 중국과 미국의 GDP 미래 시나리오(단위: 1조 달러) |

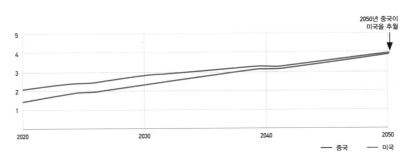

| 그림 195. 중국과 미국의 1인당 GNI 변화 추세 비교(단위: 달러) |

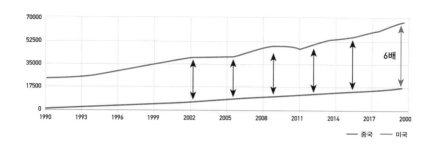

양국의 격차는 6배다. 추격 불가능한 격차다.

〈그림 195〉를 보면 더 직관적 이해가 가능하다. 중국이 명목 GDP 격차는 2009년부터 좁히는 데 성공했지만, 1인당 GNI 격차는 '전혀' 줄이지 못하고 있다. 오히려 조금씩 더 벌어지는 추세다.

이 글을 읽는 독자들에게 부탁드린다. 이제부터는 중국에 대한 환상에서 벗어나야 한다. "중국은 다르다" "중국이 자본주의의 새로운 모델이다" "중국은 영원히 성장한다" 같은 말들은 신화다. 중국도 영원히 성장하지 못한다. 중국의 경제 성장도 다른 선진국과 같은 패턴을 따른다. 중국의 자본주의는 우리가 본받아야 할 새로운 대안이 아니다. 우리와 다른 모델(공산당이 운영하는 자본주의)일 뿐이다.

유럽 경제는
어떻게 움직일까?

2020년 EU의 GDP 성장률은 -6.1%를 기록했다. 국가별로는 스페인이 -11%, 이탈리아 -8.9%, 프랑스 -8.2%, 독일 -4.9% 등이다. 2021~2024년 EU의 GDP 성장률은 어떻게 될까? 앞으로 4년(바이든 시대) EU의 GDP 성장률 경로도 미국처럼 아래 3가지 핵심 요소의 수준 차이에 따라 결정될 가능성이 높다.

1. 전 국민 대비 최소 30% 인구의 백신 접종(2회 접종 완료) 돌파 속도
2. 코로나19 이후 인프라 투자 규모 혹은 정부의 추가 재정 지출 규모
3. 미래 산업에 대한 시장 분위기

가장 빨리 백신 접종 비율을 높인 나라가 경제 회복 경쟁에서 앞서나가는 것은 당연한 이치다. 미국, 영국, EU를 비교하면 코로나19 백신 접종 시작은 영국이 2020년 12월 8일로 가장 빨랐다. 일주일 뒤 미국이 백신 접종을 시작했고, EU는 미국보다 일주일 더 늦게 시작했다.

백신 접종을 시작하는 시점도 차이가 있었지만, 결정적 차이는 전 국민 대비 최소 30% 인구의 백신 2회 완전 접종 속도였다. 이 조건은 미국이 영국보다 빨랐다. 그 결과 미국이 영국보다 더 빠르고 큰 규모로 반등하기 시작했다. 영국은 미국보다 뒤처졌지만, 유럽보다는 상당히 빨랐다. 그 결과 영국의 경제 회복은 미국보다 느리지만, 독일과 프랑스 등 EU 국가들보다는 빠르고 컸다.

〈그림 196〉과 〈그림 197〉을 보자. 영국, 미국, 독일, 프랑스의 월간 소매판매 추세 비교다. 2020년 코로나19 1차 대유행 이후 경제 회복력은 비슷했다. 하지만 2021년 백신 접종이 결정적 요소로 작동하면서 각국의 경제 회복력에 차이가 발생했다. 영국의 경제 회복은 미국보다 약간 느리고 약했지만, 독일과 프랑스보다는 빠르고 강력했다.

EU는 초반부터 아스트라제네카 백신 공급에 심각한 차질을 겪었다. 공급 문제가 해결되자, 혈전 문제가 부각되면서 유럽의약청 EMA의 안전성 확인 절차가 마무리될 때까지 접종이 중단되는 사태도 겪었다. 〈그림 198〉을 보자. 2021년 6월 기준으로 미국, 영국, EU, 아시아, 아프리카의 백신 2회 접종 완료 비율이다. 미국과 영국은 5월에 30% 기준점을 넘었다. 하지만 EU는 30% 기준점을 넘지 못했다. 프랑스는 겨우 20%에 다다랐다.

전 국민 대비 최소 30% 인구의 백신 접종(2회 접종 완료) 속도 차이는 경제 반등 시기와 규모에 영향을 미친다. 먼저, 최소 기준 30% 돌파가 늦으면, 늦은 만큼 경제 봉쇄가 길어지면서 추가 손실이 발생한다. 예를 들어, EU는 백신 공급 차질로 '여름 전 EU 인구

| 그림 196. 코로나19 전후 영국과 미국의 소매판매지수(%) |

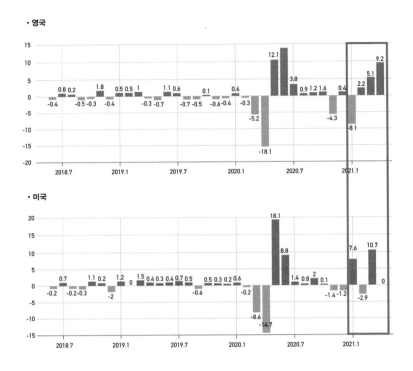

70% 이상 접종' 목표 달성이 약 7주 지연되어 2021년 한 해에 발생하는 추가 손실액이 EU 27개 회원국 전체로 약 1230억 유로 정도 될 것으로 전망했다.[59]

그다음으로 최소 기준 30% 돌파 시점이 늦어지면 그만큼 경제 회복 출발 시점도 늦어진다. EU는 관광산업이 큰 비중을 차지한다. 코로나19 탈출이 늦을수록 손실은 커지고 회복도 느려지는 이유다.

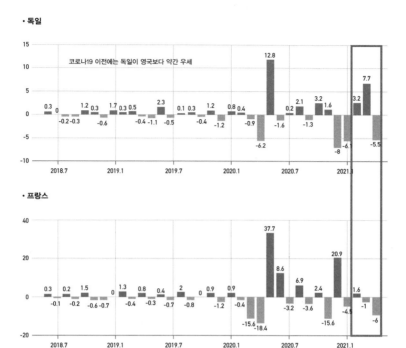

| 그림 197. 코로나19 전후 독일과 프랑스의 소매판매지수(%) |

• 독일

코로나19 이전에는 독일이 영국보다 약간 우세

• 프랑스

세계여행관광협회WTTC는 2020년 경제 영향 보고서에서 "2019년 코로나19 팬데믹 사태로 인한 각국의 여행 제한과 국경 폐쇄 조치 그리고 소비 수요 감소로 인해 여행·관광산업이 4조 5천억 달러(5100조 원)의 손실을 입었다"고 밝혔다.[60] 여행·관광산업에서 사라진 일자리는 6200만 개였다. 당연히 EU의 피해가 가장 컸을 것으로 추정된다. 관광산업은 백신 접종과 가장 밀접한 관계를 갖는다. 백신 접종이 늦을수록 추가 손실이 커지는 이유다.

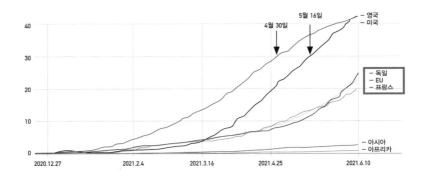

| 그림 198. 국가별 코로나19 백신 2회 접종률(%) |

백신 접종 속도에 영향을 미치는 요소는 크게 3가지다. 백신 확보 역량, 의료 전달 시스템, 국민의 백신 접종 의식(안전성 홍보와 정부 신뢰도)이다.

예를 들어, 이스라엘은 인구 10만 명당 확진자 수가 한국의 100배, 영국의 10배에 이를 정도로 사회적 방역에 실패했다. 하지만 전 세계에서 가장 빨리 30% 인구 백신 2회 접종 완료(2021년 2월 15일)를 달성하고 2021년 5월에는 집단면역 수준(전 국민 60% 접종)에 근접해 세계에서 가장 먼저 실외 마스크 착용을 해제하고 국경을 개방하는 등 '백신 성공 국가'가 됐다. 미국과 영국도 방역 실패 국가였지만, 백신 성공 국가로 변모했다.

하지만 프랑스와 독일을 포함한 유럽 주요 국가들은 백신 확보 역량, 의료 전달 시스템, 국민의 백신 접종 의식에서 모두 미국과 영국에 뒤처졌다.

〈그림 199〉는 EU 가입국 국민들의 백신 접종 의향을 표시한 것

이다. 스웨덴, 핀란드, 스페인, 이탈리아를 제외하고 나머지 나라들은 백신 접종 의향이 낮다. 프랑스는 최하위를 기록하고 있다. 심지어 독일과 프랑스는 2021년 1사분기에도 코로나19 변종 바이러스 위협으로 방역을 재강화했다.

이런 이유로 2021~2024년 EU 경제의 전체 회복과 성장 추세 복귀 경로는 미국과 영국보다 6~12개월 정도 후행할 것으로 예측된다.

| 그림 199. EU 가입 국가별 코로나19 백신 접종 의향 |

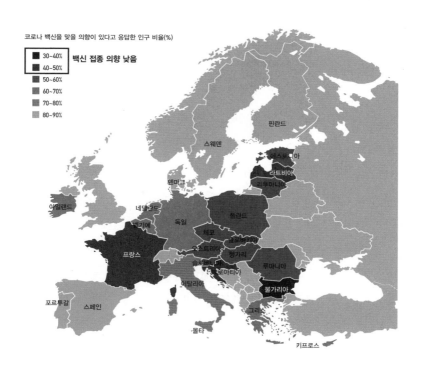

111 리바운드 효과를 극대화할 대규모 인프라 투자나 정부 재정 지출 확대 규모는 어떨까? EU 국가들은 코로나19 이후 인프라 투자에 대한 별다른 소식이 없다.

2021년 5월 이탈리아가 고속철도, 그린에너지, 공공행정 완전 전산화, 경제 디지털화, 기후·환경 부문 투자, 인프라·교육·보건 부문 투자, 젠더 격차 해소와 사회 통합 등을 위한 총 2215억 유로(297조 원) 규모의 투자안을 발표했다.[61]

2020년 3월 11일, EU도 코로나19로 인한 의료 분야의 공적 지출, 긴급 지원 등을 위해 EU기금European Union Solidarity Fund(EUSF)에 5억 3천 유로를 추가 지원했다.[62] 하지만 이 정도 규모는 미국이 실시한 2차 추가 부양책 1조 9천억 달러와 비교해도 미미한 수준이다.

이런 요소들을 감안해서 스탠더드앤드푸어스는 2021년 EU의 GDP 성장률 기존 전망치 4.2%를 유지했다. 독일 투자은행 베렌부르크는 기존 4.4%에서 4.1%로 하향하고, 2021년 독일의 GDP 성장률도 4.2%에서 3.7%로 하향 조정됐다. 미국 투자은행 모건스탠리는 스페인과 이탈리아의 GDP 성장률이 2~3% 하락할 수 있다고 경고했다.[63] EU의 경제에 대한 이런 평가는 계속 상향 조정되는 미국 EU의 GDP 성장률 전망치와 확실히 대조된다.

정리해보자. EU는 경제 재개와 111 리바운드 효과 시작이 늦기 때문에, 2021년 GDP 성장률은 미국이나 영국보다 낮을 것으로 예측된다. OECD는 2021년 EU의 GDP 성장률을 3.9%, 세계은행은 4.2%로 전망했다. 2022년 EU의 GDP 성장률은 약간 더 높아질 수 있다. 회복이 밀렸고, EU의 핵심 산업인 여행·관광시장은 2022년

이면 코로나 이전 수준을 회복할 가능성이 있기 때문이다.

IMF도 코로나19 이후 각국 경제의 기저효과(리바운드 효과) 수혜에서도 미국의 정점은 2021년 1사분기, EU는 2022년 1사분기로 전망했다. OECD는 2022년 EU의 GDP 성장률을 3.8%, 세계은행은 4.4%로 전망했다. 하지만 EU의 2021~2022년 GDP 성장률은 미국과 영국보다 약하다. 그렇다면 2023~2024년 EU의 GDP 성장률은 어떻게 될까?

바이든 정부는 신뉴딜New New Deal이라 불리는 대규모 인프라 투자와 중산층·서민층 가정 지원을 통해 제2차 세계대전 이후 최대의 일자리 창출을 노린다. 계획대로 진행만 된다면 2023~2024년에 추가 성장 동력을 마련할 수 있다. 코로나19 이후를 준비하는 EU는 어떨까?

EU는 미국만큼 초대형 투자 계획이 없다. 재정 확대 정책도 위기 탈출을 위한 구제안에 머문다. 획기적인 대형 투자안이나 추가 재정 확대가 없다면, 2023~2024년 EU의 GDP 성장률은 코로나19 이전 평균치로 빠르게 회귀할 가능성이 높다.

〈그림 200〉은 코로나19 이전 EU의 GDP 성장률 추이다. 2011~2013년 유럽발 금융 위기를 벗어난 후 EU는 6년 동안 평균 2.1% 수준의 GDP 성장률을 기록했다.

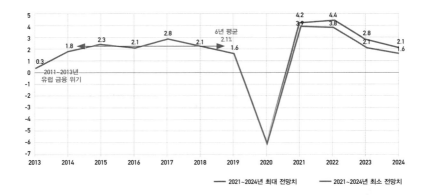

| 그림 200. 2023~2024년 유로존 GDP 성장률(%) |

2011~2013년 유럽 금융 위기

6년 평균 2.1%

━━ 2021~2024년 최대 전망치   ━━ 2021~2024년 최소 전망치

영국을
주목하라

2020년 영국의 GDP 성장률은 -9.8%를 기록했다. 1년 동안 총손실액이 2510억 파운드(393조 원)이었다. 1709년 이후 300년 만에 최악의 경기 침체다.

하지만 2021년 영국 경제는 극적인 반전을 만들어냈다. OECD는 2021년 영국의 GDP 성장률을 5.1%, 2022년은 4.7%로 전망했다. 기존 전망보다 각각 0.9%, 0.6% 상승시킨 전망치다. IMF도 5.3% 수준으로 예상했다.[64] 골드만삭스는 2021년 영국 GDP 성장률을 7.8%까지 전망했다. 영국 경제의 반전은 유럽에서 백신 접종 속도가 가장 빠르고, 브렉시트Brexit(영국의 EU 이탈) 후폭풍이 거의 마무리된 결과다.

영국 경제는 브렉시트 불확실성에 시달리면서 코로나19 발발 이전에도 3년 정도 경제 둔화를 겪었다. 코로나19 발발 직후 잉글랜드은행은 기준 금리를 0.1%로 인하했고, 영국 정부도 기업과 가계에 각종 보조금 지원과 금융 지원, 세금 감면, 기존 고용 유지 및 청년 일자리 정책을 통해 최악의 상황 탈출을 시도했다.[65] 코로나19 방역에는 실패한 국가였지만, 백신 성공 국가로 극적 변모에 성공했다.

2021년 영국의 GDP 성장률은 최대 7.8%까지 급반등할 수 있고, 2022년 초까지도 리바운드 효과를 누릴 것이다. 그러나 미국처럼 대규모 인프라 투자를 하지 않는다면 2022년 후반부터는 코로나19 이전 평균 성장률로 서서히 되돌아갈 가능성이 높다. 하지만 필자가 바이든 시대에 영국 경제를 주목해야 한다고 강조하는 이유가 있다. 브렉시트 후 영국 경제 전략 때문이다.

영국은 1973년에 EU의 전신인 유럽경제공동체EEC에 가입했다. 하지만 브렉시트는 오래전부터 '정해진 미래'였다. 영국과 유럽 대륙은 오랜 애증 관계다. 특히 영국은 유럽 대륙의 강자인 독일, 프랑스와 전쟁 악연으로 얽힌 경쟁 관계다.

독일과는 양차 세계대전으로 앙금이 깊다. 프랑스와는 백년전쟁(1337~1453)을 비롯해 중세부터 오랫동안 크고 작은 전쟁을 치르며 악연을 쌓았다. 현대에는 프랑스가 1963년과 1967년 두 차례 영국의 EEC 가입을 막고 충돌했다. 당시 프랑스 대통령 샤를 드골은 미국과 혈맹이고 뿌리를 같이하는 영국이 언제든지 유럽을 배신하고 미국 편에 설 것이라고 목소리를 높였다. EU가 영국을 받아들이면 유럽에서 미국의 영향력만 더 키울 것이라는 주장이었다. 영국은 드골 정권하에서는 EEC 가입이 불가능했다. 영국도 EU와의 연합에 국가적 이익이 없다면 언제든지 갈라설 마음을 가졌다.

1953년 5월 11일, 처칠은 하원 연설에서 이런 말을 했다. "영국이 유럽과 함께 있어도 절대 그들의 일부가 아니고, 영국은 자신만의 꿈과 과업이 있다." 그는 이런 말도 했다. "영국이 유럽과 열린 바다 중 하나를 선택해야 한다면 언제나 열린 바다를 선택해야 한다."[66]

이것이 영국의 진짜 속내였다. 영국의 EU 가입은 철저히 자국 이익 목적이었다. 그 이익이 줄어들고 경쟁국인 독일과 프랑스가 EU의 최대 수혜국이 되자 EU 탈퇴를 선택했다. 영국과 EU의 관계가 철저하게 이익 관계였다는 것은 코로나19 정국에서도 확실히 드러났다.

백신 접종 초기, 영국과 EU는 백신 공급 문제를 두고 강도 높은 대결을 벌였다. 영국은 백신 수급이 원활했지만 EU 국가들은 백신이 턱없이 부족했다. 영국 옥스퍼드대학교와 스웨덴 회사가 합병해 만든 제약사 아스트라제네카가 영국에는 충분한 백신 물량을 공급했지만 EU에는 계약보다 적은 물량만 공급했기 때문이다.

아스트라제네카는 백신 생산 공장을 유럽에도 두 곳 가지고 있지만, 생산 물량 가운데 3분의 1 정도를 영국 본토로 넘겼다. EU 내 강경파들은 유럽에서 생산된 아스트라제네카 백신이 영국으로 반출되지 못하도록 하는 수출 통제를 강하게 주장했다. 살벌한 분위기였다. 영국과 EU 간에 인도적 배려와 협력은 전혀 없었다.

많은 이들이 영국의 브렉시트 선택을 '최악의 실수'라고 평가한다. 영국 내에서도 북아일랜드와 스코틀랜드는 브렉시트를 반대했었다. 브렉시트 찬반을 묻는 국민투표에서 스코틀랜드는 62%, 북아일랜드는 55.8%가 반대표를 던졌다. 잉글랜드에서 46.3%, 웨일스에서 47.5%만 반대표를 던진 것과 비교된다.

하지만 필자는 영국이 브렉시트를 선택한 것은 EU 탈퇴가 더 이익이라는 계산을 끝냈기 때문이라고 판단한다. 가까운 미래에 영국은 브렉시트 후유증으로 경제 금융 충격이 불가피하다. 당장 영국과 EU가 '북아일랜드 협약(영국 영토의 일부인 북아일랜드가 브렉시트 당시 EU에 남기로 결정한 것)'을 둘러싸고 충돌을 거듭하고 있다. 하지만 먼 미래는 다르다. 영국의 EU 탈퇴와 후속 전략은, "미국이 돌아왔다We are back"고 외치며 국제사회에서 미국의 위상을 회복하기 위해 동분서주하는 바이든 정부의 행보와 동아시아를 중심으로 벌어지는 미중 패권전쟁과 맞물리며 21세기 글로벌 경제 구도의 재편에 영향을 미칠 가능성이 크다.

영국이 EU를 탈퇴한 것은 믿는 구석이 있기 때문이다. 영국이 믿는 첫 번째 뒷배는 미국이다. 영국과 미국은 친한 동맹국(우방) 관계를 넘어 형제국이다. 역사적 뿌리를 공유하며, 양차 세계대전에서 혈맹으로 맺어졌다. 두 나라는 유럽, 중동, 아시아 등에서 국가 전략을 펼칠 때 가장 먼저 상의한다. 바이든 정부도 동맹국과 연합을 우선으로 한다는 입장을 분명히 했다.

영국이 믿는 두 번째 힘은 파이브아이스Five Eyes다. 영국, 미국, 캐나다, 호주, 뉴질랜드 등 5개국으로 구성된 정보협력체 파이브아이스는 앵글로색슨이라는 공통분모로 단단하게 연결되어 있다. 영국은 7년전쟁(1756~1763)을 치르면서 캐나다에서 프랑스를 몰아내 주었고, 호주는 1788년 영국의 식민지가 된 후 지금까지 영국과 친

밀한 관계다.[67]

영국이 믿는 세 번째 힘은 영연방Commonwealth of Nation이다. 영연방은 파이브아이스의 멤버인 영국, 호주, 뉴질랜드, 캐나다를 필두로 인도, 파키스탄, 말레이시아, 싱가포르, 남아프리카공화국 등 구 대영제국 식민지에서 독립한 53개국으로 구성된 국제기구적 성격을 갖는다. 영연방의 역할은 과거보다 많이 줄었지만 회원국끼리는 다른 나라들과 구분되는 유대 관계를 갖는다.

영국이 믿는 마지막 힘은 일본 등 아시아의 전통적 우방과의 특수 관계다. 영국은 중국이라는 공통의 적을 만들어 영연방 내의 연대를 강화하고, 일본과 한국 등 아시아에서 영국에 우호적인 국가들과 강력한 연대 관계를 모색할 것이다.

2019년 2월 11일, 영국 국방부 장관 개빈 윌리엄스는 런던의 왕립합동군사연구소RUSI에서 영국의 새로운 군사 전략을 발표했다. 국제법을 위반하며 우방(호주, 뉴질랜드, 말레이시아)을 위협하는 국가에 대응한다는 명분으로 지중해·중동과 인도·태평양에 군사 기지를 재건함으로써 미국을 도와 세계 경찰 역할을 할 것을 천명한 것이다.

또한 퀸 엘리자베스 항공모함을 태평양 지역에 투입하고, 2개 상륙강습단Littoral Strike Group을 신규 편성해 수에즈 동쪽 인도·태평양과 수에즈 서쪽 지중해, 대서양, 발틱해로 파견할 것이라는 계획도 발표했다. 영국 군사력이 옛 영광에는 못 미치지만 미국과 손을 잡으면 동아시아와 중동에서 시너지를 일으킬 수 있다.

앞으로 영국은 미국, 파이브아이스, 영연방 국가들, 일본을 포함한 아시아 우호국 등과 군사동맹 강화로 건재를 과시하며 개별 FTA를 체결해 브렉시트 타개책을 마련할 가능성이 크다. 그리고 필자는 영국의 이런 전략이 성공할 가능성이 높다고 예측한다.

영국은 EU에 전체 수출의 42.6%, 수입의 51.8%를 의존한다. 북아일랜드 협약 문제도 해결해야 한다. 단기적으로 경제 및 금융 분야에서 충격을 피할 수 없다. 하지만 영국과 EU의 브렉시트 후속 문제 협상이 길어지는 과정에서 충격도 서서히 감소되고 있다. 코로나19가 발발하고, 영국이 백신 성공 국가로 변신하면서 2021~2022년 영국 경제가 EU보다 선전하는 것도 영국이 브렉시트 후유증에서 벗어나는 데 도움이 될 것이다.

미국 바이든 정부가 증세 이슈를 꺼낸 것 또한 영국 정부에는 호재다. 브렉시트 후유증을 극복하기 위해서는 정부의 재정 확대가 필요하다. 부채 부담을 줄이면서 수년간 추가 재정을 확대하려면 세금 수입이 중요하다. 증세는 정치적으로 큰 부담인데, 미국이 영국을 대신해서 고양이 목에 방울을 달아주면서 전 세계에 증세 트렌드를 만들고 있다.

영국은 2008년부터 법인세율 인하를 시작해 19%대까지 낮췄다. 그만큼 세수 부족을 감수했다. 영국 정부는 2022년 예산 운용 계획에서 2023년부터 법인세율 25% 인상을 발표했다. 소득세도 인상할 계획이다.[68] 영국 정부는 늘어난 세수를 활용해서 브렉시트 이후 경제 및 금융 충격을 해소하고 영국 경제와 산업의 재도약을 도모할 것이다.

2020년 12월 26일, 영국 싱크탱크 경제경영연구소는 영국은 디지털 산업에서 유럽 주요 국가를 앞서고 있기 때문에 (브렉시트가 시작되더라도) 2035년 GDP 총규모가 프랑스보다 23% 많을 것이라고 전망했다.[69]

필자의 예측으로는 바이든 정부 시대에 영국은 브렉시트 후유증을 털고 재도약 발판 마련에 성공할 가능성이 높다. 바이든 시대에 영국을 주목해야 할 이유다.

신흥국,
미국에 추월당한다

2021년 선진국의 백신 접종 과정에서 드러난 사실이 하나 있다. 전체 인구의 60%, 성인 80%가 백신 접종을 하더라도 신종 코로나바이러스 감염증(코로나19) 대유행 종식을 섣불리 선언하기 어렵다는 것이다.

2021년 6월, G7 정상들이 개발도상국에 코로나19 백신 10억 회분을 제공하기로 약속했다. 미국은 '백신 무기고' 국가를 선언했다. 하지만 개발도상국과 백신 확보가 늦은 일부 신흥국의 경제 봉쇄 해제 및 경제 반등 시점은 2022년으로 미뤄질 가능성이 높다.

이스라엘과 미국의 사례를 볼 때, 전체 인구의 50% 이상이 2회 완전 접종을 끝내고, 그 후에도 지속적으로 신규 확진자 수가 감소하는 추세를 유지해야 경제 봉쇄를 해제할 수 있다.

2021년 6월 13일 기준으로 영국은 성인 대상 백신 1회 접종 비율이 79%, 전체 인구로는 60%를 돌파했지만, 인도발 델타 변이의 기승으로 백신 접종을 끝내지 못한 집단을 중심으로 5일 연속 7천 명대 신규 확진자가 발생하면서 완전한 경제 봉쇄 해제를 몇 주 더 미뤘다.

영국은 2021년 5월 초만 해도 1일 신규 확진자 수가 2500명 수준(2021년 1월 초 최고 7만 명 기록)까지 하락했지만, 재상승으로 전환되자 실내 마스크 착용 제약을 거두지 못하고, '자유의 날'이라는 이름을 붙인 2021년 6월 21일 봉쇄 조치 완전 해제 예정일도 뒤로 미뤘다.[70]

2021년 6월 13일 기준, 1회 이상 백신 접종 비율이 12%였던 러시아에서도 1일 신규 확진자 수가 1만 3150명으로 2021년 2월 15일 이후 넉 달 만에 최고치를 기록하면서, 코로나19가 거세게 재확산됐다. 모스크바에서는 일주일 동안 유급 휴일로 정하고, 회사 문을 닫고, 쇼핑몰 푸드코트와 공공놀이터 등은 전면 폐쇄, 레스토랑과 카페 등은 밤 11시부터 다음 날 아침 6시까지 영업 중단이라는 초강경 대응을 다시 했다.

2021년 초, 신흥국 중에서 칠레는 백신 확보에 성공해 높은 접종률을 기록했다. 하지만 2021년 4월 초까지 신규 확진자 수가 계속 증가했다. 백신 접종 비율이 1%일 때 경제 봉쇄를 해제하는 치명적인 실수를 했기 때문이다.

2021~2022년, G7 국가가 개발도상국과 신흥국에 백신 공급을 서두르더라도 해당 국가 정부가 경제를 우선시하면서 방역 정책을 느슨하게 운영하고 국민이 백신 접종을 꺼릴 경우 전 세계가 코로

나19 종식을 선언할 시점은 늦어진다.

〈그림 201〉을 보자. 2021년 6월 13일 기준 신흥국과 개발도상국의 백신 1회 접종 현황이다. 전 세계 평균은 겨우 20%를 넘었다. 아르헨티나(29%), 브라질(26%), 한국(23%), 콜롬비아(18%), 인도(15%), 말레이시아(14%)를 제외하고는 대부분의 개발도상국과 아시아와 남미의 신흥국들이 10% 미만이다.

전 국민 2회 접종(완전 접종) 현황은 더욱 안 좋다. 〈그림 202〉에서 보듯이, 몇몇 선진국을 제외하고 대부분의 국가에서 완전 접종 비율이 매우 낮다. 아프리카 대부분과 중동, 중남미, 아시아 일부는 '백신 사막지대vaccine desert'에 속해 있다. 2021년 6월 13일 기준으

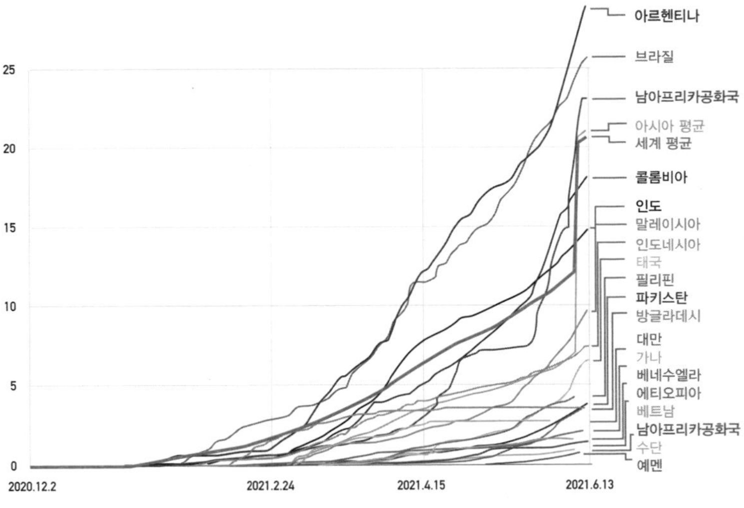

| 그림 201. 2021년 6월 개발도상국·신흥국 코로나19 백신 접종률(%) |

| 그림 202. 2021년 6월 국가별 코로나19 백신 완전 접종률 |

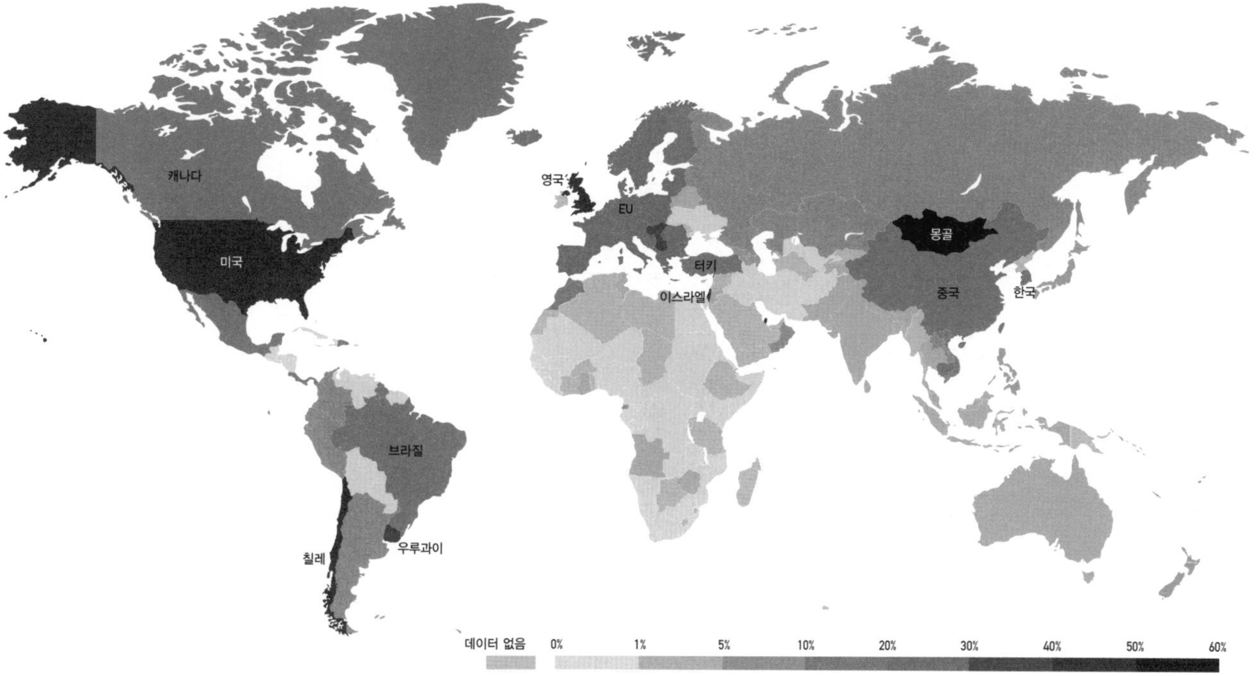

데이터 없음 0% 1% 5% 10% 20% 30% 40% 50% 60%

로 1회 접종률이 1%에도 이르지 못한 국가가 25개국이나 된다. 차드, 부르키나파소, 아이티 등 최빈국은 접종 비율이 '0%'다.

신흥국과 개발도상국의 '경제 활동 재개 시점(111 리바운드 시작 시점)'은 언제가 될까? 다음 3가지 조건이 갖춰질 때 가능하다.

1. 백신 완전 접종(2회 접종 완료) 규모가 전체 인구 30%를 넘어야 한다.
2. 그동안 생활방역 수준도 좋아야 한다.
3. 1일 사망자 수준이 팬데믹 직전 수준까지 낮아져야 한다.

언제쯤 이 조건을 갖출 수 있을까? 필자의 예측으로는 2021년 말과 2022년 중반 사이가 될 것으로 보인다.

신흥국과 개발도상국의 '경제 봉쇄 완전 해제 조치'는 언제 가능할까? 이스라엘은 전 세계에서 백신 접종 속도가 가장 빨랐던 국가다. 2020년 12월 19일에 접종을 시작해서 백신 2회 접종 완료자 비율이 50%에 도달할 때까지 3개월이 걸렸다.

미국은 2020년 12월 15일에 백신 접종을 시작해서 2021년 5월 말에 백신 2회 접종 완료자 비율이 50%에 도달했다. 군사 작전을 방불하는 총력전을 펼쳤어도 5개월이 넘는 시간이었다.

이를 기준으로 삼을 때, 백신 확보도 늦고 백신을 접종시킬 의료 인프라가 상대적으로 열악한 신흥국과 개발도상국 등이 전 국민 대상 2회 접종 완료율 50%를 넘기려면 12~16개월이 걸릴 것으로 예측된다. 2021년 하반기부터 미국, 영국, EU 등이 자국 보유 백신 물량을 개발도상국에 공급하기 시작해도 신흥국과 개발도상국은 2022년 말에서 2023년 초에 전 국민 대비 50%에 도달할 수 있다. 이 시점도 완전한 경제 봉쇄 해제는 아니다. 성인 인구 절반 접종 시, 봉쇄 해제 논의를 시작할 수 있고 실외에서만 마스크 해제가 가능하다.

2022년에도 각종 변이 바이러스가 계속 나올 가능성이 높다. 영국은 성인 대상 백신 1회 접종 비율이 79%, 전체 인구로는 60%를 돌파했지만, 델타 변이 바이러스 기승으로 신규 확진자가 증가하면서 완전한 경제 봉쇄 해제를 미뤘다. 코로나19 사태가 장기화되면서 각종 변이 바이러스가 등장하자 집단면역 기준치도 80~90%로 높아졌다. 미국 국립알레르기전염병연구소NIAID 소장 앤서니 파우치도 미국 내에서 집단면역이 이뤄지려면 전 인구의 75~90%가 백신을 맞아야 할 것이라고 말했다.

신흥국과 개발도상국에 백신 보급이 원활하게 이뤄져도 변수가 있다. 〈그림 203〉을 보면, 신속한 백신 접종에 성공한 이스라엘, 미국, 영국, 칠레 등에서 백신 접종 비율이 일정 수준에 올라가면 접종 비율 속도가 느려진다. 그만큼 집단면역 도달 시점이 예상보다 늦어진다. 참고로 아프리카를 비롯한 일부 극빈 국가는 2023년에도 백신 부족 현상에서 벗어나기 힘들다.

신흥국과 개발도상국의 경제 봉쇄 완전 해제 시점을 앞당길 변수가 하나 있기는 하다. 골드만삭스의 분석에 따르면, 2021년 5월 9일 기준으로 미국과 영국 전체 인구의 60%는 이미 항체를 갖고 있는 것으로 추산된다. 같은 날 미국 질병통제예방센터CDC가 발표한 미국 내 접종률 46%보다 높다. 무증상 코로나 감염으로 자연

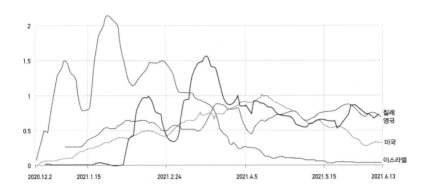

| 그림 203. 백신 성공 국가들의 백신 접종률 증가율(%) |

면역력을 획득한 사람이 상당하기 때문이다.

골드만삭스는 독일, 프랑스 등 주요 선진국은 백신 접종 속도 향상과 자연 면역력 획득자 증가로 2021년 8월에 전체 인구의 60%가 면역력을 갖출 것으로 추정했다. 백신 접종 비율이 낮지만, 일부 신흥국에서도 비슷한 현상이 발생한 가능성이 충분하다. 2021년 5월 9일 기준으로, 페루와 멕시코는 백신 1회 접종 비율이 각각 4.5%, 11%에 불과했다. 하지만 골드만삭스는 코로나 창궐이 극심했기 때문에 페루는 전체 인구의 72%, 멕시코의 경우 58%가 자연스럽게 면역 항체를 갖게 되었을 것으로 추정했다.

2020년 1월, 코로나19 발발 직전 IMF는 2021년 선진국 평균 GDP 성장률은 1.6%, 신흥 개발도상국은 4.6%로 전망했다. 전년 대비 선진국의 성장률은 0.1%p 하락하고, 신흥 개발도상국의 성장률은 0.9%p 상향했다. 선진국과 신흥 개발도상국의 성장률 격차 예상치는 3.0%p였다.

코로나19 이전, 제조업이 약화되고 저출산·고령화 충격을 받는 선진국은 성장률이 정체되거나 하락하고, 젊은 인구가 넘치고 제조업이 부흥하는 신흥 개발도상국은 고속 성장하는 공식이 만들어졌다. IMF의 자료에 따르면, 2019년 선진국의 GDP 성장률은 1.64%, 신흥국은 3.62%로 1.98%p의 격차를 보였다. 2018년에도 선진국은 2.3%, 신흥국은 4.55%로 2.25%p의 격차를 보였다. 미국과 EU 등 선진국이 금융 위기로 직격탄을 맞았을 때에는 선진국과 신흥 개발도상국의 성장률 격차가 4~5%p까지 벌어졌다.

2020~2021년 이런 공식이 무너졌다. 코로나19가 장기화되면서 신흥국의 경제는 큰 충격을 받고 있다. 브라질은 인구당 사망자 수가 미국을 추월하면서 경제가 초토화됐다. 백신 접종도 늦어지면서 추가 경제 손실이 예상된다. 2021년 신흥국의 평균 GDP 성장률 전망치는 미국에 추월당했다.

2021년 4월 IMF가 발표한 자료에 따르면, 2020년 전 세계 GDP 성장률은 −3.26%를 기록했다. 선진국은 −4.7%, G7 국가는 −5.0%, 신흥국은 −2.8%, 아세안 5국은 −3.4%를 기록했다. 선진국과 신흥 개발도상국의 성장률 격차가 코로나19 이전 3%p로 전망되었지만, 2020년 실제 격차는 1.9%p로 줄었다. 미국도 제2차 세계대전 이후 최악의 GDP 성장률인 −3.5%를 기록했지만, 신흥국과의 격차는 0.7%p로 코로나19 이전보다 좁혀졌다. 2020년 선진국은 GDP의 24%를 재정 정책에 사용하고, 신흥국은 5%, 기타 저소득 국가는 2% 미만에 그친 것이 결정적이었다.

IMF가 전망하는 2021년 전 세계 GDP 성장률은 6%다. 선진국 평균도 5.13%, G7 국가는 5.39%를 기록할 것으로 전망했다. 반면, 2021년 신흥국 전체 평균은 6.67%, 인도네시아·태국·말레이시아·베트남·필리핀 등 아세안 5국은 4.92%, 브라질 3.7%, 사우디아라비아 2.9%, 남아프리카공화국 3.1%를 기록할 것으로 전망했다. 세계은행도 2021년 신흥 개발도상국의 GDP 성장률을 6.0%로 전망했다.

2021년 신흥국 GDP 성장률 반등은 선진국의 강력한 회복에 절대적으로 의존한다. 하지만 2021년 선진국과 신흥 개발도상국의 성장률 전망치 격차는 1.54%p로 더욱 줄어들었다.[71] 신흥국도 반등에 성공하지만 선진국의 반등세가 더욱 강하기 때문이다.

2021년 미국의 GDP 성장률 전망은 6.5~8.1%다. 최초 전망치를 기준으로 하면, 미국과 신흥국의 격차는 0.17%p로 전년도보다 더욱 좁혀졌다. 세계은행의 신흥국 전망치 6.0%를 기준으로 하면, 미국이 0.5%p 앞선다. 만약 미국이 최대 전망치 8.1%를 기록하면, 미국과 신흥국 격차는 1.43%p까지 벌어진다. 미국이 이 정도 격차로 신흥국을 앞선 것은 제2차 세계대전 이후 처음일 것이다.

2022년 신흥국의 GDP 성장률은 어떤 모습일까? 2022년은 미국을 제외한 주요 선진국의 GDP 성장률이 리바운드 효과를 끝내고 코로나19 이전으로 회귀하기 시작한다. 대신 신흥국에서는 2021년 말부터 2022년 중반 사이에 자국 내에서 경제 봉쇄 부분 해제되고 소비가 회복되면서 111 리바운드 현상이 시작될 수 있다. 하지만 신흥국은 수출 의존도가 높기 때문에 자국 내 소비 회복보다 선진국의 GDP 성장률 하락에 더 영향을 받는다. 그 결과 2021년보다 낮은 GDP 성장률을 기록할 가능성이 크다.

세계은행은 2022년 신흥국의 GDP 성장률을 4.7%로 전망했다. IMF는 신흥 개발도상국의 GDP 성장률을 2022년 4.98%로 전망했다. 선진국은 2022년 3.63%다. 2022년에도 선진국과 신흥 개발도상국의 성장률 전망치 격차는 1.35%p로 2021년 1.54%p보다 줄어든다. 이유는 몇 가지 있다.

자국 내 경제 봉쇄가 완전히 해제되지 않았기 때문에 잠재 성장률을 완전히 발휘할 수 없다. 미국이나 EU 같은 기축통화국은 저금리를 유지하면서 막대한 양의 국채를 추가 발행해서 코로나 경제 위기에 대응할 수 있지만, 신흥국들은 통화 가치와 국채 가격이 크게 하락해서 2021~2022년에도 재정 지출을 줄여야 할 형편이다. 정부의 가계 구제책 규모도 적어서 소비 여력이 함께 감소해 111 리바운드 효과가 상대적으로 작다.

참고로 코로나19 기간 동안 미국 가계는 GDP 대비 37%에 이르는 2조 달러 이상의 돈을 추가 저축액으로 쌓았다. 신흥국 출신 이주 노동자들의 본국 송금액도 줄었다. 미국의 조사기관 '이주 및 개발에 대한 글로벌 지식 파트너십KNOMAD'에 따르면, 2020년 해외 이주 노동자의 본국 송금액은 전년 대비 7%p 감소했다. 2021년에도 7.5%p 추가 감소할 것으로 전망된다.

2023~2024년 신흥국의 GDP 성장률은 어떤 경로를 가게 될까? IMF가 전망하는 신흥국의 GDP 성장률은 2023년 4.73%다. 2024년은 4.57%로 전망했다. 선진국은 2023년 1.78%, 2024년

1.61%로 전망했다. 2023년은 신흥국이 선진국과 성장률 전망치 격차를 코로나19 이전 수준(2~5%p 격차)으로 늘리는 시점이다. 대략 2.95%p 차이로 벌릴 것으로 전망된다. 하지만 신흥 개발도상국의 연간 GDP 성장률은 2023년부터 코로나19 이전 평균치로 빠르게 회귀한다. 기저효과(리바운드 효과) 이후에 나타나는 자연적 현상이지만, 동시에 코로나19 경제 손실 영향이 장기간 지속되기 때문이다.

IMF는 2020~2024년 1인당 GDP의 연평균 손실 비율이 선진국은 2.3%, 신흥국(중국 제외)은 6.1%, 저소득 개발도상국LIDC은 5.7%에 달할 것으로 전망했다.[72] 세계은행의 분석에 따르면, 전 세계 중산층은 2020년에만 9천만 명 감소했다. 30년 만에 처음 있는 일이다. 2020년 중산층 감소는 남아시아, 동아시아, 태평양 지역에 집중됐다. 신흥국과 개발도상국이 밀집된 지역이다.

IT 인프라가 튼튼한 선진국은 비대면 업무 환경으로의 전환이 빨라서 중산층의 고용 피해를 최소화할 수 있었다. 반면 공장 내에서의 대면 노동과 관광 수입 비중이 높은 신흥국과 개발도상국은 고용 피해가 컸다. 신흥국과 개발도상국에서는 빈곤층도 증가했다. 세계은행에 따르면, 2020년에만 하루 수입 1.9달러 미만 극빈층 규모가 1억 1500만 명 증가했다. 지난 25년 동안 최고치다.[73]

바이든 정부 4년, 신흥국이나 개발도상국의 경제 경로에서 코로나19 경제 봉쇄 해제도 중요하지만 더 큰 변수는 미국의 긴축이다. 미국이 긴축을 시작하면 대부분의 신흥국과 개발도상국은 기준 금리를 올리고 시중의 돈줄을 더욱 조여야 한다. 그만큼 추가 경제 손실이 발생하거나 경제 회복이 느려진다.

2013년 터키와 브라질을 포함한 신흥국 대부분이 미국 연준이 긴축 신호를 내는 것만으로 '긴축 발작'을 겪었다. 2021년 3월 말 미국 10년물 장기채 금리가 1.7% 후반대까지 치솟자 IMF 총재 크리스탈리나 게오르기에바는 신흥국과 개발도상국은 해외 자본 유출을 대비하라고 경고했다.

국제금융협회 집계에 따르면, 2021년 3월 한 달에만 개발도상국에서 빠져나간 자본 규모가 51억 6천만 달러(약 5조 8천억 원)였다. 큰 규모는 아니지만, 터키 같은 국가에서는 2015년 이후 6년 만에 한 달 기준 최대 규모의 이탈이었다.[74]

터키, 브라질, 러시아는 즉각 기준 금리를 인상했다. 브라질 중앙은행은 기준 금리를 연 2.0%에서 2.75%로 0.75%p나 올렸고, 러시아 중앙은행은 연 4.25%에서 4.5%로 인상했으며, 터키 중앙은행도 연 17.0%에서 19.0%로 기준 금리를 올렸다.

터키와 브라질은 정치 상황도 불안하고 제조업 기반이 취약하다. 브라질, 터키와 함께 경제 펀더멘털이 약해서 '취약한 5개국 Fragile 5'에 포함되는 인도, 인도네시아, 남아프리카공화국도 긴축을 서둘러야 한다. 유럽 경제의 취약점인 동유럽과 남유럽도 해외 자본 유출 위험도가 높다. 미국의 긴축은 선진국도 긴장하게 만드는 위험 변수다. 2021년 4월 21일, 캐나다가 주요 선진국 중에서 가장 먼저 자산 매입 축소(테이퍼링)를 단행했다.

앞으로가 더 문제다. 2014년 미국 연준의 양적 완화 축소 및 중지, 2015년 12월부터 시작된 기준 금리 인상을 거치면서 신흥국

시장에서 이탈한 달러 자본은 대략 1천억 달러 규모로 추정된다. 2008년 글로벌 금융 위기가 터진 후 초기 2개월 동안 이탈한 금액의 3배가 넘는다.[75] 즉, 신흥국은 경제 위기 때보다 미국이 긴축을 시작해서 유동성을 거둬들이는 시기가 더 위험하다는 말이다. 신흥국 입장에서는 GDP 성장률 반등을 기뻐할 순간은 2021년에서 2022년 상반기까지가 전부일 수 있다.

〈그림 204〉는 연준의 기준 금리 인상과 그에 따른 달러 가치 변화가 동아시아 신흥국의 금융 위기를 불러일으킨 시점에 대한 것이다. 〈그림 205〉는 2021년 3월 기준, 전 세계 주요 국가들의 기준 금리 현황이다.

바이든 시대 4년 동안 신흥국과 개발도상국의 경제를 위협하는 변수가 하나 더 있다. 신흥국의 경제사를 분석해보면, 미국의 기준 금리 인상 외에도 '엔달러 가치 변화' 또한 금융 위기 방아쇠였다. 엔화와 달러의 관계(엔달러 가치)는 1985년 플라자 합의 이후 신흥국의 경제 호황이나 금융 위기 발발에 중요한 요소로 작용해왔다

1985년 플라자 합의 이후 미국의 대일 무역적자는 극적으로 개선됐다. GDP 성장률도 반전했다. 반면 일본 경제는 위기에 직면했다. 급격한 엔고 전환으로 수출 경쟁력이 떨어지며 무역 수지 흑자가 크게 줄었다. 일본 정부는 내수 시장을 키워서 수출 감소를 만회하는 전략을 선택했다. 일본 중앙은행은 기준 금리와 지급준비율을 내려 신용 확대 정책을 구사해서 시장에 막대한 유동성을 공급했다. 정부는 건설 경기를 부추겼다. 내수 소비도 증가했지만, 주식과 부동산 버블이 무섭게 달아올랐다. 일본 내 자산 가치가 폭등

| 그림 204. 연준의 기준 금리와 달러 가치 변화 및 동아시아 금융 위기의 연관 관계(%) |

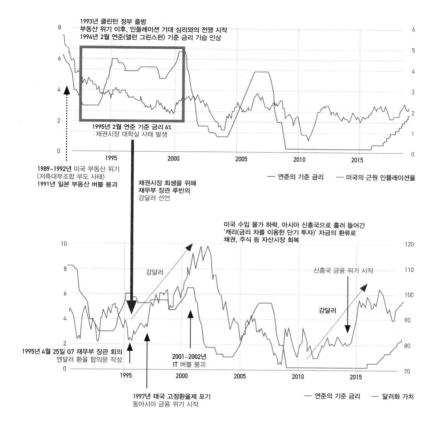

하자 일본 은행의 몸집도 커졌다. 엄청나게 풀린 엔화 자금은 일본 밖으로도 밀려 나갔다.

1986년부터 미국에서 저축대부조합 위기가 발생했다. 미국의 저축대부조합 위기는 1986~1995년까지 3234개의 저축대부조합

| 그림 205. 2021년 3월 주요국 기준 금리 |

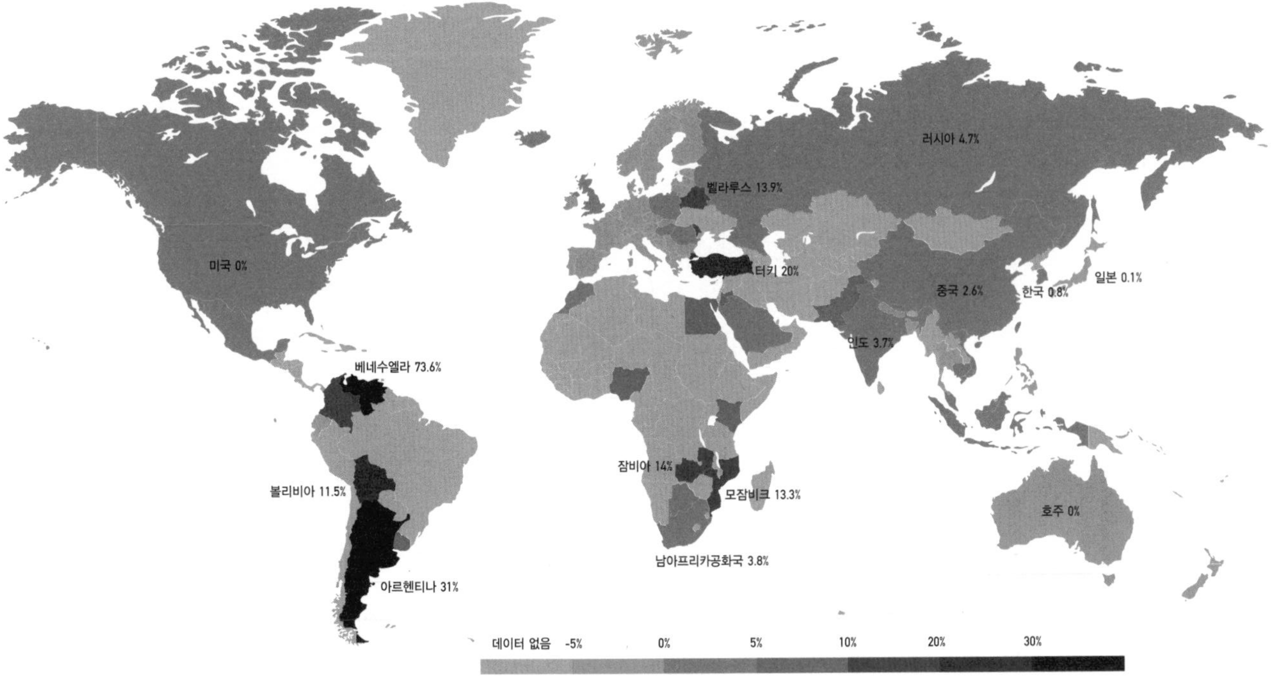

일본 0.1%
한국 0.8%
중국 2.6%
러시아 4.7%
인도 3.7%
호주 0%
터키 20%
벨라루스 13.9%
짐바브웨 14%
모잠비크 13.3%
남아프리카공화국 3.8%
베네수엘라 73.6%
볼리비아 11.5%
아르헨티나 31%
미국 0%

데이터 없음   -5%   0%   5%   10%   20%   30%

중에서 1043개가 파산한 대형 금융사고다. 1989년, 미국 연준은 미국 금융 시스템이 위험에 처하고 GDP 성장률도 추락하기 시작하자 기준 금리를 인하하면서 달러 유동성을 증가시켰다. 미국이 뿌리기 시작한 달러는 일본을 비롯한 전 세계로 흘러나갔다. 일본에서는 일본 중앙은행이 쏟아내는 엔화와 미국에서 흘러들어온 달러 자금이 시너지를 일으키면서 부동산 가격을 더욱 빠르게 상승시켰다. 빠르게 부풀어 오른 버블은 빠르게 터지는 법이다. 일본 부동산 시장은 엄청난 버블을 감당하지 못하고 1991년 대폭락이 일어났다.

부동산 버블 붕괴로 일본은 경제 충격에 빠졌다. 1989년 연말에 4만 포인트 부근까지 대상승했던 주식시장은 1992년 5월에 1만 5천 포인트까지 하락했다. 하지만 놀랍고 이상한 일이 한 가지 일어났다. 일본 경제가 대붕괴하는 상황에서도 엔화 가치는 강세 전진을 계속했다(그림 206). 일본과 미국의 경제 충격 여파가 다른 나라들도 강타했고, 엔화 금리 차이를 이용한 단기투자금(엔캐리yen carry 자금)이 본국으로 환류하면서 글로벌 외환시장에서 엔화 규모가 줄자 가치는 거꾸로 상승했다(2008년 이후, 미국 경제 위기 속에서도 달러화 가치가 거꾸로 상승한 것과 같다).

1993년, 미국에서는 저축대부조합 부도 사태가 마무리되어갔고, 클린턴 정부가 들어섰다. 클린턴 정부는 위기 이후 경제 회복 단계에서 나타나는 인플레이션 기대 심리와의 전쟁을 시작했다. 정부 지출을 줄이면서 연간 4%를 넘었던 정부 재정적자 규모를 대폭 낮췄다.

| 그림 206. 일본 주가지수와 엔화 가치 |

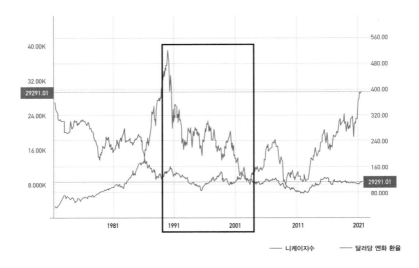

— 니케이지수   — 달러당 엔화 환율

1994년 2월, 연준 의장 앨런 그린스펀은 기준 금리를 기습적으로 인상했다. 1995년 2월 미국 기준 금리는 6%까지 상승했다. 채권시장은 '대학살'이란 말이 나올 정도로 무너졌다.

1995년 1월 17일, 일본에서 고베 대지진이 발생했다. 1천억 달러의 재산 피해가 발생했지만, 이번에도 엔화 가치는 상승했다. 재해 복구를 위해 엔케리 환류가 일어나고, 제조업 강국인 일본의 경제 충격이 신흥국과 미국 등을 강타할 것이라는 심리가 작동했기 때문이다.

엔화 가치가 상승하자, 엔화 대비 달러화 가치는 하락했다. 엔화 강세, 달러 약세가 지속되자 미국에서는 일본산 수입 제품 가격이 상승하면서 인플레이션 상승 압력이 커졌다. 미국의 대일 무역 수지 적자 규모도 커졌다. 클린턴 정부는 특단의 대책이 필요했다. 미국은 채권시장 회생, 수입 물가 하락을 위해서 강달러가 필요했다.

1995년 4월 25일, G7 재무부 장관들은 '과도한 달러 약세와 엔화 강세 해결을 위한' 강제 조정안에 합의했다. 1985년 플라자 합의에서 엔화 약세 문제를 해결했던 것과 정반대 상황이 10년 만에 발생한 것이다(그림 207).

중요한 것은 이것이다. 1995년 새로운 합의안 발효와 미국의 강달러 선언 2년 후, 태국을 시작으로 동아시아와 한국에 쌓여 있던 막대한 부채에 불이 붙으면서 외환 위기가 발발했다. 달러 강세와 엔화 약세가 어떻게 신흥국의 위기에 불을 붙이는 방아쇠 역할을 했을까?

클린턴 정부가 던진 특단의 대책은 적중했다. 달러 가치가 강세

| 그림 207. 1995년 4월 G7 재무부 장관 회의 이후 일본 수출액과 엔화 가치 |

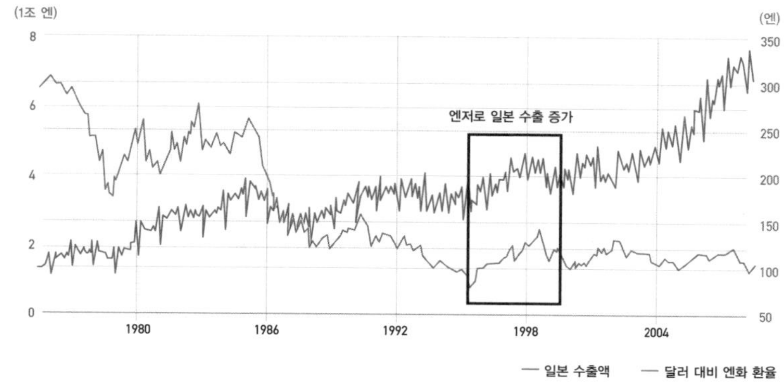

로 전환되자 미국 수입 물가는 하락하고 아시아 신흥국으로 흘러들어간 '케리carry 자금의 환류'가 시작되면서 미국 채권시장이 빠르게 회복됐다. 주식시장도 1997년 7월 8천 포인트 올랐다(1995년 대비 2배 상승). 반면 엔화 가치가 약세로 전환되면서 일본의 수출 규모는 증가했다.

신흥국은 일본에 수출을 빼앗기고, 강달러 추세가 발생하자 달러 자본 이탈이라는 위기에 동시에 직면했다. 별다른 실수나 잘못을 하지 않고 게으름을 피우지도 않았는데 '엔저와 강달러' 전환만으로 경상 수지 적자가 증가하고 외환 보유고가 감소하면서 금융 위기에 처했다.

신흥국은 경상 수지 적자와 달러 캐리 증가로 인해 발생하는 외국 자금 이탈을 막기 위해 기준 금리를 전격 인상했다. 그러자 자국 내 부채가 위험에 빠졌다. 자국 통화의 과도한 하락을 막기 위해 환율 방어를 하면서 외환 보유고도 감소했다. 안간힘을 썼지만 역부족이었다.

1997년 태국이 가장 먼저 항복했다. 특정 국가의 통화에 자국 통화의 환율을 고정시키는 제도인 페그제peg system를 포기했다. 바트화는 곧바로 17% 추가 폭락했다. 경상 수지 적자는 GDP 대비 -7.9%를 기록했다. 태국의 금융 위기는 동아시아 전반의 금융 위기에 불을 붙였다.

견고하다고 평가받던 한국의 수출 기업도 엔저, 강달러, 기준 금리 인상의 여파를 피하지 못했다(그림 208). 1993년 20억 달러 흑자를 냈던 경상 수지는 엔화 약세로 인해 1995년 45억 달러 적자로 돌아섰다. 1996년에는 98억 달러 적자, 1997년에는 237억 달러 적자를 기록했다. 무역 수지 적자가 늘고 외국 자본 이탈이 계속되자 주식시장은 반토막이 났고, 채권시장도 무너졌으며, 외채는 1997년 1047억 달러로 증가했다(1993년 439억 달러). 외환 보유고도 IMF 구제금융 신청 직전인 1997년 11월 초 244억 달러까지 감소했다.

수출을 기반으로 일어섰던 한국 기업은 시장 상황의 악화 속에서 엄청난 규모의 부채를 이기지 못하고 추풍낙엽처럼 무너졌다.

엔저, 강달러, 미국의 기준 금리 인상은 '(한국 상업 영역의) 막대한 부채'라는 도화선에 불을 붙였다. 도화선을 따라 연쇄적으로 불이 타들어갔다. 강제적 부채 상환(만기 회수), 이자 지불 불능(재정수지 적자 등으로 인한 달러 부족), 외국 자금 이탈 등이 연달아 발생했다. 금융 시스템이 망가졌고, 1997년 11월 22일에는 외환시장마저 완

| 그림 208. 1989~2004년 일본과 한국의 수출액 |

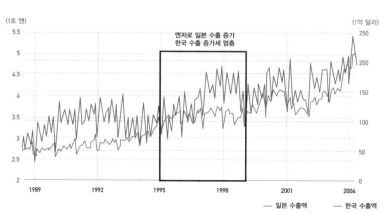

전히 붕괴했다. 한국 정부는 IMF에 달러를 빌리는 구제금융을 신청했다. 한국을 포함한 대부분의 신흥국에서 같은 일이 일어났다.

바이든 정부 4년에도 미국이 기준 금리를 올려 강달러 추세가 형성되고, 동시에 일본은 경제 회복세 유지를 위해 재정과 통화 확장 정책을 지속해 엔화 약세가 지속되면 신흥국의 금융 위기와 외환 위기 가능성은 더욱 커질 것으로 보인다.

〈그림 209〉는 엔화와 달러의 관계(엔달러 가치)와 동아시아 신흥국 금융 위기의 연관을 표시한 것이다.

여기서 한 가지 질문을 던질 수 있다.

"바이든 정부 4년, 강달러와 엔저 추세가 일어나면 (다른 신흥국은 그렇다 치지만) 한국에서도 금융 위기 악몽이 재현될까?"

이 질문에 대한 필자의 답은 '격랑 속 한국 경제의 미래'에서 자세하게 설명하겠다.

| 그림 209. 엔달러 가치 변화와 동아시아 금융 위기의 연관 관계 |

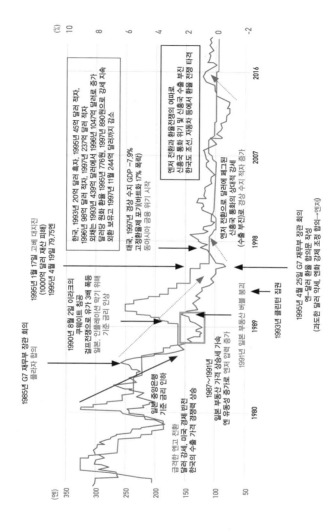

— 달러 대비 엔화 환율   — 일본 기준 금리

세계 GDP 성장률을 종합하면?

2021년 전 세계 GDP 성장률은 최소치 전망이 4.7%이고, 최대치는 6.6%다. 2021년 3월 유엔무역개발회의UNCTAD는 4.7%, 한국은행은 5.0%, 세계은행은 5.6%, OECD는 5.8%를 각각 전망했다. IMF는 2021년 6.0%를 전망했다.[76]

대부분의 기관이 전망치를 2020년 10월이나 2021년 1월보다 상향 조정했다. 그만큼 미국의 백신 접종 속도와 대규모 추가 부양책 효과를 크게 반영한 결과다. 예를 들어, IMF는 2021년 전 세계 GDP 성장률 추정치를 2020년 10월 5.2%로 발표했다. 2021년 1월에는 5.5%로 상향 조정했고, 3월에 다시 6.0%로 추가 상향했다. IMF는 2021년 전 세계 성장률 반등 추세가 자체 통계 작성 시작(1980) 이후 가장 빠르고 높은 확장이라고 평가했다.[77]

2021년 전 세계 GDP 성장률을 6.6%로 가장 높게 전망한 곳은

| 그림 210. 1980년 이후 국가별 GDP 성장률(%) |

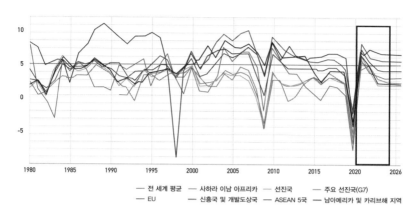

— 전 세계 평균 — 사하라 이남 아프리카 — 선진국 — 주요 선진국(G7)
— EU — 신흥국 및 개발도상국 — ASEAN 5국 — 남아메리카 및 카리브해 지역

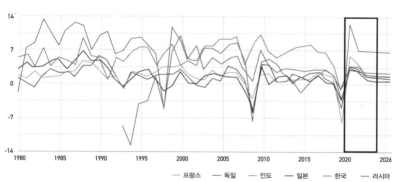

— 프랑스 — 독일 — 인도 — 일본 — 한국 — 러시아

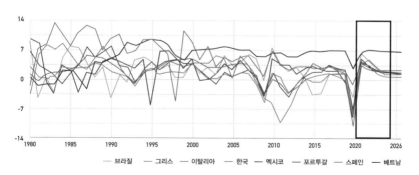

— 브라질 — 그리스 — 이탈리아 — 한국 — 멕시코 — 포르투갈 — 스페인 — 베트남

골드만삭스였다. 블룸버그가 주요 투자은행과 경제연구소 등 37개 기관의 전망치를 집계한 결과는 2021년 세계 GDP 성장률 평균치를 5.2%로 전망됐다.

2022~2024년 전 세계 GDP 성장률은 어떻게 될까? OECD는 2022년 전 세계 GDP 성장률을 4.0%로 전망했다. 한국은행은 3.7%, 세계은행은 4.3%로 발표했다. IMF는 2022년은 4.4%, 2023년은 3.5%, 2024년은 3.4%로 전망했다.

필자는 미국, 중국, 신흥국의 2021~2024년 GDP 성장률 경로를 예측하면서 해마다 어떤 이슈가 영향을 미치고, 지역마다 어떤 차이점이 있을 것인지에 대해서 이미 다 설명을 했다. 그래서 여기서는 추가 분석이나 설명은 생략하겠다. 대신 IMF가 발표한 2021~2024년 다양한 분야에 대한 전망치를 그래프로 정리해서 소개한다.[78]

| 그림 211. 지역별 외부 부채(단위: 1조 달러) |

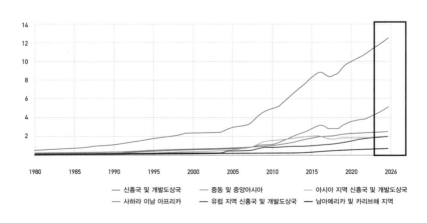

신흥국 및 개발도상국   중동 및 중앙아시아   아시아 지역 신흥국 및 개발도상국
사하라 이남 아프리카   유럽 지역 신흥국 및 개발도상국   남아메리카 및 카리브해 지역

| 그림 212. 지역별 GDP 대비 정부 부채 비율(%) |

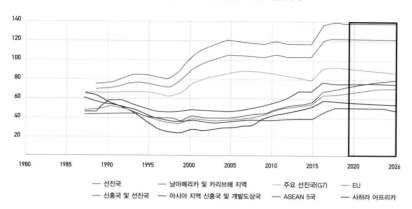

선진국 — 남아메리카 및 카리브해 지역 — 주요 선진국(G7) — EU
신흥국 및 선진국 — 아시아 지역 신흥국 및 개발도상국 — ASEAN 5국 — 사하라 아프리카

| 그림 213. 국가별 GDP 대비 정부 부채 비율(%) |

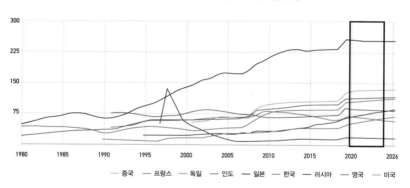

중국 — 프랑스 — 독일 — 인도 — 일본 — 한국 — 러시아 — 영국 — 미국

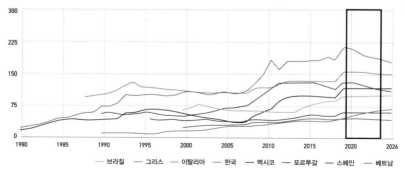

브라질 — 그리스 — 이탈리아 — 한국 — 멕시코 — 포르투갈 — 스페인 — 베트남

| 그림 214. 전 세계 식료품 인플레이션율 |

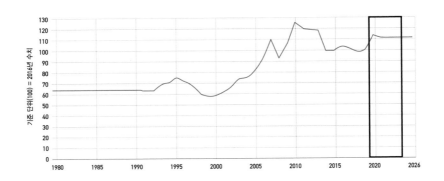

| 그림 215. 전 세계 무역 규모 변화율(%) |

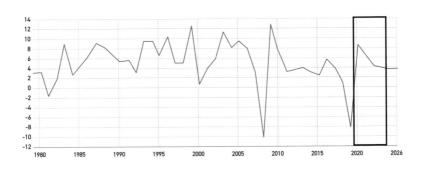

| 그림 216. 지역별 수출 규모 변화율(%) |

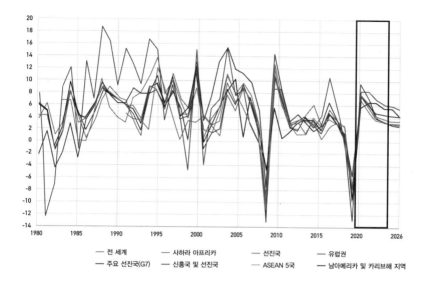

전 세계 — 사하라 아프리카 — 선진국 — 유럽권
주요 선진국(G7) — 신흥국 및 선진국 — ASEAN 5국 — 남아메리카 및 카리브해 지역

격랑 속
한국 경제의 미래

바이든 시대 4년 동안 한국 경제의 미래도 전 국민 대비 최소 30% 인구의 백신 접종(2회 접종 완료) 속도, 코로나19 이후 인프라 투자 규모 혹은 정부의 추가 재정 지출 규모, 미래 산업에 대한 시장 분위기가 중요하다. 하지만 한국은 수출 의존도가 매우 높은 국가이기 때문에 '미국, 중국, 유럽의 경제 회복 수준'도 중요한 변수로 작용한다.

2020년 한국은 K-방역을 전 세계에 알리며 '방역 성공 국가'라는 평가를 받았다. 하지만 2021년 한국은 백신 수급에 심각한 차질을 빚으면서 '백신 성공 국가'가 되지는 못했다. 코로나19 대응 범정부 기구가 이스라엘과 비슷한 시기(2020년 4월 말)에 구축되었지만, 이스라엘은 2020년 6월 백신 계약에 성공했지만, 한국은 2020년 11월에야 첫 번째 계약에 성공했다.

〈그림 217〉에서 보듯이, 방역에는 실패했지만 백신 성공 국가로 변신한 이스라엘은 2021년 3월 22일에 코로나19 백신 최소 1회 접종 비율이 전 국민 대비 60%를 돌파했다. 같은 시기에 한국은 1.33%에 불과했다. 미국 24.75%, 독일 9.43%보다 낮았다. 2021년 6월 15일 기준으로 한국의 1회 접종자 비율은 24.5%까지 높아졌지만, 이스라엘보다 5개월이나 늦었고, 미국는 90일 정도, 독일보다는 50일 정도 늦은 속도다.

한국 정부는 언제쯤 경제 봉쇄 완화 조치 논의를 시작하고 실외 마스크 해제 결정을 발표할 수 있을까? 이스라엘과 미국은 전체 인구의 50%가 1차 접종을 마치자(2차 접종 완료자로는 40% 수준), 경제 봉쇄 해제 조치 논의를 시작하고 실외 마스크 해제도 실시할 수 있

| 그림 217. 국가별 코로나19 백신 1회 이상 접종률(%) |

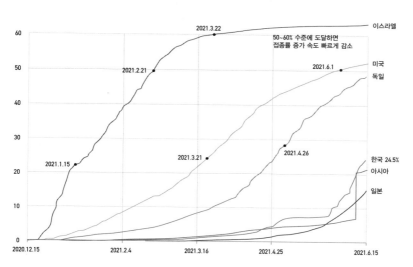

었다. 국민의 절반 이상이 백신을 맞아야 60세 이상 고령층의 코로나19 예방률이 99%가 넘는다는 조사 결과 때문이다.

한국도 비슷한 수준에 이르는 시점에 실외 마스크 해제와 경제 봉쇄 완화 조치 논의를 시작할 수 있다. 이스라엘, 미국, 영국의 사례를 기준으로, 전체 인구 30%가 2회 접종(완전 접종)을 완료하면 경제 정상화 준비를 시작할 수 있다. 전 국민 40~50%가 2회 접종을 완료하면 경제 정상화 속도에 가속이 붙는다.

〈그림 218〉은 2021년 6월 15일 기준으로 이스라엘, 미국, 독일, 아시아 전체, 일본과 한국의 백신 완전 접종(2회) 비율이다. 군사 작전을 방불케하는 총력전으로 백신 접종을 한 이스라엘은 2021년 3월 16일에 전 국민 50% 백신 완전 접종에 성공했다. 미국은 바이든 정부가 초고속 백신 접종 작전을 펼치면서 2021년 5월 29일에 도달했다. 2021년 6월 15일 기준으로 독일은 아직 전 국민

| 그림 218. 국가의 코로나19 백신 2회 접종률(%) |

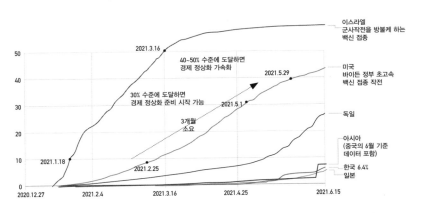

30% 백신 완전 접종에 이르지 못해서 본격적인 경제 정상화 시작을 선언하지 못했다.

같은 시기에 한국은 백신 1회 접종 완료는 24.5%였지만, 2차까지 완전 접종을 한 비율은 6.4%에 불과했다. 이스라엘, 미국, 독일 등의 사례를 보면, 백신 1차 접종 완료 비율과 2차 접종 완료 비율이 평균 10~15% 차이가 난다. 하지만 한국은 백신 접종 초기에 20% 가까운 격차가 났다. 1차 접종 비율을 높이기 위해 초기 물량을 1차에 집중했기 때문이다. 그렇기 때문에 백신 완전 접종 완료자 비율이 증가하는 속도가 상대적으로 늦을 수 있다.

다행히 한국은 국민의 백신 접종 의식이 매우 높고, 전 세계 최고 수준의 의료 전달 시스템을 보유하고 있다. 백신 수급만 원활해진다면 미국과 비슷한 수준의 100명당 접종률 속도를 낼 수 있다. 그러면 2021년 11월 전에는 전 국민 대비 40~50%가 완전 접종을 완료할 수 있어서, 2021년 늦가을부터 2022년 봄까지 코로나19 북반구 재유행기가 돌아오더라도 심각한 충격을 받을 가능성은 낮다.

참고로 일본의 경우 국민의 백신 접종 의식이 매우 낮고, 의료 전달 시스템에 문제가 있어서 매우 낮은 백신 접종률을 기록 중이다.

〈그림 219〉는 주요 국가들의 코로나19 백신 접종 속도다. 2021년 6월에 들어서면서, 한국의 백신 접종 속도가 가파르게 상승하고 있다.

하지만 2021년 한국 경제에는 한 가지 문제가 있다. 〈그림 220〉은 보건계량평가연구소Institute for Health Metrics and Evaluation(IHME)가

| 그림 219. 국가별 인구 100명당 코로나19 백신 접종 건수 |

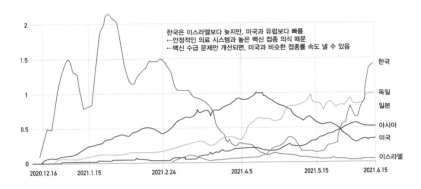

한국은 이스라엘보다 늦지만, 미국과 유럽보다 빠름
←안정적인 의료 시스템과 높은 백신 접종 의식 때문
←백신 수급 문제만 개선되면, 미국과 비슷한 접종률 속도 낼 수 있음

2021년 10월경에 전 세계 마스크 착용 비율을 전망한 것이다. 한국은 상당히 높은 수준의 마스크 착용이 지속될 것이라는 전망이다. 이유가 무엇일까?

백신 접종 속도를 최고치로 끌어올려서 2021년 9~10월경에 완전 접종자 40%를 돌파해도 집단면역(2차 접종 완료자 70~80%) 완성은 불가능하다. 백신 접종률도 1회 접종 비율이 50~60% 선에 도달하면 증가 속도가 급격하게 떨어지면서 집단면역에 필요한 접종률에 도달하는 시간도 매우 느려진다. 결국 실외 마스크 착용이나 강력한 수준의 국경 봉쇄 또는 사회적 거리두기에서는 벗어날 수 있지만, 2021년 늦가을부터 2022년 봄에 발생할 북반구 코로나19 재유행기에 실내 마스크 착용은 유지해야 할 가능성이 높다.

2021년 겨울에 미국이나 이스라엘은 평상시 독감철과 비슷한 15~20% 수준의 마스크 착용만 할 것으로 전망되고, 프랑스나 독일 등 브라질 및 인도발 변이 바이러스가 창궐한 유럽에서는 40%

| 그림 220. 2021년 10월경 전 세계 마스크 착용 비율 전망 |

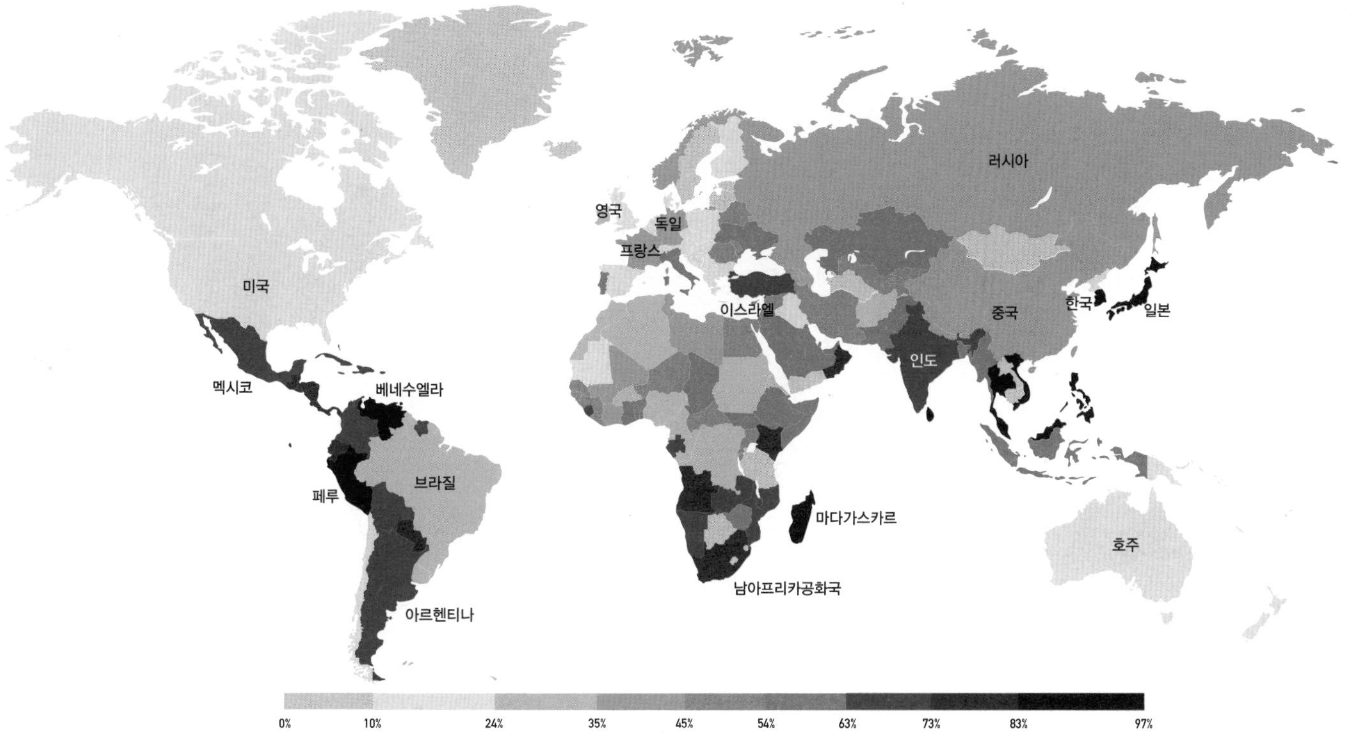

0%　10%　24%　35%　45%　54%　63%　73%　83%　97%

러시아

한국　일본

중국

인도

호주

마다가스카르

남아프리카공화국

이스라엘

독일
프랑스
영국

미국

멕시코

베네수엘라

브라질

페루

아르헨티나

내외에서 마스크 착용이 불가피할 것이라고 전망했다. 하지만 한국의 경우는 그보다 더 높은 80% 수준을 전망했다. 겨울철에 접어들면서 실내 마스크 착용이 유지되고, 코로나19 백신을 접종하지 못한 인구를 중심으로 변이 바이러스가 창궐하고, 매년 돌아오는 독감 바이러스 유행 등이 겹치기 때문이다.

참고로 필자의 예측으로는 한국에서 집단면역이 완성되는 시기는 2022년 여름 즈음에나 가능할 듯하다.

2021년 한국 GDP 성장률은 강한 반등세로 마무리될 가능성이 높다. 연초부터 2021년 한국의 GDP 성장률이 4%를 넘겨서 지난 11년 만에 최고치를 기록할 가능성이 크다는 전망이 나왔다. 앞에서 설명한 코로나19 진행 상황에서도 수출에서는 중국, 미국, 유럽의 경제 반등 수혜를 만끽하고, 내수에서는 111 리바운드 효과가 시작되기 때문이다.

〈그림 221〉은 한국 기업들이 어떤 나라에 수출을 많이 하는지를 보여주는 그래프다. 2019년 기준, 한국이 수출을 가장 많이 하는 나라는 중국이다. 전체 수출의 24.5%가 중국으로 향한다. 대중국 수출의 일부가 홍콩을 경유해서 본토로 들어가는 것을 포함하면 비중은 좀 더 높아진다. 한국 수출 2위 국가는 13.5%를 차지하는 미국이고, 3위는 유럽이다. 한국의 미국 수출도 멕시코를 경유하는 것들이 많다는 것을 감안하면 대미국 수출 비중도 좀 더 높아진다.

〈그림 222〉와 〈그림 223〉은 코로나19 시기 한국과 미국의 GDP 성장률과 월간 소매판매 추세를 비교한 그래프다. 2021년 한국의 GDP 성장률은 미국, 중국, 유럽이 코로나19 충격에서 벗어나고

| 그림 221. 2019년 한국의 수출 상대 국가 |

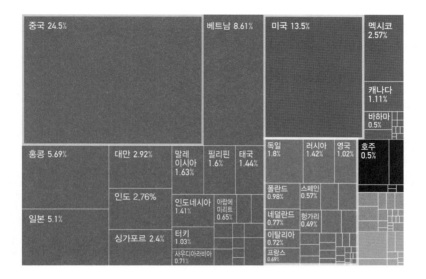

수출 증가가 겹치면서 선진국과 비슷한 회복 경로 합류에 성공했
다. 한국 수출 반등을 주도하는 산업은 반도체와 자동차, 석유화학,
바이오헬스, 선박 등이다. 특히 한국 조선업의 경우, 중국 정부가
자국 내 기업 구조조정을 실시하고, 미국과 유럽이 공급망의 탈중
국화를 시도하고, 코로나19 리바운드 효과로 각국에서 보복 소비
가 일어나면서 글로벌 물류 수요가 폭발해 해운업이 살아난 효과
를 보았다. 선박 수주 점유율에서 중국을 다시 추월하는 수혜 속에
서 반도체와 석유화학을 제치고 최고 증가율을 보였다.

　월간 소매판매는 한국 정부가 강력한 사회적 거리두기와 경기
부양책을 실시한 덕택에 미국이나 유럽처럼 큰 폭의 감소는 피했

| 그림 222. 코로나19 시기 한국과 미국의 GDP 성장률(%) |

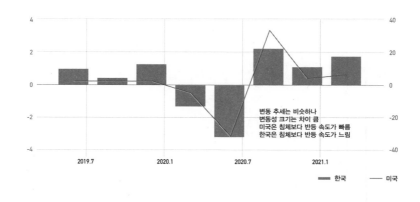

| 그림 223. 코로나19 시기 한국과 미국 소매판매지수(%) |

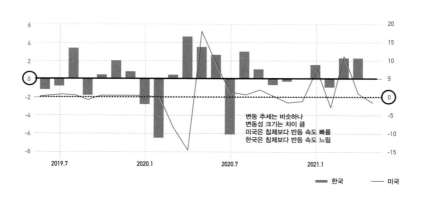

다. 하지만 그만큼 반등 규모도 상대적으로 작았다.

IMF는 한국의 GDP 성장률을 3.6%로 상향 조정했다. OECD도 3.8%를 제시했다. 한국개발연구원KDI도 3.8%로 상향 발표했다. 민간 연구소는 더 높은 성장률을 전망했다. LG경제연구원은 4.0%,

한국금융연구원은 4.1%, 자본시장연구원은 4.3%, 글로벌 투자은행·JP모건은 4.6%로 가장 높은 전망치를 제시했다. 한국은행도 4%를 전망했고, 백신 접종 속도가 예상보다 빠르면 4.8%까지 추가 상향될 수도 있다고 전망했다.[79] 정리하면, 2021년 한국의 GDP 성장률은 최소 3.6%, 최대 4.6%로 전망된다.

2022~2024년 한국의 GDP 성장률 경로는 어떻게 될까? 2021년 한국 경제가 111 리바운드 효과 시작, 선진국에 대한 수출 증가로 큰 반등에 성공했다면, 2022년 한국 경제 경로에 영향을 미칠 변수는 무엇일까?

긍정적 변수는 2022년 상반기까지 지속되는 111 리바운드 효과다. 미국과 유럽 등 선진국들의 경기도 양호하기 때문에 한국의 수출도 양호할 것이다. 2022년 1사분기에는 대선 특수 효과도 기대할 만하다.

부정적 변수는 111 리바운드 효과가 상반기에 끝나고, 2021년 GDP 성장률에 도움을 주었던 정부 지원금 효과도 없다는 것이다. 2021년 한국은 가구당 월평균 근로소득·사업소득·재산소득이 감소했지만, 재난지원금 등 공적 이전소득이 늘면서 전체 소득은 소폭 증가하는 기현상 속에 있다. 물론 이런 현상이 한국에만 국한된 것은 아니다. 미국이나 유럽 등 주요 선진국에서도 비슷한 기현상이 일어났다.

2021년 5월 20일 통계청이 발표한 2021년 1사분기 가계 동향 조사 결과를 보면, 근로소득(277만 8천 원)이 전년 동기 대비 1.3%p 줄었다. 1사분기 기준으로 역대 최대 감소 폭이다. 사업소득(76만

7천 원)은 1.6%p, 재산소득(3만 3천 원)도 14.4%p 줄었다. 물가 상승률을 고려한 실질소득도 0.7%p 줄었다. 하지만 전국 1인 이상 가구(농림어가 포함) 월평균 소득은 이전 소득(72만 3천 원)의 16.5%p 증가에 힘입어 438만 4천 원으로 전년 동기보다 0.4%p 증가했다.

이전소득 증가는 재난지원금 등 공적 이전소득 증가(49만 7천 원)가 결정적이었다. 정부 지원 덕분에 저·중소득층의 이전소득 증가가 두드러졌다. 소득 1분위(하위 20%)는 근로소득(-3.2%)과 사업소득(-1.5%)이 감소했지만, 재난지원금이 포함된 공적 이전소득이 23.1% 증가해서, 월평균 소득은 1년 전보다 9.9%p 늘어난 91만 원을 기록했다. 소득 2분위도 근로소득은 1.5%p 감소했지만 공적 이전소득이 37.0%p 늘면서 전체 소득이 5.6%p 늘었다.[80]

2022년 상반기에 111 리바운드 효과가 유지되더라도 강도는 크게 준다. 〈그림 224〉와 〈그림 225〉에서 보듯이, 코로나19 기간에 미국·영국·유로존의 가계 저축률은 최소 2배에서 최대 5배 증가했지만 한국은 1~2%p 증가에 그쳤다. 가계 저축률이 크게 늘어나지 않았기 때문에 보복 소비 강도와 유지 기간도 선진국보다 줄어들 수밖에 없다.

코로나19 기간에 한국 가계의 저축률 상승이 적은 이유는 무엇일까? 정부 지원금 규모가 미국과 유럽 선진국에 비해서 상대적으로 작았다. 하지만 결정적으로는 코로나19 이전부터 가계의 소득 상황이 좋지 않았기 때문이다. 이것이 의미하는 것은 분명하다. 2022년 후반부터는 한국 경제가 코로나19 이전 GDP 성장률로 빠르게 되돌아갈 가능성이 높다. 그렇다면 코로나19 이전 한국 경제

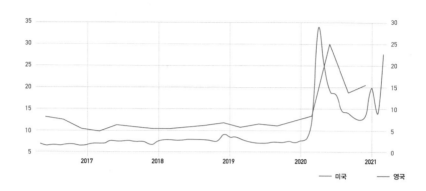

| 그림 224. 코로나19 시기 미국과 영국의 가계 저축률(%) |

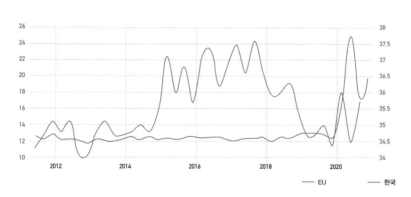

| 그림 225. 코로나19 시기 EU와 한국의 가계 저축률(%) |

의 상태는 어떠했을까?

　코로나19 발발 이전, 한국 경제 상황은 곳곳에서 이상징후 '심화'가 발생했다. 2004~2019년 OECD 주요 국가들의 경기선행지수Composite Leading Indicator(CLI)를 보자(그림 226). 한국의 경기선행지

수는 2014년부터 서서히 하락해서, 2019년에는 유럽 금융 위기 때
와 비슷한 수준까지 주저앉았다.

OECD 경기선행지수는 실제 경기 흐름보다 6~10개월 앞선 고
용, 생산, 소비, 투자, 금융 등 10가지 지표들을 종합한 지수다. 국
가별·지역별로 6~9개월 뒤 경기 흐름과 경기 전환점을 예측하는
데 유용하다. OECD 경기선행지수는 현시점에서 6~9개월이 지난
뒤의 경기 흐름과 전환점을 예측한 수치로, 100 이하는 경기 수축
국면을 의미한다.

그림을 보면, 한국은 2008년 금융 위기가 발발한 이후 1~2년
은 미국, 중국, 독일보다 선방했거나 회복 속도가 빨랐다. 하지만
2012년 유럽에서 금융 위기가 발발한 시점부터 몇 년 동안 이들
국가보다 빠르게 악화됐다. 2015~2016년 미국이 긴축을 시작하자

| 그림 226. 2004~2019년 OECD 경기선행지수 |

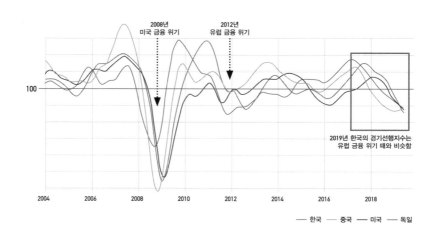

미국 경기가 한동안 크게 위축되었고 한국은 상대적으로 적게 영향을 받았다. 하지만 2017년부터 한국의 경기선행지수는 아주 빠르게 하락했다. 특히 2018년부터는 OECD 35개국 중에서 가장 빠르게 하락했고, 2019년에는 OECD에서 거의 최하위권으로 추락했다.

경기선행지수만 심각했던 것이 아니다. OECD 기업신뢰지수 Business Confidence Index(BCI)도 추락했다. 기업신뢰지수는 (경기선행지수와 소비자신뢰지수와 함께) 앞으로 6~9개월간 경기를 전망하는 3대 지표 중 하나다. 코로나19 직전, 한국의 기업신뢰지수는 경기선행지수 상태보다 더 안 좋았다. OECD 35개국 중에서 최하위권이었다. 그것도 아주 오랫동안 최하위권이었다. 한국의 경기선행지수는 2017년 6월부터 하락하기 시작했지만, 기업신뢰지수는 2010년부터 하락했다. 기업신뢰지수가 OECD 평균보다 낮아진 시점은 2010년 후반이다. 경기선행지수가 2018년 초부터 OECD 평균보다 낮아진 것과 비교하면 훨씬 먼저 기업 위기는 시작되고 있었다. 당연히 수축기 진입도 빨랐다. 2011년 9월부터 한국 기업신뢰지수는 수축기에 들었고, 코로나19 직전까지 계속 떨어지고 있었다.

2015년에 한국보다 낮은 기업신뢰도를 기록했던 나라는 리투아니아, 그리스, 칠레 정도였다. 하지만 2019년 한국은 이들 세 나라보다 기업신뢰지수가 낮아졌다. 2019년에 한국보다 낮은 기업신뢰지수를 보인 국가는 터키, 에스토니아 정도에 불과했다.

한국 제조업의 구매자관리지수 Purchasing Managers' Index(PMI)에도 문제가 생겼다. 구매자관리지수는 기업의 구매 담당자를 대상으로 신규 주문, 생산, 재고, 출하 정도, 지불 가격, 고용 현황 등을 조사한 결과를 0~100 사이 수치로 보여준다. 50 이상이면 경기의 확장, 50 미만이면 수축을 의미한다.[81] 한국 제조업의 구매자관리지수는 최고점 상태도 2014년부터 50 근처로 하락하기 시작해서 2019년까지 계속해서 하락 중이었다.

한국은행이 매출액 20억 원 이상인 업체의 경영자들을 대상으로 업종별, 기업 규모별, 수출 내수 기업별 등으로 나눠 조사한 기업경기실사지수Business Survey Index(BSI)도 2019년 중반부터 빠르게 하락하기 시작했다. 기업경기실사지수는 기업체가 느끼는 체감경기 지표다. 100을 기준으로 낮으면 경기 악화를 예상하는 기업이 호전될 것으로 보는 기업보다 많다는 의미다.

민간 단체인 전국경제인연합회 산하 한국경제연구원이 매출액 기준 600대 기업을 대상으로 조사한 기업경기실사지수도 상황이 안 좋기는 마찬가지였다. 2019년 11월 기업경기실사지수는 전망치를 부문별로 보면, 내수(97.5), 수출(93.7), 투자(93.7), 자금(96.2), 재고(102.5), 고용(93.7), 채산성(95.5) 등 전 분야에서 악화되고 있었다.

이 모든 지표의 악화는 2018년에 한국 기업 흑자 규모가 60% 감소하고, 한국 기업의 32%는 영업이익으로 이자 비용 감당도 못할 정도의 수익성 악화로 고스란히 나타났다. 2019년에는 이런 수치가 거의 개선되지 않았고, 점점 악화됐다.

소비자신뢰지수Consumer Confidence Index(CCI)도 약화되기 시작했다. 한국의 소비자신뢰지수는 2008년 미국발 금융 위기 이후 2018년까지 선방했다. 하지만 2019년 초부터 (미국이나 OECD 평균 수치가 좋아지는 것과 반대로) 아주 빠르게 하락하기 시작했다.

한국의 소비자신뢰지수가 수축기(100 이하)로 진입한 시점은 2016년 1월이다. 다른 경제 지표들보다 가장 늦게 수축기에 진입했다. 2018년 후반, 한국의 반도체 수출이 놀라운 실적을 기록하며 잠시 큰 폭으로 회복했지만, 반도체 착시현상이 끝나자마자 2018년 8월 수축기에 재진입하면서 무섭게 하락해 2019년에는 OECD 35개국 중에서 최하위권에 머물렀다.

이처럼 코로나19 발발 직전에 한국 경제는 향후 6~9개월간 경기를 전망하는 3대 지표인 경기선행지수, 기업신뢰지수, 소비자신뢰지수가 모두 최악에 이른 상황이었다. 인플레이션율도 0%대로 추락했고, 기대 인플레이션율도 빠르게 하락 중이었다. GDP 대비 민간 소비 비중도 하락하고 있었다. 2000년 GDP 대비 54.5%에서 2018년에는 48.0%로 낮아졌다. GDP 성장률보다 민간 소비 증가율이 더 낮은 상황이다. 저성장 국면에서 소비 침체가 더 빠르다는 의미다.

한국 경제 지표 중에서 그나마 좋은 수치를 보이면서 버텨준 것도 있다. 무역 수지다. 코로나19 직전까지 한국의 무역 수지 흑자는 역대 최장기 기록을 갈아치우고 있었다. 하지만 세부 지표를 분석해보면 마냥 웃을 수만은 없었다. 흑자 추세는 유지했지만, 무역의 양과 질이 동시에 후퇴 중이었다.

2019년 10월 기준으로, 한국 수출은 10개월 연속 마이너스 성장률을 기록했고, 규모도 계속 하락하고 있었다. 반도체 착시 시기였던 2011~2018년을 제외한다면 문제는 더욱 심각해진다. 2014년 후반부터 수출 성장률이 정체되면서 서서히 하락했다.

〈그림 227〉을 보자. 2019년 9월의 수치는 2010년 말과 비슷했다. 2019년 최저치가 2008년 7월 최고치와 비슷하다. 수치상으로는 비슷하게 보이지만, 2010년 한국의 GDP가 1조 940억 달러에서 2018년에 1조 7200억 달러로 증가한 것을 감안하면, 실질 수출 규모는 하락했다고 평가해야 한다.

코로나19 직전, 한국의 수출은 10년 전으로 후퇴한 상태였다. 무

| 그림 227. 코로나19 이전 한국의 수출액(단위: 1억 달러) |

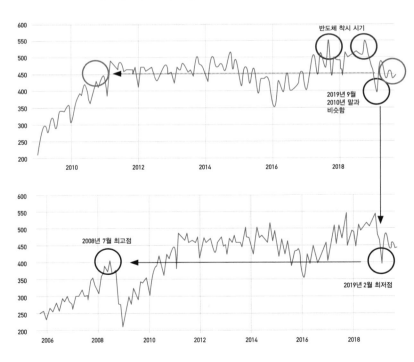

역 수지 흑자라는 지표가 질적 후퇴와 경쟁력 약화를 감추고 있었던 것이다. 한국 수출은 '잃어버린 10년'에 빠졌다고 말해도 과언이 아니었다.

2022년 후반부터 2024년, 한국 경제는 미국의 긴축과 기준 금리 인상 타격, 미중 무역전쟁 재발 가능성과 글로벌 증세 여파도 견뎌야 한다. 2022년 후반에 코로나19 이후 리바운드 효과와 대선 특수가 끝날 때, 한국에 새로 들어선 정부가 미국처럼 대규모 인프라 투자를 단행하거나 중국처럼 막대한 수준의 재정적자를 감내하면서 재정 확대 정책을 펼치지 않으면 한국 경제 지표의 대부분은 코로나19 직전이었던 2019년 추세로 되돌아간다.

코로나19 직전 한국 경제 지표는 한마디로 'OECD 최하위권'이다. 즉, 2022년 한국 GDP 성장률은 3% 전후로 하강하고 2023~2024년 한국 경제 상황은 OECD 최하위권으로 추락한다는 것이다. 믿기 힘든 예측이라 생각하는가? 사실 2021년 한국의 GDP 성장률 전망치(3.6~4.6%)도 자랑할 만한 수치는 아니다.

2021년은 선진국과 신흥국 대부분이 깜짝 성장률을 기록하는 해다. 선진국 중에서 가장 낮은 성장률을 기록했던 일본도 3.3%(IMF 전망)라는 수치가 거론됐다. IMF의 2021년 주요 선진국과 신흥국의 GDP 성장률 전망치를 기준으로 하면 한국보다 낮은 성장률을 기록한 나라는 일본 정도다.

미국, 영국, 프랑스, 캐나다, 이탈리아, 중국, 인도, 대만 등 주요 국가들은 한국보다 높다. 2020~2021년 한국 수출과 무역 수지 개선도 크게 기뻐할 사안이 아니다. 대침체 이후에 '당연하게' 나타나

| 그림 228. 2000년 이후 한국의 수출액(단위: 1억 달러) |

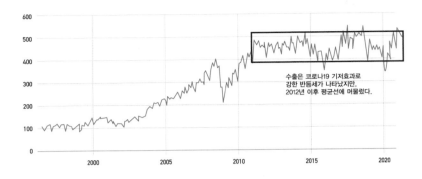

수출은 코로나19 기저효과로
강한 반등세가 나타났지만,
2012년 이후 평균선에 머물렀다.

는 강한 기저효과를 감안한다면, 오히려 불만스러운 수치다.

〈그림 228〉~〈그림 230〉을 보자. 2020~2021년 한국의 수출과 무역 수지는 코로나19 이전 평균치에 불과하다. 참고로 2015~2018년 한국 무역 수지가 평균치를 넘은 것은 수출보다 수입이 더 크게 줄었기 때문이다.

2023~2024년에 한국 경제는 미국의 기준 금리 인상 타격도 견뎌야 한다. 경제가 코로나19 이전 평균치로 되돌아간다면, GDP 성장률은 어느 정도가 될까?

〈그림 231〉은 1954~2020년 한국의 GDP 성장률 추이다. 코로나19 이전 한국의 GDP 성장률 평균은 상방이 3.3~2.7%에 머물렀다. 코로나19 직전인 2019년 GDP 성장률은 2.0%였다.

좀 더 긴 기간의 한국 GDP 성장률 움직임을 들여다보자. 〈그림 232〉는 1995~2019년 한국 GDP 성장률 변화를 보여주는 표다. 그래프에서 볼 수 있듯이, 2011년 한국 GDP 성장률은 5% 선이 붕

| 그림 229. 2000년 이후 한국의 무역 수지(단위: 1억 달러) |

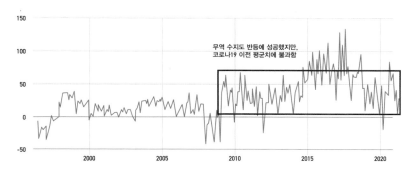

| 그림 230. 한국의 수출액과 수입액(단위: 1억 달러) |

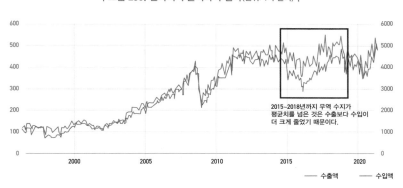

| 그림 231. 1954년 이후 한국의 GDP 성장률(%) |

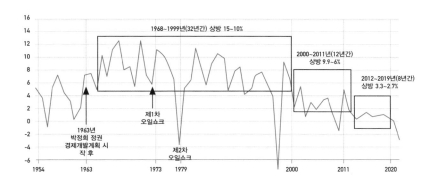

괴했다. 2018년에는 3% 선도 붕괴하고, 2019년에는 2.0%까지 추락했다.

필자가 염려하는 것은 한국 GDP 성장률의 하락이 아니다. 경제 규모가 커지면, 성장률은 '당연히' 하락한다. 정상이다. 정상이기 때문에, 일부에서는 크게 호들갑을 떨거나 공포감을 조성할 필요가 없다고 말한다. 틀린 말은 아니다. 하지만 필자가 앞에서 분석했던 각종 지표에서 이상 신호가 계속 나오고, GDP 성장률 하락의 속도가 너무 빠르다.

그림들을 보자. 필자가 코로나19 직전까지 한국의 GDP 성장률 하락 속도를 미국, 일본, 독일과 비교했다.

이 내용들을 비교하면, "한국 GDP 성장률 하락 속도가 아주 심각하다"는 말이 한 번에 이해된다. 미국의 경우, GDP 성장률 5%가 붕괴된 시점부터 2% 붕괴 시점까지 34년 걸렸다. 독일은 27년 걸렸고, 일본도 25년이 걸렸다. 한국은 단 7년이다. 심지어 1%대로 추락하는 데 일본이 4년 걸렸는데, 한국은 단 1년이다. 미국과 독일은 여전히 2%대 GDP 성장률을 유지 중이다.

이런 추세도 반영하면, 2021년 최소 3.6%, 최대 4.6%의 깜짝 성장률을 기록한 후 2022년에 3% 전후로 내려앉고, 2023~2024년은 최고 2.7~2.9%, 최소 2.0~2.3% 사이로 추가 하락할 가능성이 매우 높아진다.

참고로 IMF는 한국의 GDP 성장률을 2022년 2.8%, 2023년 2.5%, 2024년 2.4%로 전망했다. 필자는 신흥국 경제의 미래를 다룬 부분에서 한 가지 질문을 던졌다.

"바이든 정부 4년, 강달러와 엔저 추세가 일어나면 (다른 신흥국은 그렇다 치지만) 한국에서도 금융 위기 악몽이 재현될까?"

한국 경제에 대한 분석과 예측을 했으니, 이 질문에 대한 필자의 의견도 간단하게 정리해본다. 1990년대 당시보다는 한국의 금융 시스템 안정도와 경제 체력이 많이 좋아졌다. 하지만 큰 흐름은 달라지지 않았다.

2013년 필자는 《2030 대담한 미래》라는 예측서를 발표하고 한

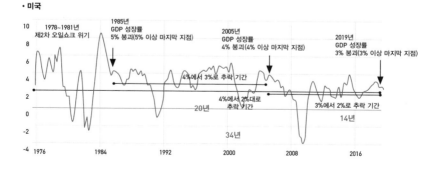

| 그림 232. 한국·미국·일본·독일의 GDP 성장률(%) |

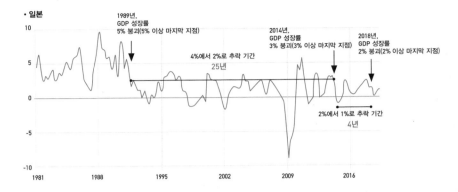

• 일본

1989년,
GDP 성장률
5% 붕괴(5% 이상 마지막 지점)

4%에서 2%로 추락 기간
25년

2014년,
GDP 성장률
3% 붕괴(3% 이상 마지막 지점)

2018년,
GDP 성장률
2% 붕괴(2% 이상 마지막 지점)

2%에서 1%로 추락 기간
4년

• 독일

1991년
GDP 성장률
5% 붕괴(5% 이상 마지막 지점)

5%에서 3%로 추락 기간
20년

2011년
GDP 성장률
4% 붕괴(4% 이상 마지막 지점)

3%에서 2%로 추락 기간
7년

5%에서 2%대로
추락 기간
27년

2018년,
GDP 성장률
3% 붕괴
(3% 이상 마지막 지점)

국을 향해 다가오는 대형 위기 2가지를 거론했다. '제2의 금융 위기'와 '장기 저성장(잃어버린 20년)'이다. 필자의 분석을 읽은 독자라면 코로나19 이전에 한국 경제는 장기 저성장 국면에 빠졌다는 것을 직감할 것이다. 코로나19 이후 1~2년은 리바운드 효과로 인해서 GDP 성장률과 수출 등 각종 지표에서 착시현상이 발생할 것이다. 하지만 2023년부터는 코로나19 이전에 나타났던 장기 저성장 추세가 다시 수면 위로 부상할 가능성이 높다. '제2의 금융 위기'는 미국이 기준 금리 인상을 완료한 후부터 매우 조심해야 할 사안이 될 것이다.

안타까운 것은 바이든 시대 4년 내내 미국과 중국을 비롯한 주요 선진국들이 자국의 경제 문제를 해결하고 자국 기업의 이익을 극대화하는 전략을 사용하면서 우리의 운신 폭이 점점 좁아지는 것이다.

2021~2024년 내내 한국 정부가 재정적자를 늘려 GDP 성장률을 견인하고 위기 탈출을 위해 안간힘을 쓸 가능성이 높지만, 미국이 긴축을 시작하면 그마저도 역부족이 될 것이다. 한국은행의 통화 정책도 효과성이 줄어들 것이다. 기업들도 다양한 노력을 기울이겠지만 글로벌 경쟁 상황이 바뀌고, 바이든 정부가 또 다른 형태로 보호무역정책을 지속할 것이고, 미중 패권전쟁의 여파에서 벗어나기가 쉽지 않을 것이다.

가계 부채는 GDP 대비 104%에 이르렀지만 상승 속도가 줄지 않고 있다. 2016~2019년, 다중채무자는 20% 증가했고, 부동산 버블 붕괴 가능성 신호 중 하나인 '갭투자 파산(깡통 전세)'도 계속 증가 중이다. 빚을 돌려막는 자영업자가 증가하면서 자영업자 금융 불안도 상승 중이다. 국내외로 초저금리 상황이 장기화되면서, 좀비 기업 구조조정이 늦어지고, 은행·보험사·연기금 등의 대차대조표가 악화됐다. 이처럼 한국 경제에는 '여전히' 금융 위기 뇌관인 '막대한 부채' '좀비 기업의 증가' '국가 및 경제사회 시스템 전반의 성장의 한계'가 숨어 있다.

미국이 긴축을 시작해 세계 경제의 위협이 고조되면 안전 자산인 달러화와 엔화의 움직임이 달라진다. 신흥국만 위험에 처하지 않는다. 한국도 경계심을 늦추지 말아야 한다. 시스템이 근본적으로 바뀌지 않는 한, 역사는 반복된다. 단지 어제와는 다른 옷을 입고 있어서 "지금은 다르다"는 말에 현혹되기 쉬울 뿐이다.

2025년경,
경제 대침체가 온다

한 가지 오해하지 말아야 할 것이 있다. 가계 부채의 총량이 계속 증가하거나, 부동산시장 또는 주식시장에 버블이 크다고 해서 금융 위기가 자동으로 발발하지는 않는다. 미국이 긴축을 시작해도 곧바로 금융 위기가 발발하지 않는다. 가계 부채의 증가와 한국 기업의 역량 저하, 부동산이나 주식 가격 폭등, 긴축 시작 등은 금융 위기의 발발 가능성을 높일 뿐이다.

금융 위기가 발발하려면, 스위치가 눌러져야 한다. 금융 위기는 돈을 빌려간 사람(가계, 기업, 정부)과 돈을 빌려준 사람(금융기관) 사이에 발생하는 채권 부실 위기다. 이들 사이에 어떤 문제가 발생해야 금융 위기로 전이될까? 둘 중 한 곳에서 재무 위기나 유동성 위기가 발생해야 한다.

돈을 빌려간 사람 측에서 재무 위기는 소득(이익) 감소, 이자 부담 증가다. 유동성 위기는 신용등급 하락이나 일시적 신용경색 등으로 단기적 현금 흐름에 문제가 발생한 것이다. 재무 위기는 경기 대침체, 기준 금리 인상이 방아쇠다. 대부분의 유동성 위기는 재무 위기의 결과로 나타난다. 하지만 재무 상태가 건전해도 일시적으로 발생하는 유동성 위기도 있다. 외부 환경 전체가 일시적으로 왜곡되거나 경색되는 경우다. 9·11 테러 사태가 대표적인 사례다.

돈을 빌려준 사람 측에서 재무 위기는 돈을 빌려주고 담보로 잡은 채권 부실 증가, 자신이 투자한 영역에서 부실 증가(파생상품 부실 등)다. 유동성 위기는 신용등급 하락이나 일시적 신용경색 등으로 인해 단기적으로 현금 흐름에 문제가 생기는 것이다. 금융기관의 재무 위기는 부실채권이 늘어나거나 위험 대출 또는 투자가 과다한 경우다.

둘 중 한 곳에서 재무 위기나 유동성 위기가 발생하면 금융 위기로 전이될 가능성이 높아진다. 하지만 이들에게서 금융 위기로 전이될 만큼의 재무 위기나 유동성 위기가 발생하는지를 파악하는 것은 내부자가 아니면 힘들다.

일반인이 이들에게서 심각한 재무 위기나 유동성 위기가 발생할 가능성이 커지는 것을 추정할 수 있는 다른 신호나 징후는 없을까? 있다! 〈그림 233〉에서 보듯이, 미국 실물경제 위기가 중요한 신호다.

미국 실물경제가 대침체에 빠지면, 그림처럼 시스템 경로를 타고 채권시장으로 위기가 옮겨가고, 채권시장에서 위기가 발생하면 주식시장이 폭락하면서 금융 위기 가능성이 단기간에 빠르게 높아진다. 미국에서 이런 일이 발생하면, 신흥국은 자국의 경제 상황과

| 그림 233. 시스템 지도 – 금융 위기 발생 경로 |

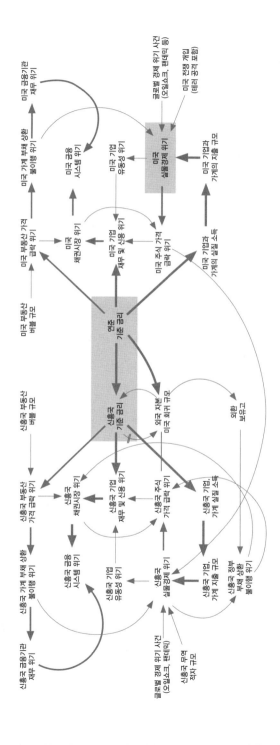

상관없이 외국 자본 이탈이 빨라지면서 기준 금리가 빠르게 인상되고 외환시장, 금융시장, 주식시장으로 동시에 위기가 전이된다.

　신흥국 중에서 자본 개방도가 높고 금융시장이 클수록 충격은 배가된다. 세계은행의 연구에 따르면, (역사적으로 볼 때) 한국처럼 선진국과 개발도상국 중간에 위치한 나라가 큰 금융시장을 가지고 있을 경우, 한국보다 미국의 금리가 더 높거나 글로벌 금융시장의 변동성이 커지면 큰 타격을 입는다. 금융시장이 클수록 외국 투자자들이 돈을 넣고 뺄 기회가 많기 때문이다.

　미국 실물경제 대침체는 왜 일어날까? 원인은 다음 3가지다.

1. 호황과 불황의 반복 사이클 작동으로 '자연스럽고' '규칙적으로' 일어난다. 호황과 불황도 순리를 따라 진행되기 때문이다.
2. '갑자기' 글로벌 단위나 미국 경제 전반에 광범위하고 심각한 훼손이 일어나는 경우다. 이런 상황은 오일쇼크, 전쟁, 코로나19 같은 팬데믹 등의 사건으로 '인위적이고' '불규칙적'이다.
3. 국가나 중앙은행의 신뢰가 무너지는 경우다. 정변이 일어나서 정치 상황이 불확실성에 빠지거나, 정부가 부도를 선언하거나, 하이퍼 인플레이션이 발생해서 화폐 가치가 대폭락하는 경우다. 이런 상황은 수십 년 혹은 100년 이상 아주 오랜 기간에 한 번 정도 일어난다.

　필자는 다음번 미국 경제 대침체 발생 시점을 2025년 전후로 예측하고 있다. 필자가 주목하는 원인은 위 3가지 중 첫 번째다. 세 번째 원인은 미국의 경우 단기간에는 일어날 가능성이 거의 없다.

두 번째 원인은 지금 시점에서는 예측하기가 힘들다. 여기에 해당하는 사건은 발생 직전에야 신호를 보내는 경우가 대부분이기 때문이다. 하지만 첫 번째 원인은 일정한 패턴과 사이클이 있기 때문에 단계마다 미래 신호와 징후를 발견할 수 있다.

사이클이 반복될 때마다 사이클의 크기, 속도, 주기는 매번 다르다. 하지만 사이클을 만드는 시스템과 패턴이 매번 일정하고 비슷하기 때문에, 거시적 행동 양식behavior은 예측 가능한 범위에서 움직인다.

미국 경제의 지난 100년을 분석해보면, 호황과 불황 패턴과 사이클 발생에 가장 큰 영향을 미치는 심층 원동력은 '연준의 통화 정책'이다. 어쩌면 당연한 이치다. 자본주의 경제 시스템에서 가장 중요한 것은 '자본'이다. 자본의 근원은 '돈'이다. 미국의 중앙은행인 연준은 자본주의 사회 전체에 돈을 뿜어내고 빨아들이는 심장이다. 연준이 돈을 뿜어내는 것이 통화 확장 정책이다. 연준이 돈을 빨아들이는 것이 통화 긴축 정책이다. 자본주의 경제 시스템은 연준이 뿜어내고 빨아들이는 돈을 피로 삼아서 호황과 불황을 반복한다.

연준 등의 중앙은행이 돈의 유동성을 조절하는 통화 정책은 기준 금리, 지급준비율, 공개시장 조작, 발권, 재할인율 정책 등 다양하다. 하지만 핵심은 기준 금리 정책이다. 즉, 미국 경제의 호황과 불황을 예측하는 기본은 연준의 기준 금리 정책 변화다.

필자는 앞에서 연준이 통화 완화 정책을 펼치는 2단계와 통화 긴축 정책을 펼치는 5단계를 설명했다. 미국 실물경제 대침체는 연준의 긴축 정책 5단계가 끝나면서 시작된다. 필자가 2025년경에 미국 실물경제가 대침체에 빠진다고 예측하는 근거다.

필자는 앞에서 코로나19 이후에 펼쳐지는 긴축 정책의 단계별 시점을 예측했다. 필자의 예측으로는 2025년 전후에 긴축 5단계가 마무리될 가능성이 높다(6~12개월 시차가 있을 수 있다). 그러면 기업 이익이 감소하고, 소비 절벽이 일어나고, 실업률은 상승으로 반전되고, GDP 성장률이 하락하는 실물경제 대침체(리세션) 국면으로 접어든다. 호황에서 불황으로 자연스러운 전환이다.

연준의 기준 금리 인상은 시중 통화량이 차고 넘쳐서 경제 영역 곳곳에 버블이 잔뜩 쌓인 것과 과열된 경기를 적당하게 식히는 자연스러운 행동이다. 하지만 그 과정에서 금융 안정도가 낮은 영역에서 채권 부실이 발생한다. 당연한 구조조정이지만, 후폭풍이 만만치 않다.

IMF는 2019년 10월에 발표한 〈금융 안정 보고서〉와 언론브리핑을 통해 2008년 금융 위기 이후 초저금리 상황에서 급증한 기업 부채를 글로벌 금융 위기의 가장 큰 뇌관으로 지적했다. IMF는 2021년에는 미국, 중국, 일본, EU 등 주요 경제권 8국의 채무불이행(디폴트) 위험 기업 부채가 19조 달러(2경 2600조 원)까지 늘어날 것으로 예측하면서 "미국에서 과도한 차입을 통한 인수합병이 늘어나면서 미국 기업의 차입매수LBO가 급격히 증가했고, 이는 기업 신용도 약화로 이어지고 있다"고 분석했다.

IMF의 분석으로는, 미국 신용시장에서 투자 적격 등급 하한선인 'BBB' 기업 비중이 2008년 말 전체의 31%에서 2019년 9월 말

47%로 증가했다. 같은 기간 BBB 이상 투자 적격 등급 신용시장도 2조 5천 억 달러에서 6조 9천 억 달러 규모로 증가했다. 코로나19 이전에 미국 증시의 장기 호황과 초저금리로 기업이 돈을 시장에서 많이 조달한 만큼 투자 부적격으로 떨어질 가능성이 있는 기업 비중도 함께 늘어난 셈이다.

이것이 전부가 아니다. 바이든 정부 4년 내내 미국을 비롯한 주요 선진국과 신흥국에서 기업, 가계, 정부 영역의 부채 증가가 계속될 것이다. 코로나19가 발발하자 주식시장은 일시적으로 대폭락에 빠졌다. 하지만 정부와 중앙은행이 막대한 돈을 퍼부으면서 주식시장을 살렸다. 미국은 글로벌 금융 위기를 막기 위해 채권시장에도 무제한으로 유동성을 공급했다. 너무 빨리 그리고 너무 광범위하게 살리는 바람에, 부실기업과 부실채권 구조조정이 전혀 이루어지지 않았다. 경제 셧다운 기간이 길어지면서 좀비 기업 수는 더욱 늘었다.

〈그림 234〉는 미국의 MB(M0에 연준과 시중 은행들의 지급준비금을 더한 통화)와 M1의 공급 속도를 보여준다. 2008년 이후 MB는 총 7.3배 증가했다. 코로나19 기간에만 증가량의 절반이 늘었다. 역사상 가장 빠른 증가 추세다. 미국의 M1은 같은 기간에 무려 13.8배 증가했다. 이 돈들이 바이든 정부 4년 동안 추가 버블을 만들어낼 가능성이 크다.

2008년 금융 위기 이후 2019년까지 만들어진 부실을 털어내지 못한 채, 미국을 비롯한 세계 경제는 2021~2024년을 지나가게 된다. 앞으로 4년 동안 주식, 부동산, 암호화폐 등의 자산시장, 기업

| 그림 234. 미국 연준 기준금리 vs MB·M1 공급량 증가액 |

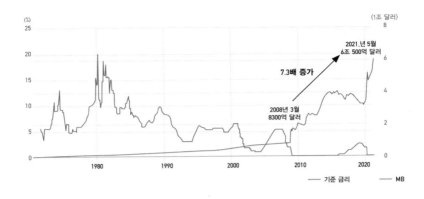

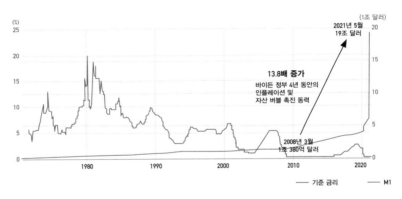

채권시장과 원자재시장에서 버블에 버블, 부실에 부실이 쌓이는 상황이 펼쳐질 것이다.

긴축 단계마다 크고 작은 '발작'이 일어나면서 조정이 반복되겠지만, 대폭락과 근본적 구조조정은 일어나지 않을 것이다. 근본적인 구조조정과 대폭락은 긴축 5단계가 마무리되고 불황 국면으로

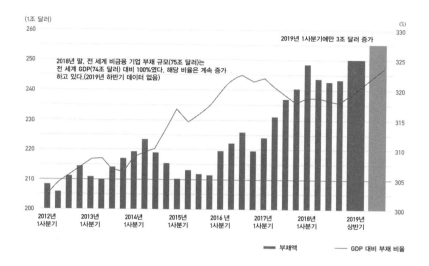

| 그림 235. 전 세계의 부채 총액과 GDP 대비 부채 비율 |

진입하면서 시작될 것이다.

경제 대침체(리세션)가 발생하면, 미국 채권시장에서 BBB 등급 기업의 이자 지불 능력이 악화되면서 연쇄적 신용 위기와 파산이 시작될 것이다. 미국 채권시장의 위기는 미국 주식시장, 암호화폐시장, 부동산시장으로 차례로 옮겨가면서 연쇄적으로 대폭락을 발생시킬 것이다. 그리고 연쇄 대폭락은 빛의 속도로 한국을 비롯한 전 세계 주식시장, 부동산시장, 암호화폐시장으로 옮겨가고 각국의 실물경제도 한순간에 식혀버리고 말 것이다.

진짜 위축기는 높은 기준 금리를 견디지 못해 파산하면서 기업, 가계, 금융권에 대규모 구조조정이 발생하는 상황이다.

가짜 위축기는 경제 분위기만 잠시 침체되는 상황이다. 극심한 경기 침체가 아니기 때문에 연준이 기준 금리를 조금만 인하하면 경제가 곧바로 반등한다.

가짜 위축기를 제외하면, 글로벌 리세션은 7~8년이 기본 주기다 (가짜 위축기가 포함되면 9~10년 주기 형성). 가짜 위축기 이후 기준 금리가 재상승하기 시작하면 2~4년 내 글로벌 리세션이 발생한다(짧은 리세션도 2~4년 주기 형성).

참고로 글로벌 경제 대침체가 시작되면, 미국은 6~18개월 정도 진행되고, 한국을 비롯한 신흥국은 12~36개월 정도 진행된 후 새로운 호황기로 전환될 것이다. 필자가 경제 대침체가 다시 찾아올 것이라는 예측을 발표하면 자주 이런 질문을 받는다.

"경제 대침체를 예측할 수 있다면, 그것이 발생하지 않도록 막을 수도 있지 않나요?"

필자의 대답은 이렇다.

"경제 대침체가 오는 것은 막을 수 없다."

인간의 생로병사 혹은 봄·여름·가을·겨울 사계절을 예측하면서도 막을 수 없는 것과 같은 이치다. 대신 경제 대침체가 반드시 온다는 것을 알고 있고, 그 시점을 정확하지는 않아도 '어림셈'으로 추정할 수 있는 통찰력을 발휘하면, 충격을 최소화할 수 있다. 겨울이 오더라도, 먹을 것을 미리 준비하고 따뜻한 옷과 난방시설을 마련하면 겨울을 순조롭게 잘 날 수 있는 것과 같다.

한 가지 더 유익한 점이 있다! 위기를 미리 생각해보고 준비한 사람은 위기 자체를 기회로 바꿀 수 있는 지혜를 찾을 수 있다. 불

| 그림 236. 리세션 없는 경기 위축기 vs. 리세션 동반 경기 위축기 |

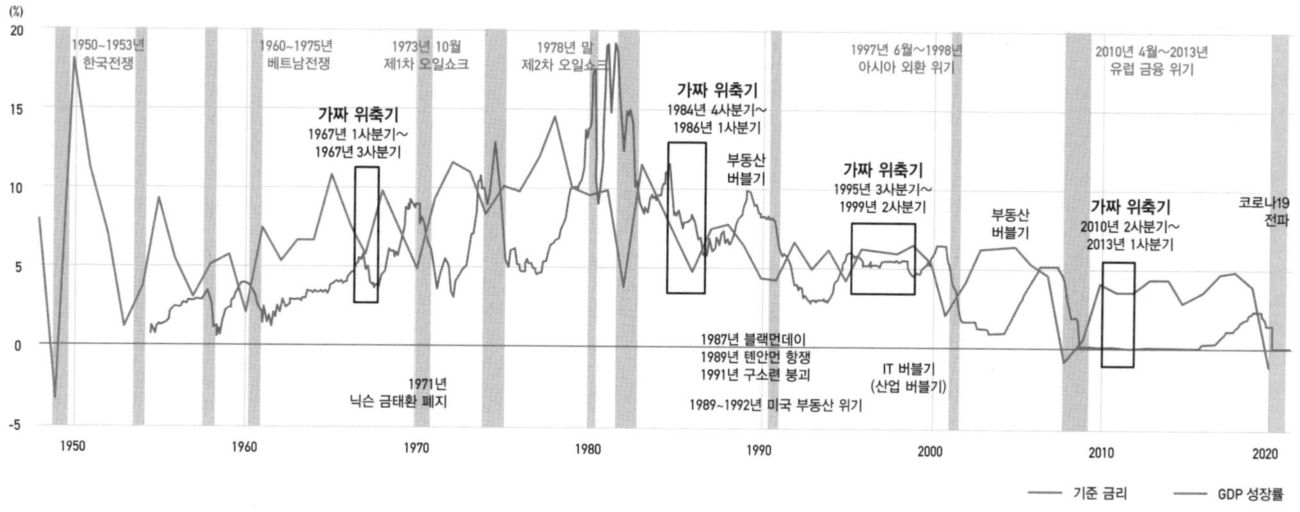

1950~1953년
한국전쟁

1960~1975년
베트남전쟁

가짜 위축기
1967년 1사분기~
1967년 3사분기

1971년
닉슨 금태환 폐지

1973년 10월
제1차 오일쇼크

1978년 말
제2차 오일쇼크

가짜 위축기
1984년 4사분기~
1986년 1사분기

부동산
버블기

1987년 블랙먼데이
1989년 톈안먼 항쟁
1991년 구소련 붕괴
1989~1992년 미국 부동산 위기

가짜 위축기
1995년 3사분기~
1999년 1사분기

1997년 6월~1998년
아시아 외환 위기

IT 버블기
(신업 버블기)

부동산
버블기

2010년 4월~2013년
유럽 금융 위기

가짜 위축기
2010년 2사분기~
2013년 1사분기

코로나19
진마

—— 기준 금리   —— GDP 성장률

(%)
20
15
10
5
0
-5

1950   1960   1970   1980   1990   2000   2010   2020

황(위기) 다음에 반드시 오는 호황(기회)에 가장 먼저 뛰어나가 선두에 서서 질주할 수 있다. 부디 이 글을 읽는 독자들이 바이든 정부 4년 동안의 경제 흐름을 잘 타고, 그 후에 오는 경제 대침체도 잘 대비하기 바란다.

주

1부. 바이든 시대 4년, 미국 경제의 미래

1   〈국민일보〉, 2020.4.28. 정우진, "3중 변이 등 '퍼펙트 스톰'… '인도 실제 감염자 5억 명'"

2   〈머니투데이〉, 2021.5.21. 오정은, "WHO '코로나 사망자, 실제론 2~3배 많다. 최대 800만 명'"

3   〈연합뉴스〉, 2020.5.15. 민영규, "ADB '코로나19로 세계 경제 손실 최대 1경 818조 원 전망'"

4   〈아시아경제〉, 2021.5.1. 임온유, "'기술표준 영향력 키워라' 미국 바이든 따라 의회도 중국 견제"

5   〈이코노미조선〉, 2020.4.20. 김문관, "'ESG 펀드 '환경, 사회, 지배구조' 투자 금액 1년 새 400% 폭풍 성장"

6   네이버 지식백과, "순리" https://search.naver.com/search.naver?sm=tab_hty.top&where=kdic&query=%EC%88%9C%EB%A6%AC&oquery=%EA%B5%AC%EB%A7%A4%EC%9E%90%EA%B4%80%EB%A6%AC%EC%A7%80%EC%88%98&tqi=hLLmEwp0JXossm%2BcRuhssssstQ0-361764

7   https://www.ceicdata.com

8   〈연합뉴스〉, 2021.4.29. 이영섭, "전화 문자로 화이자 CEO 환심 산 EU 수장, 백신 18억 회분 확보"

9   〈매일경제〉, 2021.4.29. 박용범, "빠른 백신 보급에, 미국 실업수당 청구 1년 새 최저"

10 〈조선일보〉, 2021.4.30. 안상현, "가진 나라와 못 가진 나라… 백신, 경제 상식을 뒤집다"

11 〈한국경제〉, 2021.4.19. 조재길, "코로나 이후 못 쓴 돈 6000조 원… '글로벌

소비 빅뱅 온다'"

12 〈연합뉴스〉, 2021.4.28. 이윤영, "바이든, 3~4세 유치원 무상교육 추진⋯ 220조 원 투입"

13 〈조선일보〉, 2021.4.30. 안상현, "가진 나라와 못 가진 나라⋯ 백신, 경제 상식을 뒤집다"

14 〈The Washington Post〉, 2020.9.9. "The most contentious transition before Trump and Biden: Herbert Hoover and FDR"

15 〈The Washington Post〉, 2021.5.15. "Joe Biden's New New Deal"

16 〈아시아경제〉, 2021.4.29. 백종민, "취임 100일 바이든 '미국이 다시 움직인다' 4500조 원 투자 계획"
〈문화일보〉, 2021.5.13. 장서우, "바이든 4조 달러 슈퍼 부양안 '삼중 암초'에 걸렸다"

17 〈한겨레신문〉, 2021.5.11. 정의길, "2차 대전 비용 2.5배 투입, 바이든의 미국 '복지의 귀환'"

18 〈데일리한국〉, 2021.4.13. 강영임, "미국 올 전반기 재정적자 1900조 원 '역대 최고'"
〈파이낸셜뉴스〉, 2021.4.13. 강규민·윤재준, "코로나 충격 줄이긴 했지만, 미국 반기 재정적자 1조 7000억 달러"

19 〈매일경제〉, 2021.4.8. 신헌철, "인프라 투자 급한 바이든, '野와 증세 타협'"

20 〈한국일보〉, 2021.4.8. 허경주, "법인세 증세 필요한 미국 전향에⋯ 급물살 탄 '디지털세' 도입"

21 〈연합뉴스〉, 2021.4.7. 이율, "글로벌 법인세 최저 세율 속도, 독일 프랑스 '140여 개국 합의 가능'"

22 〈연합뉴스〉, 2021.4.6. 류지복, "미국, 글로벌 성장 동력 부상⋯ 코로나로 선후진국 격차는 더 커져"

23 〈조선일보〉, 2021.4.6. 이기훈, "1억 명 접종, 4400조 원 투하, 양 날개로 다시 날아오르는 미국"

24 위의 글

25 〈머니투데이〉, 2021.3.10. 황시영, "미국 경제, 이달 팬데믹 이전으로 복귀"

26 〈조선일보〉, 2021.4.6. 이기훈, "1억 명 접종, 4400조 원 투하, 양 날개로 다

시 날아오르는 미국"

27 〈매거진 한경〉, 2019.7.15. 한상춘, "'트럼프식 게임 이론'으로 풀어보는 한일 경제 보복 행로 전망"

28 〈뉴스1〉, 2012.10.15. 신기림, "노벨 경제학상 미국 로스·섀플리 공동 수상, 안정적 할당 이론 연구"

29 〈한국경제〉, 2020.11.29. 한상춘, "재닛 앨런과 '예일 거시경제 패러다임'… 한국은?"

30 〈헤럴드경제〉, 2021.5.18. 홍성원, "미 연준 '인플레 시각' 옹호-비판… 둘로 나뉜 석학들"

31 〈Yahoo Money〉, 2020.10.14. Denitsa Tsekova, "Coronavirus stimulus: A $2 trillion bill would bring the U.S. economy back to pre-pandemic path in 2021, Brookings finds"

32 OECD, 2021.3., 《OECD Economic Outlook, Interim Report》〈Strengthening the recovery: The need for speed〉

33 〈한국경제〉, 2020.11.29. 한상춘, "재닛 앨런과 '예일 거시경제 패러다임'… 한국은?"

34 〈이데일리〉, 2021.5.21. 김정남, "내년 중순 미국 금리 인상 가능성 대비해야"

35 〈이데일리〉, 2021.5.21. 김정남, "2차 대전 이후 돈 가장 많이 풀려… 금융시장 '미니' 쇼크 온다"

36 〈한국경제〉, 2021.5.18. 김리안, "커지는 인플레이션 공포… 불안해하지 말라"

37 〈매일경제〉, 2021.5.11. 박용범, "'초인플레 공포' 커지는 미국과 중국… 경기 회복 조짐에 물가 들썩"

38 〈이데일리〉, 2021.5.10. 방성훈, "모든 제품 가격 다 올랐다. 미국 인플레 현실화 우려"

39 〈Market Watch〉, 2021.4.21. Greg Robb, "Summers says Fed should express more concern over inflation outlook"

40 〈The Wall Street Journal〉, 2021.4.26. "What Wall Street Is Telling Us About the U.S. Economic Outlook"

41 〈중앙일보〉, 2020.11.24. 강남규, "재무부 장관 앨런, '통화 정책 우위 시대가 끝난다'"

42 〈Market Watch〉, 2021.5.19. Steve Goldstein, "Fund managers making late

cyclical push with tech demand at three year lows, Bank of America survey finds"

43   〈뉴스1〉, 2021.5.8. 신기림, "미국, 고용 부진에 테이퍼링 후퇴, 제로 금리 2년 더 간다"

44   CNBC, 2021.6.16. Eric Rosenbaum, "Why dow, S&P may not stay worried about Fed's new inflation fear"

2부. 바이든 시대 4년, 세계 경제의 미래

45   〈디지털타임스〉, 2015.10.14. 이호승, "중국 위안화 평가절하 배경과 전망"

46   〈연합뉴스〉, 2021.5.2. 차대운, "'빚 관리 고삐' 중국, 총부채 비율 276.8%로 소폭 하락"

47   안유화, 〈중국의 그림자금융에 따른 위기와 기회〉《중국금융시장 포커스》 2013 여름호, 자본시장연구원

48   〈한국경제〉, 2021.6.3. 김리안, "WSJ '강한 위안화'가 미중 갈등의 새 불씨 될 것"

49   〈연합뉴스〉, 2021.5.2. 차대운, "'빚 관리 고삐' 중국, 총부채비율 276.8%로 소폭 하락"

50   〈조선일보〉, 2020.11.17. 오로라, "돈 부어도 안 되더라, 중국 반도체 선봉 '칭화유니' 부도 위기"

51   〈이투데이〉, 2015.9.2. 배준호, "중국, 3.6조 달러 외환 보유고는 '빛 좋은 개살구' 미국 국채 매도 이유에 관심 쏠려"

52   〈중앙일보〉, 2021.3.31. 이승호, "미국 국채 사들이는 중국 속내는… 그래도 달러? 대미 압박 노림수?"

53   〈매일경제〉, 2021.5.23. 이재철, "회색 코뿔소가 달려온다. 중국 2400조 기업 부채 폭탄 돌리기 시작됐다"

54   〈조선일보〉, 2021.1.18. 김남희, "중국 2020년 성장률 2.3%, G20 중 홀로 플러스 성장 관측"

55   디지털타임스, 2020.3.11. 김광태, "세계경제 '퍼펙트 스톰' 조짐, 대규모 경

기부양책 쏟아낸다"

56 〈뉴스1〉, 2020.12.26. 신기림, "중국, 예상보다 5년 빨리 미국 제치고 세계 최대 경제국"

57 〈한국경제〉, 2021.2.28. 조재길, "중국 경제, 6~7년 뒤 미국 제치고 세계 1위 오를 것"

58 〈머니투데이〉, 2021.1.18. 김명룡, "'중국 5년 더 빨리 미국 추월한다' 세계 전문가들 한목소리"

59 〈유로저널〉, 2021.4.5. 김세호, "코로나19 3차 대확산에 유럽연합 경제 회복 지연 전망"

60 〈한국경제〉, 2021.3.27. 이선우, "코로나 대유행 여파 '세계 여행관광산업 5100조 원 손실'"

61 〈조선비즈〉, 2021.5.14. 이용성, "슈퍼마리오의 300조 원 슈퍼부양책, 이탈리아 경제 구할까"

62 〈유로저널〉, 2021.4.15. 김소연, "EU, 코로나바이러스로부터 경제 살리기 박차"

63 〈중앙일보〉, 2021.3.23. 임선영, 정영교, 김홍범, "백신 접종 늦은 유럽, 3차 대유행 위기에 경제 전망치 하락"

64 〈조세일보〉, 2021.4.26. 강대경, "골드만삭스 '영국, 올해 미국보다 더 크게 성장할 것'"

65 Kotra, 2021.3.31. 해외시장뉴스, 영국

66 〈조선일보〉, 2021.3.30. 장일현, "'우린 유럽이 아니다' 처칠의 말에 다시 주목하는 이유"

67 위의 글

68 〈유로저널〉, 2021.4.5. 김수연, "영국 지난해 GDP −9.8% 역성장, 300년 만에 최악"

69 〈뉴스1〉, 2020.12.26. 신기림, "중국, 예상보다 5년 빨리 미국 제치고 세계 최대 경제국"

70 〈한국일보〉, 2021.6.14. 권경성, "백신 60% 넘기고도 마스크 못 벗는 영국"

71 IMF, 2021.4. "World Economic Outlook Database"

72 위의 글

73 〈조선일보〉, 2021.4.30. 안상현, "가진 나라와 못 가진 나라, 백신 경제 상식을 뒤집다"

74 〈연합뉴스〉, 2021.4.2. 경수현, "미국 경기 회복에 신흥국 불안… '3월 자본 유출 6조 육박'"

75 〈서울경제〉, 2020.8.5. 김영필, "미국, 부채 관리 위해 인플레 용인, 신흥국 '빚 폭탄' 터질 수도"

76 OECD, 2021.4.《OECD Economic Outlook, Interim Report》〈Strengthening the recovery: The need for speed〉〈연합뉴스〉, 2021.3.18. 임은진, "유엔 '올해 세계 경제 성장률 4.7%. 한국은 4.0% 전망'"

77 IMF, 2021.4. "World Economic Outlook Database"

78 위의 글

79 〈머니투데이〉, 2021.4.27. 김상준, "JP모건, 올해 한국 성장률 전망치 4.6%로 상향"
〈서울신문〉, 2021.6.1. 나성현, "OECD, 한국 성장률 0.5%p 올렸지만 한은과 정부 전망치인 4.0%엔 밑돌아"
〈뉴시스〉, 2021.6.30. 박영주, "예상보다 빠른 경제 회복, 올해 11년 만에 최대 성장률 달성할까?"

80 〈국민일보〉, 2021.5.21. 신재희, "번 돈은 줄었는데, 총소득은 정부 지원금 덕에 되레 늘어"

81 네이버 지식백과, "구매자관리지수" https://search.naver.com/search.naver?sm=tab_hty.top&where=kdic&query=%EA%B5%AC%EB%A7%A4%EC%9E%90%EA%B4%80%EB%A6%AC%EC%A7%80%EC%88%98&oquery=rnaowkrhksflwltn&tqi=hLLmClp0JXVss5EOniwssssssaR-516698

그림 자료 출처
* 괄호 안 숫자는 그림 번호를 가리킨다

Bank for International Settlements (156, 159)

bloomberg.com (15, 43)

Bureau of Economic Analysis (43, 48, 74, 100, 102~103, 107~109, 111, 236)

Bureau of Labor Statistics (48, 72, 93, 100, 102~103, 106~107, 109)

Carnegie Mellon University Delphi Research (220)

CEIC (136)

Census Bureau (39)

Committee for a Responsible Federal Budget (34, 98)

Concord Coalition (36~39)

Congressional Budget Office (36~38, 47)

Department of the Treasury (30, 43, 82)

Eurofound (199)

Fathom Consulting (144)

Federal Reserve Bank of Chicago (60)

Federal Reserve Board of Governors (95, 98, 100, 102~109, 110~111, 236)

Focus Economics (167)

Fortune (46)

github.com/CSSEGISandData (53)

hamiltonproject.org (77)

haver.com (59)

howmuch.net (5, 7, 12, 17)

IMF (59, 147, 186, 210~217, 231)

Institue of International Finance (235)

Interal Revenue Service (46)

Kaiser Family Foundation (220)

macrotrends.net (92)

measuringworth.com (43)

National Bureau of Statistics of China (139)

OECD (40, 72, 74, 81, 120~121, 127, 140, 226)

Office of Management and Budget (35, 41~42, 47)

ourworldindata.org (40, 52, 54, 198, 201~203, 217~219)

People's Bank of China (136~137)

populationpyramid.net (192)

refinitiv.com (144)

St. Louis Federal Reserve (46, 48, 72~74, 81~83, 85, 93, 100, 102, 104~111, 120~121, 140, 237)

statista.com (45)

Tax foundation (47)

Tax Policy Center (41~42, 45)

The Observatory of Economic Complexity (8, 10~11, 14, 16, 221)

thebalance.com (28, 63)

theice.com (111)

today.yougov.com (220)

tradingeconomics.com (6, 9, 13, 18, 23~27, 29, 31~33, 44, 49, 55~57, 61~62, 66~69, 76, 78~80, 84, 86, 88~89, 94, 113~119, 122~126, 128~134, 138, 141~143, 145~146, 148~154, 157~158, 160~167, 168~170, 172~173, 175~185, 187~190, 193, 196~197, 204, 206~209, 222~225, 227~230, 232, 234)

University of Maryland Social Data Science Center (220)

University of Michigan (73, 93)

visualcapitalist.com (1~2, 4, 65, 71, 87, 135, 155, 205)

wind.com.cn (136)

World Bank (81, 127, 195, 200)

저자 제공 (3, 18~22, 50~51, 64, 70, 75, 96~96, 99, 101, 112, 171, 174, 191, 194, 233)